中國學術思想
研究輯刊

二五編

林慶彰 主編

第 4 冊

跨文化經典闡釋：
理雅各《詩經》譯介研究

沈 嵐 著

花木蘭文化出版社

國家圖書館出版品預行編目資料

跨文化經典闡釋：理雅各《詩經》譯介研究／沈嵐 著 — 初版 —
新北市：花木蘭文化出版社，2017〔民106〕
目 4+238 面；19×26 公分
（中國學術思想研究輯刊 二五編：第 4 冊）
ISBN 978-986-404-915-8（精裝）
1. 詩經 2. 研究考訂 3. 跨文化研究
030.8   106000981

中國學術思想研究輯刊
二五編 第 四 冊   ISBN：978-986-404-915-8

跨文化經典闡釋：
理雅各《詩經》譯介研究

作　　者　沈 嵐
主　　編　林慶彰
總 編 輯　杜潔祥
副總編輯　楊嘉樂
編　　輯　許郁翎、王筑　美術編輯　陳逸婷
出　　版　花木蘭文化出版社
社　　長　高小娟
聯絡地址　235 新北市中和區中安街七二號十三樓
　　　　　電話：02-2923-1455／傳真：02-2923-1452
網　　址　http://www.huamulan.tw 信箱 hml810518@gmail.com
印　　刷　普羅文化出版廣告事業
封面設計　劉開工作室
初　　版　2017 年 3 月
全書字數　216178 字
定　　價　二五編 20 冊（精裝）新台幣 38,000 元

跨文化經典闡釋：
理雅各《詩經》譯介研究

沈嵐 著

作者簡介

沈嵐，文學博士，研究方向爲比較文化學與比較文明學。世界漢語教學學會會員。曾在上海復旦大學國際文化交流學院任教四年，爲對外漢語講師，後留學英國獲教育學碩士。回國後在北京大學出版社漢語及語言學編輯部工作，獲副編審。編輯的《初級漢語口語》（第二版）（1、2 及提高篇）2006 年 9 月獲第 7 屆全國高校出版社優秀暢銷書二等獎。編輯的《實用對外漢語教學法》獲 2015 年上海普通高校優秀教材獎。現爲北京語言大學出版社教師發展編輯室主任。

提　要

　　本書比較全面地考察了英國漢學家理雅各的三種《詩經》英譯本，研究了理雅各如何從思想、文化、文學諸方面對《詩經》進行跨文化闡釋，進而形成一種獨特的「譯介闡釋」。理雅各的《詩經》英譯本成爲東西兩大異質文化之間的跨文化經典譯本之一，在中華經典闡釋史和跨文化交流史上都具有重要意義。

　　全書包括緒論、正文和結語部份。正文分爲六章：第一章概括介紹理雅各《詩經》譯介與中西經典闡釋傳統。第二至五章是對理雅各《詩經》英譯本的本體研究，研究對象包括理雅各的三種英譯本即 1871 年散譯本、1876 年韻譯本和 1879 年東方聖書版。第二章是理雅各《詩經》譯介的思想闡釋。從政治美刺詩與愛情詩、政治怨刺詩與抒情詩兩方面闡釋理雅各《詩經》譯介的怨與刺的原則；第三章是理雅各《詩經》譯介的文化闡釋。第四章是理雅各《詩經》譯介的文學闡釋。第五章爲理雅各《詩經》譯介的意象闡釋。第六章是探討理雅各及其《詩經》英譯的影響。

　　理雅各作爲跨文化學者的知識結構是譯介中華經典的首要條件，他尊重源語文化，能在很大程度上擺脫「西方文化中心論」的樊籬，使中華經典譯介成爲一種跨文化交際；理雅各的《詩經》譯介對解釋源語和譯語之間純語言差距之外的文化和思維差異提供了一種獨特的跨文化經典譯介範式，在《詩經》西播史上有里程碑的意義，樹立了英譯漢詩的典範。

目次

緒　論

本書名爲《跨文化經典闡釋：理雅各〈詩經〉譯介研究》，首先廓清諸如「文化」「跨文化」「經典」「闡釋」等概念；再探求研究理雅各《詩經》譯介的意義與目的；然後綜述國內外研究現狀及本書的研究方法和研究視角，從而確定本書的基本內容框架。

一、研究對象與概念界定

有關「文化」的概念界定眾說紛紜，據研究者統計，目前世界範圍內給文化所下的定義約有 160 多種。

具有強烈的民族文化本位論觀念的中國國學大師錢穆先生自豪地宣稱：

> 文化學之興起，此在西方不過百年上下之事，但中國古人實早有此觀念。《易經》上有「人文化成」一語，文即指人生多彩多姿各種花樣言。人群大全體生活有各部門、各方面，如宗教、藝術、政治、經濟、文學、工業等，各相配合，融凝爲一，即是文化。此多樣之人文，相互有配合，先後有遞變。其所化成者，正與近代人文化一觀念相吻合。〔註1〕

錢穆先生用的是《周易・賁》對文化的解釋：「觀乎天文，以察時變，觀乎人文，以化成天下。」唐孔穎達疏：「聖人觀察人文，則詩書禮樂之謂。」顯然偏重於文學藝術和禮儀風俗等精神層面。

〔註 1〕錢穆：《中國歷史研究法》之「如何研究文化史」，臺北：東大圖書股份有限公司，1988 年版，第 116 頁。

　　西歐文化學者的「文化」概念含義比較寬泛：如 1871 年，英國文化學家泰勒（E.B.Tylor）《原始文化》中說文化是：「包括知識、信仰、藝術、道德、法律、習俗和任何人作爲一名社會成員而獲得的能力和習慣在內的複雜整體。」英國哲學家伯特蘭・羅素也認爲：文化是一個複雜的總體，包括知識、藝術、宗教、神話、法律、風俗以及其它社會現象，即包括人類社會的一切，文化就是人類活動的習慣和能力。

　　美國社會學家戴維・波譜諾（David Popenoe）曾從社會學和人類學的角度將文化定義爲：

> 人類群體或社會的共享成果，這些共有產物不僅包括價值觀、語言、知識，而且包括物質對象，儘管文化共享，但它仍然需要每一新生代通過社會交往的方式來學習，文化因世代相傳，不斷積纍。
> 〔註2〕

「文化可以產出文明來，文明卻不一定能產出文化來。」〔註3〕廣義的文化概念包括文明，「從廣義上來講，不同社會形態文化中的精華，構成了人類歷史的文明。」〔註4〕文化有先進與落後、精華與糟粕之分，但文明僅有程度上的高下，沒有先進落後與精華糟粕之分。當今國內文化學家又把文化傳統和傳統文化分爲既有聯繫又有區別的兩個不同的概念：傳統文化是指具體的存在物，作爲一種客體與人相應，是外在於心的客觀存在，如器物、典章、制度等，是歷史的「物化」；文化傳統是指融入人們心血的客觀存在，指內在於人心的東西，如人們的精神、心態等，是歷史的「人化」。

　　馬克思說過：「眞理是由爭論確立的，歷史的事實是由矛盾的陳述中清理出來的。」〔註5〕至此，廣義的「文化」概念比較符合歷史眞實，本書亦據此理論。

　　本書的研究對象是英國學者型傳教士理雅各（James Legge，1815～1897）對中華文化經典《詩經》的跨文化譯介闡釋。

〔註 2〕〔美〕戴維・波譜諾著，李強等譯：《社會學》，北京：中國人民大學出版社，1999 年版。

〔註 3〕錢穆：《中國文化史導論》，北京：商務印書館，1994 年版，《弁言》第 1 頁。

〔註 4〕李慎明：《堅持中國特色社會主義文化發展道路》，《光明日報》2011 年 11 月 25 日，第 1 版。

〔註 5〕《馬克思恩格斯通訊集》第 1 卷，生活・讀書・新知三聯書店，1958 年版，第 567 頁。

　　何謂「跨文化研究」？是指跨越具有兩種及其以上不同文化背景的群體之間擁有不同文化感知和符號系統的不同國家、不同民族界線的文化，研究者不只依賴自己的代碼、習慣、觀念和行為方式，同時也經歷和瞭解對方的代碼、習慣、觀念和行為方式的所有關係。也是一種研究的視野與手段，強調的是對於單一文化圈子的超越，重在「跨越」與「溝通」。

　　文化相對主義的重要理論家赫斯科維奇（Melville J. Herhovits）指出「文化相對主義的核心是尊重差別並要求相互尊重的一種社會訓練。它強調多種生活方式的價值，這種強調以尋求理解與和諧共處為目的，而不去評判甚至摧毀那些不與自己原有文化相吻合的東西」〔註6〕。跨文化研究是文化相對主義的重要內容。這就不僅強調了不同文化各自的價值，同時也強調了不同文化之間的相互理解與和諧共處。

　　跨文化傳統研究主要是指在不同文化之間的一種雙邊的、影響行為的過程的研究。在跨文化傳統的基礎上進行的跨文化文學研究就是當代比較文學的主要內容。「擁有不同文化感知和符號系統的人們之間進行的交流，他們的這些不同足以改變交流事件。」〔註7〕中國傳統文化中的「和而不同」原則應成為跨文化文學研究的一個重要原則，有利於中西異質文化文學之間的互補、互證與互識。

　　在異質文化之間互補、互證、互識的過程中，語言的翻譯是非常重要的關鍵，它不僅決定著跨文化文學交往的質量，而且本身形成了獨特的文學體系，這種在比較文學中對文學交流中翻譯的研究（translation studies）稱作譯介學，是比較文學研究的不可或缺的重要組成部份。譯介學以前是從媒介學出發，而目前則越來越多是從比較文化的角度出發來對文學翻譯和翻譯文學進行的研究。

　　「經典」的「經」，本義是織布機上的縱線，後用來指稱作為思想、道德、行為等標準的書，具有重大的原創性、奠基性的著作，更被單稱為「經」。「典」是會意字，甲骨文、金文和篆書的「典」字，像雙手捧冊之形，有典藏保管之義。

〔註6〕〔美〕赫斯科維奇：《文化相對主義 —— 多元文化觀》，紐約：藍多出版社，1972年版，第32～33頁。

〔註7〕〔美〕拉里·A·薩默瓦、理查德·E·波特：《跨文化傳播》，中國人民大學出版社，2004年版，第47頁。

　　經典通過個人獨特的世界觀和不可重複的創造，凸顯出豐厚的文化積澱和人性內涵，提出一些人類精神生活的根本性問題，因而具有開放性、超越性和深邃性的特徵，對民族的價值取向、行為方式、審美情趣和思維定勢等造成深遠而又常新的影響，具有持久的震撼力。

　　文學經典一般是指那些具有鮮明審美特性和典範意義的文學作品。《詩經》雖係禮樂之文，但如《詩大序》所言：「詩者，志之所之也。在心為志，發言為詩。情動於中而形於言，言之不足，故嗟歎之；嗟歎之不足，故永歌之；永歌之不足，不知手之舞之，足之蹈之也。」言志之文自然又為心靈之歌，孔子言「詩可以興，可以觀，可以群，可以怨」，言之無文，行而不遠，《詩》自然成為中國古代的文學經典之一。

　　「闡釋」的「闡」含有開闢、顯露和打開諸義；「釋」即解釋，闡釋。使幽深隱藏的事物或道理顯露出來，抉發精微。在二十世紀以前，無論是最早的古希臘闡釋學，還是中世紀的「釋義學」和「文獻學」，甚至德國近代施萊爾馬赫（Friedrich Schleiermacher）和狄爾泰（Wilhelm Dilthey）的闡釋學理論中都明顯地貫穿著一種客觀主義精神，這一精神在本世紀意大利理論家 E‧貝蒂（(Emilio Betti）和美國的 E‧D‧赫斯（E.D.Hirsch）那裏得到進一步發展。以這種客觀主義精神為主導思想的闡釋學習慣上稱為傳統闡釋學。其主張是：闡釋學應努力幫助讀者去把握超越時空、恆定不變的文本本義，以克服誤解現象的發生。進入二十世紀以後，西方的闡釋學傳統發生了一個根本的轉向，在德國產生了以海德格爾（Martin Heidegger）和伽達默爾（Hans-Georg Gadamer）為代表的哲學闡釋學〔註8〕，後又被以姚斯（Hans Robert Jauss）為代表的接受美學所推進〔註9〕。在 1960 年出版的《真理與方法》上卷《美學的和詮釋學的結論》一節中，伽達默爾鮮明地表述了哲學闡釋學的基本觀點：「對於所有文本來說，只有在理解過程中才能實現由無生氣的意義痕跡向有生氣的意義轉換；精神的歷史性的自我滲透，才實現了詮釋學的使命；歷史精神的本質並不在於對過去事物的修復，而是在於與現時生命的思維性溝通。」〔註10〕韓禮德（M‧A‧K‧Halliday）早在《語篇與語境》一書中就曾

〔註 8〕Hermeneutik 或 Hermeneutics 一詞，有「詮釋學」「解釋學」「闡釋學」「釋義學」等譯名。

〔註 9〕詮釋學雖然是解經學的延伸，但背離了對具體的文本的解釋原則，甚至可以根本不解釋文本，僅僅為解釋提供理解的理念和方法論。

〔註10〕〔德〕伽達默爾著，洪漢鼎譯：《真理與方法》，上海：上海譯文出版社，2004

指出：對於語篇的理解應同時注意兩個方面。一是把語篇看作成品（product），二是把語篇看作過程（process）。〔註11〕胡壯麟教授在《語境研究的多元化研究》一文中列舉了以 Harris 爲代表的四套多元語境系統，重點分析了世界知識、語言知識、集體知識、作者、背景、正式程度和基調、媒介、語篇因素及表現共九個語境，其中前三項我們可將之歸爲讀者的認知語境，而後六項大都是圍繞作品或針對作品本身的具體語境。〔註12〕可見，具體語境與認知語境都是不可或缺的，而採用哲學闡釋學的閱讀模式才可更好地解讀理雅各所譯介的《詩經》的文化和文本語境。

二、研究的意義與目的

本書選取英國學者型傳教士理雅各的《詩經》英譯本爲研究對象，其意義有二：

其一，中國文化的最基本的價值理念都在以《四書》《五經》爲代表的儒家經典裏面，最能體現中華民族的文化特色，也就是最能體現民族的靈魂和血脈。

兩千多年來，儒家思想學說統治著中國的社會、政治、文化、道德、倫理等領域，儒家經典成爲中國人世代遵循的最高教誨，《詩經》又居古文經學派的「五經」之首，被奉爲「垂教後世」的「萬世不變之常則」。春秋時代，人們「賦詩言志」，戰國時常常「吟詩爲證」，因此，《詩經》具有神聖性和權威性。《詩經》又是中國古代第一部詩歌總集，是中國古代詩歌的光輝起點，奠定了中國兩千年來的詩歌創作和發展的基礎，「風雅比興」，「百世楷模」，《詩經》牢籠千載，衣被後世，成爲中國古代政治倫理學、美育、博物學的教科書。

以《詩經》爲切入點瞭解中國文化，抓住了核心，有了一個高起點。《詩經》的英譯和在西方的傳播在中西文化的交流過程中具有十分典型的意義，在西方的接受度和辨識度上高於其它漢語經典，據大致統計，迄今爲止《詩經》的不同語種譯本已有 40 多種。追溯其文本闡釋史，《詩經》兼具了經學

年版，489～490 頁。
〔註11〕周曉康：韓禮德的《語篇與語境》簡介，《國外語言學》，1988 年第 2 期，第 66 頁。
〔註12〕胡壯麟：《語境研究的多元化》，《外語教學與研究》，2002 年第 3 期，第 161 頁。

經典、文學經典和文化、思想經典等多重身份。

《詩經》在西方的傳播，自明迄今，起步早且歷時長，它既是西方中國文學研究的源頭，又是其曲折發展、逐步深化的一種標誌，是中西兩大異質文化區域之間的高級文化交流。

其二，理雅各的時代及他的跨文化身份。

理雅各（James Legge，1815～1897）是倫敦布道會傳教士，英華書院校長，近代英國第一位著名漢學家。他是第一個系統研究、翻譯中國古代經典的人，從 1861 年到 1886 年的 25 年間，將「四書」「五經」等中國主要典籍全部譯出，共計 28 卷。另外《法顯行傳》《中國的宗教：儒教、道教與基督教的對比》和《中國編年史》等著作，在西方漢學界佔有重要地位。他與法國學者顧賽芬、德國學者衛禮賢並稱漢籍歐譯三大師，也是儒蓮翻譯獎的第一個獲得者。

理雅各所處的時代是西方已完成了啓蒙的近代，他所在的英國在世界近現代的地位無可替代：神化了的日不落帝國，她是第一個完成工業化的西方國家，國力盛極一時，成就了「日不落」帝國偉業；英國，現代西方政治文明的鼻祖，西方現代憲政制度的奠基者，開啓法國啓蒙運動的先河者。

鴉片戰爭以後，由於清政府一再盲目妥協，中國受到帝國主義列強的瓜分，在國際舞臺上的地位一落千丈。與此同時，西方文化中心論甚囂塵上。理雅各能夠在很大程度上擺脫「西方文化中心論」的樊籬，超越單一文化圈，志在與異質文化的「溝通」。理雅各《詩經》的譯介對解釋原語和譯語之間純語言差距之外的文化和思維差異提供了一種譯介範式，是中國傳統考據學與西方闡釋學的結合，是對中西經典闡釋方法的繼承。

理雅各借助中國學者王韜和他的《毛詩集釋》稿本，運用循環闡釋方法，堅持歷史實證和客觀的科學闡釋精神，體現了一種獨立和創新意識，他儘量排除西方學者的偏見，竭力避免對《詩經》的誤解。

理雅各從傳教士成爲傳播中華文化的跨文化學者，王韜這樣讚美他：

> 在所有的西方學者中，理雅各是最年輕的一位，但是他的學識和學術成就卻無人可比。他的譯文詳盡、易懂、準確，西方學者認爲是極具權威性的。……很多西方學者只把西方文化介紹給中國，但卻沒有把中國文化的精華帶回西方去……在翻譯四書五經的時候，理雅各沒有向困難低頭。他專心致志地研究十三經，收集、閱

讀、整理、分析了大量的資料。他並沒有人云亦云，而是在研讀了
各經學門派之後得出自己的結論……現在很少有人再研究中國的經
學了。而理雅各，一位西方學者，卻傾注畢生的心血致力於經學的
研究、翻譯、編輯、校對，而且譯文相當完整、準確、易懂。他的
譯著是留給後世學者的寶貴遺產……，理雅各學識淵博，爲人眞誠、
謙虛、慷慨大度。〔註13〕

　　理雅各三次英譯《詩經》，第一次把《詩經》英文全譯本介紹給西方，在
《詩經》英譯史上具有里程碑的意義。

　　本書力求通過分析理雅各的不同《詩經》英譯本在翻譯策略和闡釋理念
上的變遷，透視《詩經》這類具有複雜流傳史的文本在漢語言文化系統之外
的接受過程，揭示《詩經》及其文本語境在英譯中所經歷的理解、闡釋、創
造和移位等關係以及《詩經》英譯的跨文化闡釋的價值。

三、國內外研究現狀

（一）國內外對理雅各的全面研究

　　由於歷史的原因，國內學術界對傳教士的研究相對滯後。最早討論理雅
各翻譯的論文直到二十世紀八十年代才出現。研究者主要是外語界的學者、
教師，關注理雅各蜚聲漢學界的中國古代經典的英譯，肯定其促使中國經典
西傳的貢獻；從跨文化或語言學的角度在語言的層面上做譯文比較、討論其
譯文的得失。如湖南出版社 1993 年出版了附有今譯的理雅各的《周易》英譯
後，編輯秦穎發表了《中國經典英譯》一文，簡要介紹了理雅各的翻譯，從
中西文化交流的角度認爲理雅各爲東方學家。他在文中歸納的理雅各「如實、
冗長」的翻譯風格被反覆引用。2004 年，福建師範大學的岳峰出版了專著《架
設東西方的橋梁——英國漢學家理雅各研究》，此前他已在本領域發表過系列
論文，評判理雅各的典籍英譯質量。這是迄今爲止國內學術界第一部理雅各
研究專著。作品「系統地從理雅各的傳教生涯和他在宗教、漢學、教育及報
業各方面的作爲全方位地入手，闡述理雅各的生平和學術成就及思想意識。」
「從多學科角度立體滲透，尋找理雅各諸多活動之間的端倪。」〔註14〕專著

〔註13〕林塞・萊德：《詹姆斯・理雅各生平》，轉引自《四書的英譯・前言》，中國文
　　　　化復興協會，1980 年版，第 14 頁。
〔註14〕岳峰：《架設東西方的橋梁——英國漢學家理雅各研究》，福建人民出版社，

涉及了理雅各的比較宗教研究，肯定了他的宗教融合傾向。作者花了近三分之一的篇幅詳細剖析了理雅各的中國典籍英譯，並與其它翻譯文本做了比較研究，達到了一定的學術高度。誠如作者所說，這部專著「填補了中國學術界的一項空白」〔註15〕。作者佔有了豐富齊備的史料，包括國際上有關理雅各研究的所有資料，還有尚未出版的理雅各自己的珍貴手稿及其在牛津大學任教時的講稿。

二十世紀以來，西方宗教界、漢學界和哲學界開始重視對理雅各的研究。理雅各的女兒海倫（Helen Edith Legge）早在 1905 年就出版了傳記《傳教士學者理雅各》（*James Legge: Missionary and Scholar*），〔註16〕記錄了理雅各的傳奇一生，這部傳記是一部「從搖籃到墳墓」的生平傳記。書中提供了大量的第一手資料，包括逸聞、書信、日記等，成爲理雅各研究者的必讀參考書，也成爲許多學者研究基督新教在中國的傳教史的重要參考資料。

國際漢學界對理雅各的研究成就顯赫的是美國賓夕法尼亞州勒亥大學（Lehigh University，Pennsylvania，USA）的諾曼‧吉拉多特（Norman Girardot）教授和香港浸會大學的費樂仁（Lauren F. Pfister）教授。前者完成的專著《中國文獻的維多利亞式翻譯——理雅各東方朝聖之行》（*The Victorian Translation of China：James Legge Oriental Pilgrimage*）聚焦於理雅各在牛津大學擔任首任中文教授二十年的學術研究、學術水平和學術規範，簡要、客觀地討論了他前半生的傳教士和漢學研究，詳細探討了他在牛津大學任教期間對中國經典的研究及其對儒學「不帶偏見而又非中立」的評述；總結了理雅各對漢學和中西文化交流的貢獻。他認爲理雅各的漢學研究，尤其是他對基督教、儒教、道教的比較研究確立了「中國宗教」在世界宗教中的地位，創造性地發展了相當敏感而仍然是東方化的「中國宗教」研究；擴大了東方學的研究範疇。

香港浸會大學費樂仁（Lauren Pfister）教授的專著《爲了人生的職責：蘇格蘭新教傳教士遭遇中國》有 700 多頁，分爲上、下兩卷。上卷介紹了理雅各早年所繼承的宗教傳統，下卷以晚清政治形勢和太平天國、鴉片戰爭爲背景，主要介紹評述理雅各多重的傳教責任，追溯一個集中國典籍翻譯家、傳

2004 年版，第 17～18 頁。
〔註15〕同上，第 26 頁。
〔註16〕〔英〕海倫‧理雅各：《詹姆斯‧理雅各：傳教士和學者》（*James Legge：Missionary and Scholar*），倫敦：聖教書局，1905 年版。

教士和學者於一身的形成過程、其比較宗教學術研究、文化職責及其意義。專著從現代闡釋學的角度對形成理雅各宗教、學術思想的歷史、社會背景做了深入的分析及理論的闡釋：「比較注重研究理雅各生平及其譯作中跨語言、跨文化的部份，嘗試從詮釋學的角度出發，展示理雅各在晚清時期香港殖民統治的背景中，把其開放的基督教思想應用於中國經典研究的情況。理雅各早期以較開通的福音傳教法向中國人灌輸基督教觀點的策略，此法成了一個框架，讓人們更清楚瞭解他在《中國經典》的緒論、譯文及其評價中，通過比較哲學及宗教討論而表現出的較爲複雜的傳教士兼學者形象。」這兩位學者的專著共同建構了與賽義德所謂的東方主義相對的「漢學特色的東方學」。

　　香港學術界對理雅各做了比較系統的研究並且成果較爲顯著的是浸會大學的黃萬江博士。他 1996 年的博士論文《傳教使命、中國文化與殖民統治：19 世紀理雅各與歐德理在港活動研究》（*Christian Mission, Chinese Culture and Colonial Administration：A Study of the Activities of James Legge and Ernest John Eitel in Nineteenth Century Hong Kong*）和同年出版的《理雅各：中西十字路口的先鋒》（*James Legge：A Pioneer at Crossroads of East and West*），對理雅各在香港的傳教、教育和翻譯活動及其所帶來的中西文化的碰撞、衝突、融合做了比較系統、深入的研究和探討。

　　香港大學副校長賴廉士（Lindsey Ride）在《中國經典》的第一卷前發表了長篇序言《譯者小傳》（*Biographical Notes*），將理雅各稱爲「東西方之間的橋梁」。1966 年，賴廉士又爲紀念理雅各撰文《紀念理雅各誕辰一百五十週年》，歸納了理雅各的成就：理雅各認爲傳教士不僅要教會中國人許多東西，同時，西方人也必須向中國人學習許多東西。中國人的哲學思想經歷了漫長的歷史的考驗，值得傳教士認真研究。賴廉士還比較了馬禮遜和理雅各的漢學研究，認爲前者有關詞典編撰、語言教學等方面的成就是現代中西文化交流的基礎，而後者的漢學研究是在邏輯層面和比較文化層面上的，有其獨特的價值和意義。

（二）對理雅各《詩經》英譯的研究

　　從 1990 年起，香港浸會大學哲學宗教系費樂仁教授就在國際重要的學術刊物上發表了一系列洞幽燭微的專論，其中有不少關於《詩經》英譯的研究：在論文 *A Forgotten Treasure：James Legge's Metrical Book of Poetry*（滄

海遺珠：理雅各的詩經譯本）中第一次將理雅各稱爲「知識黑洞」，既充分肯定了理雅各在漢學界的大師地位，又展示了理雅各研究領域的廣闊前景。在《理雅各的韻體〈詩經〉譯本》（*James Legge's metrical Book of Poetry*, 1997）一文討論了理雅各韻體《詩經》譯本的形式、風格、韻律、技巧等，與 1871 年版本做了比較，並指出 1871 年版本是爲了吸引學術關注，1876 年版本是爲了吸引更多的讀者，還簡單介紹了 1879 年版本。費樂仁教授兼顧了理雅各所翻譯的三個《詩經》版本，著重對韻體譯本進行了語言文學視角的分析。在 *Why James Legge's Translations of the Chinese Classics Set New Standards for Sinological Translations*（Pfister, 2004）一文則提出理雅各《詩經》首譯本建立的典籍翻譯的 15 條標準，對今天的翻譯實踐仍有現實指導意義。費氏的研究，體現了翻譯研究交叉學科的特點，既有語言文學的視角，也有哲學、宗教、文化的視角，可謂是較爲全面而獨到的《詩經》翻譯研究。但在總體上，費氏比較注重宗教與哲學上的宏觀研究，對《詩經》文本的語言、藝術等方面的微觀研究較薄弱。

臺灣學者張上冠 1991 年的博士論文《失落的地平線：〈詩經〉英譯研究》（*The Lost Horizon-A Study of English Translations of the Shijing*）是有史以來中國學者對理雅各《詩經》英譯所做的第一次規模較大的研究。從哲學闡釋學的角度，本著翻譯就是闡釋，闡釋就是「效果歷史」的觀點，對三個《詩經》譯本進行了整體研究。文章主要是以理雅各、韋利、高本漢的譯本爲依據對《詩經》翻譯進行研究。文章從聲音、形式、意義、名物、虛詞、句法、時態、敘事角度等八個方面論述了《詩經》的可譯性與不可譯性方面，以及翻譯的闡釋性特徵，並對三個譯本有較好的概括，認爲理雅各的翻譯遵從漢宋經學傳統，韋利譯本探討人性的共同點，高本漢譯本是語文學考據型的翻譯，研究較深入，學術性較強。但對各個時期《詩經》翻譯的特點和歷史變化，對各個譯本產生的歷史文化語境，各譯本之間的淵源關係缺乏研究和說明，因而系統性不夠強。

國內學者從《詩經》譯本在世界傳播角度切入研究最早的一篇論文是1993 年刊登在第六期《文學評論》的周發祥的文章《〈詩經〉在西方的傳播與研究》。該文分上、下兩篇來介紹《詩經》在西方的傳播與研究狀況。上篇介紹了經過傳教士的接觸和翻譯，《詩經》逐漸走進西方世界，並在西方漢學界出現了不同版本的翻譯和介紹。並探索了傳播媒介和途徑，接受與影

響等問題。下篇則介紹了《詩經》在西方的研究現狀。介紹了西方研究的包括詩體研究、民俗學研究、語言學研究、帕里－勞德理論的應用、意象研究幾個方面以及西方對於「《詩經》學」研究的反思。吳結評發表在《宜賓學院學報》2006 年第 9 期的論文《英語世界裏的〈詩經〉研究》，將《詩經》在英語世界傳播的基本面貌進行了分階段論述，第一階段即是《詩經》的譯介階段，他詳細介紹了《詩經》的重要譯本以及影響較大的英譯本，並舉出英譯之後的回譯例子，將其與《詩經》原文進行比較，以說明西方翻譯家的翻譯理念。

　　范存忠的《中國文化在啓蒙時期的英國》對英國第一位《詩經》譯者威廉·瓊斯的生平、身份、學術生涯，乃至他對《詩經》中的《衛風·淇澳》《周南·桃夭》《小雅·節南山》等三首詩的翻譯過程，有較爲詳盡的描述，研究頗爲深透。其它對於《詩經》譯本介紹比較早的論文有汪榕培 1995 年發表的《漫談〈詩經〉的英譯本》，對《詩經》英譯本進行了研究，共列舉全英譯本九種（不包括汪榕培譯本）。以及胡先媛 1999 年發表的《先民的歌唱——〈詩經〉》，對理雅各、韋利、龐德、翟理斯、高本漢五種譯本也有簡要的介紹。包延新、孟偉發表在《晉東南師範專科學校學報》2002 年第 6 期上的論文《〈詩經〉英譯概述》對十九世紀以來，歐美以及中國本土《詩經》進行英譯的重要翻譯家和譯本進行了扼要的評述，也指出了這些譯本在翻譯時所採用的不同翻譯原則，從而造成了翻譯成果的不同風格。同時，還簡要論及了不同的版本在其所處時代以及後代所產生的影響。王輝 2003 年發表的《理雅各英譯儒經的特色與得失》對理雅各的《詩經》譯本也有簡單的介紹。對《詩經》翻譯的歷史和譯本狀況介紹相對較爲全面的是馬祖毅教授 1997 年出版的《漢籍外譯史》，先後涉及了多種語言的譯本。對理雅各、詹寧斯（William Jennings）、艾倫（Clement Francis R. Allen）、韋利（Arthur Waley）、龐德（Ezra Pound）、高本漢（Klas Bernhard Johannes Karlgren）等六種英譯本均有簡要評述。除此以外，各英譯本的前言中一般也有零星的譯本評述。如理雅各在譯本前言中對法國傳教士孫璋（Alexandre de Lacharme）的譯本有較深入的批評；艾倫在譯本前言中對理雅各的譯本有所批評，並提到了與他同時代的詹寧斯譯本。但在總體上，這些研究都不是專門的譯本研究，不夠系統和全面。

　　專門的譯本研究有姜燕 2010 年的博士論文《理雅各〈詩經〉英譯》，運用權力與翻譯的關聯這一後現代翻譯理論框架，對理雅各《詩經》三譯本進

行全面系統的翻譯研究，從理雅各不同譯本的細讀分析出發，結合譯本形成的眞實歷史和文化語境，揭示譯本變化所體現的譯者思想歷程。

（三）國外學者關於研究《詩經》和《詩經》英譯的主要作品

國外學者對《詩經》的研究涉及語言學研究、詩體研究、意象寓意研究、套語理論等方面，視野較爲開闊。

《詩經》語言學研究方面有：加拿大學者多布森（W.A.C.H.Dobson）1968年出版的專著《〈詩經〉的語言》和同載《通報》1964年第51卷第2期的論文《初級古漢語語法研究》《語言學證據和〈詩經〉創作年代》，均採用語言學的方法，通過幾種語言特色的比較，提出確定風雅頌創作年代的見解。他注意古漢語一些同義字詞的演變，觀察其分佈，確定產生的時代順序是《頌》（西周初葉）、《大雅》（西周中葉）、《小雅》（西周末葉）、《風》（東周初葉）。這是運用現代語言學理論和幾種語言比較的方法，其結論基本是符合實際的。

關於《詩經》詩體研究、比興和意象研究等方面有美國學者金守拙（G·A·Kennedy）的論文《詩經裏的失律現象》：從三百篇全入樂的角度來考察，其中眞正破格失律的現象並不多，如章句對應、字數相等，均不算失律，與對應句不諧的雜言句，其中常有一字在弱拍位置，可附於前字而不計拍節，故仍算對應。美國華裔學者陳士驤1969年的論文《詩經在中國文學史上和中國詩學裏的文類意義》，援引中國學者楊樹達、聞一多、商承祚、郭沫若關於「詩」「興」二字字源的考證，揭示以《詩經》爲代表的中國上古抒情詩的詩體特質，作爲其基本特點的「興」的原始意義，蘊含著詩歌的社會功能和詩歌內在的特質。藝術分析鑒賞最多的是意象研究。麥克諾頓（McNaughton）1963年的論著《詩經的綜合映象》是較全面的細緻深入分析的名著。華裔女學者余寶琳1987年的專著《中國詩歌傳統中的意象讀法》，指出應區別中西詩歌意象之不同，西方認爲意象是一種摹仿之物，一種描述，或一種裝飾，而在中國，意象是詩歌本身獨特性的標誌，從中可以引申出比喻意義、道德意義或歷史意義。她不同意西方學者把三百篇統統看作寓言之作（allegory），認爲《國風》只有一兩篇這樣的作品，而絕大部份詩篇的意象具有象徵的意義。

佐伊倫（Steven Van Zoeren）1991年的專著《詩歌與人格：中國傳統的讀解、注疏和闡釋學》，主要討論孔子的詩教、漢學和宋學，認爲孔子編《詩》說《詩》，一是爲復禮興樂，一是爲應對辭令，一是爲教科書之用，從漢代開

始的中國闡釋學以人格教化爲中心，以史證《詩》而比附穿鑿，朱熹提出的新闡釋學原則，產生巨大的長久影響。他提出西方學者研究中國的闡釋學著作，有助於閱讀傳統《詩經》文本和瞭解各詩篇的意義。

另外，美國著名華裔學者王靖獻應用荷馬史詩研究者米爾曼・帕里（Milman Parry）和艾伯特・勞德（Albert B.Lord）的帕里・勞德理論，即「套語理論」來研究《詩經》。王靖獻 1974 年的專著《鐘與鼓》一書，是作者應用「套語理論」論析《詩經》的典範之作。王氏根據套語在《詩經》中復現的比率以及對套語和套式的分析推出了許多結論，諸如《詩經》基本上屬於口頭創作，《詩經》與音樂有關，《詩經》反映出了從口頭創做到書面創作的過渡，套語研究有助於研究創作年代的先後等等。這部著作在西方漢學界引起或褒或貶的評論，在中國也引起廣泛的注意。

美國學者 Mary Paterson Cheadle 對龐德在《詩經》翻譯中所體現出的哲學與政治觀點有較爲深刻的分析，並對龐德《詩經》翻譯目的與歷史文化語境，翻譯的基本原則、基本方法、基本情況有專門研究。這些研究由於深入探討中西文化思想的根柢，所以越來越受到學術界的重視。

總之，《詩經》作爲中國古典文學的一個重要組成部份，已歷經四百年的西播途程，迄今爲止積纍了許多風格各異的譯本，取得了頗爲豐富的研究成果。這些研究廣涉音韻、訓詁、詩語、意象、篇旨、諷喻、創作過程、創作年代等多種範疇，並在方法論上做了中西比較、西論中用、學科交叉、中論西用等多種嘗試。這一切都是值得認眞加以考察和總結的。

但國內外學術界至今還沒有對理雅各跨文化《詩經》譯介闡釋的文學研究專著，因此，本書除了具有學術理論上的意義外，還有助於我們透視西方人眼中的中國文化，爲在全球化的今天如何保存、傳播中國文化提供經驗，對於經典闡釋史本身和中外文化交流亦有參照價值。

四、研究方法和本書框架

本書主要採用下列研究方法：

1. 細讀法與譯介法

「文本細讀」之「細讀」（close reading），從字面上看，就是「封閉閱讀」，但是，實質上，「細讀」的根本含義是立足於文本的閱讀。「新批評」後期代

表人物克林斯・布魯克斯（Cleanth Brooks）提出的「adequate reading」，也就是「充分閱讀」，就是要對文本所蘊涵的豐富的內涵進行充分的發掘。尊重文本，從文本出發，通過細緻的閱讀和反覆的閱讀，注重細節的解讀和結構的分析，對文本所蘊涵的深厚意蘊做出「豐沛的闡釋」是文本細讀的最基本的準則。「文本細讀」要求對文本「多次重複地進行細緻研讀」，「注意力持續集中在文本上，集中在文本的語義和修辭的多層次相互關係上」，「強調文學語言本質上的比喻性的力量，及由此而生的奇異的力量」。首先是細讀理雅各三種《詩經》英譯本的文本，瞭解各譯本的不同特點、譯者對各詩題旨的闡釋以及對詩中意象的理解等，這是本書立論的基礎性工作。其次是譯介相關的英文背景研究資料，所以譯介是貫穿研究始終的重要手段。

2. 跨學科研究法

本書的研究借鑒了歷史學、宗教學與語言學等跨學科研究成果，同時也吸取了其中的教訓，進行了跨學科的立體研究。在研究理雅各的譯著時，通過分析理雅各譯者的翻譯背景、動機、心態和思維方式，結合譯文的優劣是非，力圖全方位地分析。儘量避免單層面的語言學或文學研究，並就《詩經》翻譯的早期基督教文化與儒教文化的關係，《詩經》與英國漢學的關係以及《詩經》與中西文化交流的關係進行立體考察。

3. 闡釋學與比較文學的綜合分析法

本書試圖用闡釋學與比較文學的綜合分析法從思想、文化、文學包括意象等方面剖析理雅各對《詩經》的譯介闡釋，解讀理雅各的《詩經》譯介範式以及意象系統等。

為在研究的廣度上有所突破，避免以偏概全，筆者擬對理雅各譯本的闡釋特點和各譯本的不同從比較文化學的角度進行綜合分析。

4. 邏輯論證法

在理雅各等人的時代，翻譯理論尚未形成系統，翻譯標準模糊混亂，因此對翻譯作品的討論眾說紛紜。所以本書將對翻譯標準和一些翻譯術語進行界定，以避免邏輯上的糾纏。

5. 比較法

本書以理雅各及其《詩經》英譯為軸心，通過理雅各譯介中國經典的心路歷程，凸顯理雅各英譯中國經典的歷史文化背景；再將理雅各不同時期的

《詩經》英譯本進行橫向研究，以彰顯理雅各不同時期的譯介闡釋特徵。

6. 統計法

本書是對理雅各《詩經》譯介的專論，重點考察在譯介學視角下理雅各《詩經》譯介的闡釋與傳統闡釋學的關係，並對其具體闡釋內容和翻譯手法、差錯進行一定程度的歸納統計，力圖矢量化地描述其翻譯原貌。

本書的整體構架如下，全書除緒論外，分爲六章：

第一章理雅各《詩經》譯介與中西經典闡釋傳統的關係。包括中國《詩經》解經學、西方《聖經》闡釋學傳統、基督教傳教士《詩經》譯介，以及理雅各《詩經》譯介的闡釋方式，並論述理雅各《詩經》譯介的心路歷程。

第二至五章是對理雅各《詩經》譯介本的本體研究，研究的對象包括理雅各的三種英譯本即 1871 年散譯本、1876 韻譯本和 1879 東方聖書版，是本書研究的重點。

第二章理雅各《詩經》譯介的思想闡釋。諸如理雅各《詩經》譯介怨與刺的闡釋原則、遵教化的闡釋觀、闡釋的循環與創新以及客觀派的闡釋風格等。

第三章理雅各《詩經》譯介的文化闡釋。包括理雅各對《詩經》所涉的中國封建制、宗法制、宗教信仰以及婚姻制度諸方面的跨文化闡釋。

第四章分析理雅各《詩經》譯介的文學闡釋。通過理雅各對《詩經》藝術手法賦、比、興的解讀、詩歌文學形式的回歸和文學翻譯策略的運用等，考察理雅各《詩經》譯介從經學到文學的軌跡。

第五章理雅各《詩經》譯介的意象闡釋。意象的運用，屬於借物抒情的文學手段，包括理雅各《詩經》譯介的意象系統、理雅各《詩經》意象系統的象徵義的跨文化解讀。

第六章理雅各及其《詩經》譯介的影響。理雅各《詩經》及其它中華經典的譯介，迎來了英國漢學研究的理雅各時代，理雅各《詩經》英譯本的出現，適應了西方英語世界對《詩經》作爲經學經典翻譯的渴求，詹寧斯、艾倫、龐德等影響巨大的《詩經》譯本都是在理雅各《詩經》英譯本的基礎上的復譯本，促進了包括《詩經》在內的中華經典以及中國文論等的跨文化傳播。

結語部份，歸納總結全文，理雅各作爲跨文化學者的知識結構是譯介中華經典的首要條件；尊重源語文化使中華經典譯介成爲一種跨文化交際；理

雅各《詩經》譯介體現了傳統與創新相結合的闡釋思想；理雅各《詩經》譯介對中外詩學影響深遠。

　　誠如周發祥所說：「《詩經》走向世界這一文化現象的內涵是十分豐富的，譬如信譯和曲譯的學術成就和價值取向、平行證同和辨異所觸及的範圍、中論西用出現順境和逆境的原因、以及諸如民俗學所做的共時性類推求證（結構主義人類學常用此法）的可信程度等等問題，都是值得我們深入研究、思考的問題。」〔註17〕囿於本人知識視野和資料收集的局限，在縱向考察的歷時性上和橫向考察的文本種類上都留下了無法避免的缺憾，對近代《詩經》在歐洲傳播的全面深入研究，還有待於今後進一步的努力。

〔註17〕周發祥：《詩經》在西方的傳播和研究，《文學評論》，1993 年第 6 期。

第一章　理雅各《詩經》譯介與中西經典闡釋傳統

　　馬克思指出：「在不同的所有制形式上，在生存的社會條件下，聳立著由不同的情感、幻想、思想方式和世界觀構成的上層建築。」〔註1〕成書於公元前八至九世紀的《詩經》，反映了中華先人在黃河流域以宗法制度為核心建立起來的農業文明。《荷馬史詩》產生於公元前一千年左右，而記錄成文約在前五百年左右，正當中國最早的詩歌《詩經》中最古老部份的成詩年代；正如西方漢學家們的評價：《詩經》與《荷馬史詩》、莎士比亞戲劇鼎足而立，在中西詩學研究史上，乃至世界文化史上都具有難以估量的偉大價值。

　　《詩經》關注人間世界和日常生活、日常經驗，政治風波、春耕秋獲、男女情愛的悲歡哀樂，不存在憑藉幻想而虛構出超越人間世界之上的神話世界。西洋文學作品中出現了英雄、神和妖怪，還在海上進行戰爭。內容不是凡人的日常世界。西洋文學就是以這種虛構文學為其發端的；《詩經》中幾乎完全是抒情詩，奠定了中國詩歌以抒情詩為主的發展方向。古希臘荷馬史詩和悲劇、戲劇，奠定了西方以敘事傳統為主的發展方向；《詩經》主要歌頌「禮治」；《荷馬史詩》卻主要歌頌「力治」；《伊利亞特》歌頌希臘英雄的武力；《奧德賽》歌頌希臘英雄的智力。這是中西文化一個主要差別。

　　《詩經》作為中國詩歌不祧之祖、五經之首，其譯介在中西文學文化碰撞中有著特殊重要的意義。

　　歐洲最早期的文明發源於歐洲東南部的希臘半島（約於公元前 800 年）

〔註 1〕　〔德〕馬克思、恩格斯著：《馬克思恩格斯選集》第 1 卷，第 629 頁。

及歐洲南部意大利半島的羅馬（約於公元 753 年）稱爲：古希臘‧羅馬文明。由於古希臘和古羅馬的文明都是孕育於地中海沿岸一帶，它們被稱爲「內海文明」。古希臘和古羅馬亦被歷史學家稱爲「西方文化搖籃」，實際應該溯源於近東。〔註2〕

古希臘三面臨海，海岸線長達 12500 多公里，沿海有無數港灣，境內山多平原少，土地貧瘠，氣候乾燥溫熱，糧食匱乏，以穀類、橄欖和葡萄三大作物爲主，古希臘人大多聚居在被山嶺分隔的細小村落裏，交通往來極不方便。由於居住在沿海地區，古希臘人以航海貿易爲主要生計之一。至公元前 800 年，各村落逐漸發展爲擁有屬於自己的政府、軍隊和法律制度的城市，稱爲「城邦」，各「城邦」之間，戰爭頻仍。

土地相對狹小的古羅馬，同樣滿足不了耕作的需求，他們唯有種植橄欖和葡萄等的加圖式莊園，和古希臘一樣，戰爭和對外擴張成爲家常便飯。

興起於古羅馬時代的基督教，是西方文化的另一源頭。在西歐中世紀來臨的前夜，基督教已經在西羅馬帝國廣泛傳播，並逐步取得了權威地位。公元 381 年，西羅馬帝國的狄奧多修皇帝頒佈詔書稱：

> 我們的旨意是一切臣民都應該信奉由使徒聖彼得傳給羅馬人的神聖信仰。按照使徒的吩咐，我們應當信奉聖父、聖子、聖靈三位一體的神。茲命令：凡這樣信奉的人得稱爲大公基督徒（Catholic Christians），除此之外的其它信仰都是異端。他們聚會的地方不得稱爲教會：參與其中的人，都受神譴責，因此也同樣被我們譴責……
>
> 〔註3〕

詔書確立了基督教在西羅馬的國教地位，奠定了中世紀基督教的權威基礎。

西方的闡釋學（Hermeneutics），也稱爲詮釋學、釋義學或解釋學，從詞源來講，它來源於古希臘神使 Hermes 的名字。Hermes 的主要職責就是把神的旨意傳達給世人，他須先解釋神的指令，將其翻譯成人間的語言。屬於神學闡釋學。

可見，闡釋學從一開始就包含「翻譯」的意思。「闡釋學的工作總是這樣

〔註 2〕美國威爾‧杜蘭：今天的西方文明，也可以說是歐美文明，歐美文明，與其說係起源於克里特、希臘、羅馬，不如說係起源於近東。因爲事實上，「雅利安人」並沒有創造什麼文明，他們的文明係來自巴比倫和埃及。

〔註 3〕轉引自〔荷蘭〕彼得‧李伯庚著，趙復三譯：《歐洲文化史》（上），上海社會科學院出版社，2004 年版，第 88 頁。

從一個世界到另一個世界，從一個陌生的語言世界轉換到另一個自己的語言世界」。〔註4〕因此，「翻譯理論家斯坦納將翻譯置入闡釋學之中，並指出語言永遠處於一個動態的變化之中。闡釋學最重要的貢獻是其創造性地把理解本身作爲研究對象，反思了主體對客體的認識和理解」。〔註5〕翻譯是理解與表達的雙向過程，是對另一種語言的理解闡釋活動，而且這一解釋過程極富主觀性。

　　本章將考察理雅各《詩經》譯介與中西經典闡釋傳統的聯繫、理雅各《詩經》譯介的闡釋方式和理雅各《詩經》譯介的心路歷程。

第一節　理雅各與中西《詩經》闡釋傳統

　　中國是世界四大文明古國之中唯一沒有產生文化斷層的民族〔註6〕，有著極爲豐富的文化遺產，英國李約瑟博士在《中國科學技術史》第一卷《導論》中所說：

> 中國所能提供的古代原始數據比任何其它東方國家，也確比大
> 多數西方國家都要豐富……中國則是全世界最偉大的有編纂歷史傳
> 統的國家之一。〔註7〕

黑格爾《歷史哲學》中也說：「中國『歷史作家』的層出不窮，繼續不斷，實爲任何民族所不及。」

　　中華民族歷來崇奉文化典籍，特別是被尊爲經典的儒家典籍，認爲乃爲體現天地之道的「聖人之言」，所以，春秋孔子也只是「述而不作」，「述」就是注解、闡釋這些聖人之意和天地之道。南朝梁劉勰《文心雕龍·序志》：「敷贊聖旨，莫若注經。」兩漢時期形成了以訓詁、箋傳爲中心的解經傳統，形

〔註4〕　〔德〕漢斯—格奧爾格·伽達默爾著，洪漢鼎譯：《眞理與方法》，上海：上海譯文出版社，1999年版，第262頁。

〔註5〕　同上，第384頁。

〔註6〕　世界古代文明的發源地是中國、古印度、古埃及和古巴比倫，習慣稱之謂世界四大文明古國。但誕生於恒河流域的古印度，文明史全長1500年，終因陷入分裂而中斷；誕生於兩河流域的古巴比倫，立國於公元前3000年，公元前729年終於被亞述帝國吞併，今已不存；誕生於尼羅河畔的古埃及，立國於公元前32世紀，歷經31個王朝，文明史全長2500多年，公元前30年被羅馬征服。

〔註7〕　〔英〕李約瑟著：《中國科學技術史》第一卷，科學出版社，1975年版，第153頁。

成漢學、宋學、清學、晚清學四大系統的解經學。

西方則以《聖經》的解經爲核心形成傳統。西方傳教士們譯介中華儒學經典以襄助傳教，也形成了傳統。因爲他們知道：

> 中國的版圖很大，不比文明的歐洲小，在人口與治國方面，還遠超過歐洲。……雖然希臘哲學是我們所擁有的在《聖經》外的最早著述，但與他們相比，我們只是後來者，方才脫離野蠻狀態。若是因爲如此古老的學說給我們的最初印象與普通的經院哲學的理論有所不合，所以我們要譴責它的話，那眞是愚蠢、狂妄的事！……因此，盡力給它正當的解釋是合理的事，但願我們擁有更完整的記載與更多的從中國經典中正確地抄錄下來的討論事物原則的述言。

〔註8〕

中華儒學經典解經傳統和西方釋經學，成爲中西古典解釋學的主體，兩者之間有異質性也有許多相通之處。

一、《詩經》解經傳統

《詩經》稱「詩」或「詩三百」，《詩經》在春秋時代事實上已被尊奉爲經典著作，由於文本最初創作及其結集、傳承的動因，是禮樂的，是爲了配合典禮儀式用樂的需要而創制的。因此在中華文化史上，始終具有崇高地位和權威性。若以春秋吳國公子季札到魯國觀樂作爲《詩經》形成的時間算起，流傳至少已有兩千多年的歷史。周倡導「天命無親，惟德是輔」，建立了禁防君王失德敗政的諷諫制度，《詩》成爲瞽矇樂官的儀式的樂歌而從屬於禮樂，成爲德義之府。《左傳·僖公二十七年》記晉國大夫趙衰言：「《詩》《書》義之府也。禮樂，德之則也。」孔子亦云：「「不學《詩》，無以言；不學禮，無以立」；「詩三百，一言以蔽之，曰無邪。」地位與禮樂等同，因此，《詩經》是先秦不可逾越的高峰。

《詩經》闡釋歷經兩千多年歷史，形成了內容複雜的詩學傳統，研究廣涉文字、音韻、訓詁、名物、典制、天文、地理、算法、樂律以及思想義理的剖析等等，百舸爭流，著作汗牛充棟。

〔註8〕〔德〕戈特弗里德·威廉·萊布尼茨（Gottfried Wilhelm Leibniz）著：論中國人的自然神學 —— 致德雷蒙的信，見秦家懿編著：《德國哲學家論中國》，上海：三聯書店，1993年版，第72頁。

　　兩漢群儒在說解經書上形成了今古文的不同流派，引發了今古文學派之間的激烈鬥爭。

　　「今文經學」，就是指對今文經典所作的章句訓詁與經義的闡釋解說。

　　今文經來自口耳相傳，後經漢今文經師在解讀文本時，進行了「翻譯」，用漢時通用的隸書（即當時今文），著於竹帛。在解讀文本時，講求「微言大義」。〔註9〕今文家認爲，六經都是孔子所作，皆用以垂教萬世，或託古改制，他們把孔子視爲政治家、哲學家，是「受命」的「素王」。今文家標榜「經世致用」，強調經書的直接的、簡單化的實用目的，於是多闡發「微言大義」，借題發揮，穿鑿附會，並摻雜讖言陰陽災異，宣揚天人感應的迷信思想，把儒學神化，爲鞏固現實統治服務。

　　由於今文家爲鞏固現實統治服務，所以，漢武帝「罷黜百家，獨尊儒術」，建元五年（前 136）置五經博士，其所立博士均屬於今文經學，標誌著今文經學由民間私學轉變爲朝廷官學。此後，在兩漢時期，今文經學基本上也就是博士經學或太學經學。漢武帝所立的五經博士，據《史記・儒林列傳》載：「言《詩》於魯則申培公，於齊則轅固生，於燕則韓太傅；言《尚書》，自濟南伏生；言《禮》，自魯高堂生；言《易》，自菑川田生；言《春秋》，於齊魯自胡毋生，於趙自董仲舒。」實際是指漢初以來的五經傳授系統，並非武帝所立的五經博士。今文經學作爲兩漢時期的官學，主要就是依附於博士制度而發展的。東漢後期，今文經學開始式微，直到清代中後期才開始恢復。

　　古文經是先秦保存下來的或重新發現的經書古本。古文經學家在解說上以求對經書本身的確實理解，重訓詁、較質實的古文派，則認爲六經皆史，周公是「先聖」，而孔子是「述而不作」的「先師」、歷史學家，是古代文化的保存者。在說解上側重章句訓詁、考訂、訓釋名物典制等，以求對經書本身作確實的理解，因此多從弄通語言文字入手，學術性強，比較質實可靠，與現實政治關係相對要疏遠一點。〔註10〕在《詩經》的解經過程中，主要有毛詩學派、詆毛派和三家詩學派。也有以時代學術風氣兩漢學、宋學、清學等稱。

〔註 9〕 參龔自珍著：《總論漢代今文古文名實》，《龔定庵全集類編・大誓問答第二十四》，北京：中國書店，1991 年版。

〔註10〕 曹林娣著：《古籍整理概論》，北京：北京大學出版社，2007 年版，第 33〜39 頁。

（一）毛詩學派，又稱古文經學或「漢學」派

現傳最早研究《詩經》的是漢初大毛公，戰國時代荀子的學生魯國人毛亨，他所著的《毛詩詁訓傳》，簡稱毛傳。毛亨說詩，偏重解釋字義，章句訓詁多據先秦典籍，保存不少古義。也有附會處。東漢章帝時立於學官。是《詩經》最早的注釋本。毛傳和《毛詩序》是毛詩學派的奠基之作。

東漢末的鄭玄對毛傳進行了補充、說明和完善，還對毛傳未注的字詞做了解釋，並酌採魯、齊、韓三家詩說，予以疏通，闡發，寫出《毛詩傳箋》三十卷，簡稱鄭箋。它確立了毛詩不可動搖的地位。

《毛詩序》分大小序，前人把冠於全書的序言稱爲《大序》，是先秦儒家詩論總論，它比較完整地論述了詩歌的特徵、社會作用以及表現手法等。提出了一些文學理論問題，如要求文學藝術達到「美教化，移風俗」的目的；肯定了言志抒情的作用；提出了風雅頌賦比興「六義」說，其中風雅頌是根據詩歌的功能對詩的一種分類，賦比興則是詩歌的基本表現手法。詩序的作者有爭議，有子夏、毛公，宋人認爲可能是東漢衛宏所作，是後人研究《詩經》的出發點之一。

把每篇類似題解性質的短文稱爲《小序》，是先秦至西漢儒家詩說的總結，在先秦典籍中可以找到例證，對理解詩的主旨有所幫助，但也有不少穿鑿附會的解釋。

同時的還有衛宏、鄭眾、賈逵、馬融等《毛詩》研究著作。他們在曲解詩意、借詩說教上是一致的。往往以孤立的考據、煩瑣的訓詁、斷章取義，將三百篇變成充滿宗教氣息的禮教經典，將優美的愛情詩變成神秘的推背圖。

但毛詩派說詩時引用了許多後代失傳的古文獻；搜集了先秦的傳說；傳述了古時的民俗和宗教儀節；記載了古時的生活樣式；對理解詩的細節描寫、認識詩的產生時代和背景，認識古代語言，都有很大幫助。

唐代孔穎達《毛詩正義》，彙集漢晉以後各家成果，包羅古義，成爲集大成者，統稱孔疏。顏師古《五經定本》、宋呂祖謙《呂氏家塾讀詩記》，繼承毛、鄭說詩傳統；明代朱謀瑋《詩故》、何楷《毛詩世本古義》在名物訓詁上有一定的成就。清毛詩派代表陳啓源《毛詩稽古編》、朱鶴齡《詩經通義》批駁宋人，力捧漢學，開考據風氣之先。馬瑞辰《毛詩傳箋通釋》和陳奐《詩毛氏傳疏》，前者聲義相訓，因聲求義，觸類旁通，推論字詞，考釋詳盡，後者重在考論典章制度和歷史背景，引證宏富，無出其右。胡承珙《毛詩後箋》

亦是清儒說《周頌》之一大家。

這一派遵從《毛傳》，在文字訓詁上多所發明，見解精當，但對詩歌的本旨及其文學成就置而不論，是明顯的不足。

（二）詆毛派，又稱「宋學」

銳意進取，獨立思考的宋代學者為了突破漢學樊籬，對《毛詩序》提出了大膽懷疑。詆毛而不廢毛、鄭之言，汲取三家之說，卓然成一家之學。

宋歐陽修的《毛詩本義》，始辨毛、鄭之失，成為攻擊毛序的先鋒；南宋鄭樵《詩辨妄》，極力攻擊毛鄭，詆毀《毛序》為村野妄人之作。全書棄去毛序，全從己意說詩。

宋朱熹《詩序辨說》，不信《毛詩序》之說。他作《詩集傳》，認為序不足信，主張只有在廢棄小序的情況下詩意才可以明瞭。他詆毛而不廢毛、鄭之言，並汲取三家之說，集中宋人訓詁、考據的研究成果，是宋學《詩經》研究的集大成之作，它代表了宋代廢序派《詩經》研究的最高成就。朱熹採用了孟子「以意逆志」法，就詩篇本身探究其本意，並時而賦予某些詩篇以新義。但朱熹以理學為思想基礎，兼顧文學特點，有時雖有新解，但也不脫理學家的迂腐。如朱熹常用「天理人欲」解釋愛情詩，表現了帝制時代保守的道學觀。

元劉瑾《詩傳通釋》：闡釋朱熹解詩旨意。元仁宗延祐年間恢復科舉，用朱熹傳，成官學，明清相沿，《詩集傳》成為官學。

（三）三家詩派，也稱今文學派

齊——轅固生，漢景帝時立為博士。採用五行陰陽學說，以詩解說《易》和律曆；魯——魯人申公培，漢文帝時立於學官。據《春秋》大義，採先秦雜說，「以詩訓詁」，以詩印證周代禮樂、典章制度，將詩作為禮的說明；韓——燕人韓嬰，文帝時立為博士。他繼承先秦說詩傳統，斷章取義，割裂詩句，作為自己論文的注解。

西漢初的三家詩後來都失傳了，但並未從詩經學中消失。南宋末王應麟《詩考》，專門考證研究齊、魯、韓三家詩的學說，為後世三家詩歌輯佚做了準備。

清乾隆年間，范家相做《三家詩拾遺》，重開輯佚工作。近代的魏源《詩古微》，宣傳三家詩說，攻擊毛傳，毛序，斥古文派。

陳壽祺、陳喬樅父子的《三家詩遺說考》和王先謙《詩三家義集疏》，把三家詩的研究推到一個新階段。後者成爲這方面的集大成之作。此書把三家詩同毛詩章句文字的不同處一一列舉出來，對準確理解詩的意思很有幫助。他也不排斥毛詩研究成果，折中異同，引證豐富。

清崔述的《讀風偶識》是研究《國風》的專著。他並非從當時盛行的考據出發，而是闡述《國風》的意旨。

王夫之《詩經稗疏》、姚際恆《詩經通論》，徹底擺脫了漢宋樊籬，批評「漢人失之固，宋人失之妄，明人失之鑿。」認爲《詩》是中國的辭賦之源，開始注意詩的文學意義。

方玉潤《詩經原始》——是注意從文學角度解詩的代表作。他重視詩的「陶情寄興」作用，反對「俗儒說《詩》，務求確解」。

漢儒傳《詩》，使《詩》經學化，固然有對《詩經》的曲解、附會，但漢代形成的詩教傳統和說詩體系，不僅對《詩經》的研究，而且對整個中國古代文學的發展，都產生了深遠的影響。

二、西方釋經傳統

理雅各是用注釋《聖經》的態度譯介《詩經》的。《聖經》是西方基督教國教的聖典，在基督教神學中，釋經居於首要的地位，讀經、布道、制定教義都離不開它，最早可以追溯到公元前 5 世紀古代希伯來人對《聖經》的解釋，中世紀的歐洲《聖經》被大量轉抄、複製傳播，其通俗的教義家喻戶曉。釋經的解釋學一向被看作是神學的基礎。催生了闡釋學成爲一門奠定整個基督教文明神哲學基礎的重要學問。直到近代啓蒙主義的浪潮中，遂逐漸走出了闡釋《聖經》的家園，從釋經學中分離出來成爲一個獨立的一般意義上的闡釋學。

基督教產生之初，教會中出現了一批專門從事基督教信條的系統化和理論化的學者和思想家，他們制定出了一整套基本教義和神學理論，這些被教會稱爲「教父」的人物實際上就是《聖經》的傳播者和解釋者。神學解釋學早在教父時代就出現了〔註 11〕。教父時代有兩個著名的相互對立的釋經學派：亞歷山大學派和安提約基學派。

〔註11〕參見〔德〕漢斯－格奧爾格·伽達默爾（Hans-GeorgGadamer）著，洪漢鼎譯：《眞理與方法》下卷，上海：上海譯文出版社，1999 年版，第 715 頁。

亞歷山大學派強調寓意解經，寓意解經首先可以追溯到第一位猶太哲學家、教父哲學學的先驅、被譽爲「基督教之父」的斐洛（Philo Judaeus of Alexandria）（公元前 25 年～公元 45 年），他系統地制定了「喻意解經法」，所寓之意就是早期古希臘哲學家指的在古老的神話（包括荷馬的史詩和赫西奧德的神譜）的背後「隱藏的意義」。這種方法強調人們對聖典的瞭解僅僅停留在字面上是不夠的，還應從中找出更深刻的喻意，這就是運用哲學理論來對宗教神學進行解釋並幫助宗教建立自己的教義的方法。斐洛憑此爲自己建立了一個內容十分廣泛、可塑性極大的宗教神學體系〔註 12〕。這種喻義解經法體現了「雙希」文化融合的一個典型例子，它不僅開創了猶太教、基督教的研究和詮疏《聖經》的學科「解經學」的漫長歷史，而且也爲隨心所欲地解釋《聖經》提供了可能。

安提約基學派則強調字義解經，反對任意尋找寓意的做法，認爲這種做法缺乏明智，他們側重依據經文的字面意義去理解它。但該派並不完全否定《聖經》中寓意的存在，只是不像亞歷山大學派那樣極端，認爲到處都存在著寓意。因此，它們之間的差別只是程度上的，不是實質性的，至少有一點他們是共同的，那就是承認《聖經》具有雙重的意義。

他們的衝突和對峙差不多佔據了整個早期教父神學發展的歷史，並對後來聖經解釋學的發展產生了深遠的影響。雖然安提約基學派的歷史的和語法的分析比亞歷山大學派的寓意解釋忠實和精確得多，但後來還是亞歷山大學派占上風。

到了公元 5 世紀，奧古斯丁（Aurelius Augustinus）在解經的原則上，強調字義與喻義並重，他將《聖經》語文分爲兩種：一是直指，二是喻意。前者一般不會有別指，後者則別有所指，它和修辭相關，喻意同樣是爲了顯明真理。奧古斯丁在字面意義之後，加上象徵和神秘的意義，但要求先科學地確定字面意義，以作爲神秘意義解釋的基礎。他晚年所撰寫的著名的《論基督教教義》一書就闡明了他在釋經方面中庸的立場，但後世更重視的卻是他的喻意釋經。

稍後，在神學家卡西安（John Cassian，約 360～435 年）那裏則進一步發展出了著名的四重解經法的理論，這就是：《聖經》的字面性的解釋、倫理性

〔註12〕參見范明生：《晚期希臘哲學和基督教神學》，上海人民出版社，1993 年版，第 10～11 頁。

的解釋（tropology）、寓意性的解釋（allegory）和神秘性的解釋（anagogy）。它是教父時代的字義釋經和精神釋經的系統總結。

也有主張三重解釋法的，如哲羅姆（Jerome，約 340～420 年）主張用歷史、倫理、寓意綜合的方法去解釋聖經；籠統的二重解釋法（字面意義和精神意義）的主張也存在，差別僅僅在粗細之間。

因此，到了 11～12 世紀，重字義的解釋又出現了反彈，這是對流行的寓意解釋的矯枉。他們往往先進行字面解釋，然後進行寓意解釋。

中世紀後期（從 13 世紀起）《聖經》解釋中的理智邏輯的成分被突出，寓意法、象徵等等漸漸式微，釋經學也日趨理智化，教父時代的那種神秘性開始淡化。

文藝復興時代的到來使解釋學「回到源頭上去」（return to the sources）蔚然成風，突出了經文的字面意義，寓意釋經法逐漸受到排斥，輔助性的學科，如聖經地理、考古、年代、語言等等的研究的興起，加上印刷術的出現使聖經文本的普及成為可能，從而進一步促進了聖經解釋學的發展。

這一時期的宗教改革運動，將人文主義的精神納入了進來，《聖經》被提到最高的地位，成了信仰的唯一依據。

按照伽達默爾的理解，雖然猶太教教士早已建立了關於猶太聖典解釋字義和精神意義的區分、喻意解經法等規則，而且到了教父時代以及中世紀又作了進一步的發展，但嚴格意義上的聖經解釋學最早形成於宗教改革時期，它的名稱「Hermeneutick」第一次出現於這一時期的神學家 J·丹豪爾（J.Dannhauer）1654 年的著作《〈聖經〉解釋學或〈聖經〉文獻解釋方法》中〔註13〕，後廣泛流行開來。

在此基礎上，由路德（Luther）明確提出來的《聖經》的自明性原則、自解性原則，即聖經自己解釋自己。隱喻的方法只在《聖經》本身已給出了隱喻的地方才是有效的，而不能像以前那樣隨心所欲地濫用。

與路德的自明性原則、自解性原則相關的是整體性原則，這就是：《聖經》整體指導著對個別細節的理解，而個別細節的理解增進對整體的把握。這種整體和部份的辯證關係在古代修辭學中就得到過表述，它將完滿地講演與人的有機的身體、與頭和肢體的關係加以類比，路德和他的追隨者把這種

〔註13〕 參見〔德〕漢斯－格奧爾格·伽達默爾著，洪漢鼎譯：《真理與方法》，下卷，上海譯文出版社，1992 年版，第 715 頁。

觀點應用於理解的過程，並將其發展成為可以適用包括《聖經》在內的所有文本的一般性原則，即文本的一切個別細節都應當從上下文或前後關係中加以理解。〔註14〕這種整體性原則與自解性原則相一致，並且觸及解釋學循環的問題。

後來的狄爾泰（Wilhelm Dilthey）發展了一種明確的歷史主義，這種歷史主義與科學主義相吻合，它要求：解釋學首先必須消除一切獨斷論，自己解放自己；其次，必須承認《聖經》的作者之間的差別，放棄教義的獨斷論的統——性這個前提。從此出發，《聖經》被看作是一種歷史文獻，它不僅應當遵從語法的、修辭的解釋，而且也要遵從歷史的解釋。「由整體關係來進行的理解現在也必須要求歷史地再現文獻所屬的生活關係。舊有的以整體來理解個別的解釋原則現在不再關係到和限制於教義的獨斷論統一，而是涉及到全部的歷史實在，而個別的歷史文獻正構成這種實在整體的部份」〔註 15〕。這就是解釋學中的歷史客觀主義，它為《聖經》批判主義（Biblical Criticism）提供了哲學基礎。

《聖經》批判主義是歷史批判法在釋經中的應用，它發軔於 16 世紀，形成於 17、18 世紀，大興於 19 世紀，而且一直持續到現代。這種方法將《聖經》當成和任何一種古代文獻毫無二致的文本進行研究，而不是當成特殊的作品，它的結論是相當大膽和反傳統的。歷史批判主義的出現不僅是釋經方法的改變，而且也意味著人們對聖經的態度發生了變化，它表明近代的科學主義的精神向神學領域的滲透，因此最初遭到基督教正統思想的反對，但後來逐漸被接受。連羅馬天主教教會也承認，在聖經解釋史上，歷史批判法的應用，開創了一個新紀元〔註 16〕。這種方法的研究主要集中在四個方面：版本批判、源流批判、類型批判和修訂批判。

進入 20 世紀以後，海德格爾和伽達默爾的新解釋學的重要「翻轉」（Umkehrung）在這方面提供了重要的啓示，解經適應歷史時代發展的需要，唯有如此，才會永遠使它充滿活力。因此，聖經意義的現實化和世俗化在所難免。

〔註14〕 參見〔德〕漢斯－格奧爾格·伽達默爾著，洪漢鼎譯：《真理與方法》，下卷，
　　　　 上海譯文出版社，1992 年版，第 227～228 頁。
〔註15〕 〔德〕漢斯－格奧爾格·伽達默爾著，洪漢鼎譯：《真理與方法》上卷，上海
　　　　 譯文出版社，1992 年版，第 229 頁。
〔註16〕 宗座聖經委員會文件，洗嘉儀譯：《在教會內部解釋聖經》，載高夏芳《新約
　　　　 聖經入門》附錄，1995 年版（內部發行），第 310 頁。

「天主教重寓意，新教重字義；天主教重傳統，新教重創新；天主教重權威和集體智慧，新教重自由和個體發揮。」伽達默爾的哲學解釋學既重傳統，又重創新。20世紀傑出的神學家K・巴特（K. Barth）說得好：「正典是一部能夠在不同時間以不同方式加以解釋的歷史。但是，正典被考慮和被解釋，是一部其涵義堅守和維持著自己的歷史。」〔註17〕

「古代解釋理論的核心是寓意解釋，它極大地影響了基督教的聖經解釋學。作為正確理解的技術，《聖經》解釋學的內容經教父時代的奧立金和奧古斯丁等人的總結初具規模，後來被卡西安加以系統化，並進一步發展成為四重意義的方法。路德的宗教改革對包括『四義』方法在內的中世紀的教條的解釋傳統作了批判，提出回到《聖經》本身，進而發展出了較為系統的釋經理論，其核心為《聖經》的自明性原則、自解性原則和整體性原則。」〔註18〕

闡釋《聖經》的西方古代釋經學呈現出字面意義解經和超字面意義解經兩大趨勢，《聖經》是古代的歷史文檔，也涉及版本鑒定、文本解釋等問題歷史解讀法。《聖經》也是一本文學性的著作，使用了人類的語言，在語法和句法的環境中使用了具有特定意義的詞彙，必須遵循文法解經法。這些和中國的儒學經典解釋有許多相似之處。

我們從理雅各《詩經》譯介中可以看到《聖經》闡釋方法和習慣用詞的痕跡，如理雅各將《詩經》藝術表現手法分為 narrative（陳述性的）、allusive（暗指性的）、metaphorical（隱喻性的）來闡釋《詩經》的文學手法，很明顯採用的是西方基督徒們闡釋《聖經》的習慣用語。

三、傳教士《詩經》譯介

中世紀的歐洲遠遠落後於中國文明、印度文明和波斯漢斯——阿拉伯文明，誠如黑格爾《歷史哲學》在對比中國文化與西方文化時所說：

> 當黃河、長江已經哺育出精美輝煌的古代文化時，泰晤士、萊茵河和密西西比河上的居民還在黑暗的原始森林裏徘徊。〔註19〕

中世紀的歐洲，處於封建割據的自然經濟狀態，正如恩格斯所指出的：

〔註17〕 K・巴特：《教會教義學》，〔德〕戈爾維策精選，何亞將、朱雁冰譯，北京：北京三聯書店，1998年版，第63頁。

〔註18〕 何衛平：《聖經解釋學的內涵及其發展概略》，《江蘇社會科學》，2001年第4期。

〔註19〕 〔德〕黑格爾《歷史哲學》，王選時譯，上海：上海書店，2001年，第129頁。

中世紀是從粗野的原始狀態發展而來的。它把古代文明、古
代哲學、政治和法律一掃而光，以便一切從頭做起。它從沒落了的
古代世界承受下來的唯一事物就是基督教和一些殘破不全而且失
掉文明的城市。其結果正如一切原始發展階段中的情形一樣，僧侶
們獲得了知識教育的壟斷地位，因而教育本身也滲透了神學的性
質。〔註20〕

中世紀文化的實質是宗教神學文化。基督教國教化及國家化，使基督教神學
壟斷了思想而成為官方哲學。表現為上帝文化，包括天國主義和來世主義文
化、超驗主義和神權主義文化，否定現世和否定人文主義，形成禁欲主義文
化，扼制、束縛甚至扭曲了人類的正常需要。

雖然，文化普及文本《聖經》被大量轉抄、複製傳播，其通俗的教義家
喻戶曉。信仰成為世俗日常活動和人生旅程中最重要的環節或方面；促使傳
統的血緣同族同鄉等宗法關係的瓦解；基督教會創辦學校，大規模普及基礎
性和義務性教育，但都是為了將西方文化的方方面面成為「神學的婢女」。

在政治體制上，中世紀的歐洲實行政教合一的專制獨裁極權統治，政權
和神權合二為一，政府元首和宗教領袖同為一人，神權往往高於皇權或制約
著皇權。「政治和法律都掌握在僧侶手中……教會教條同時就是政治信條，《聖
經》詞句在各法庭中都有法律的效力。」〔註21〕宗教教義就是政治信條，教
會壟斷了文化教育，一切學術科學都成了神學的奴婢，一切文化藝術都被染
上了宗教色彩。所謂在上帝面前人人平等。1183 年，羅馬教廷建立「宗教裁
判所」，對異端思想進行了殘酷的鎮壓。

愚昧而殘酷的政治體制，嚴重阻礙了文化的發展，恩格斯在《自然辯證
法·導言》中說：「古代留傳下歐幾里德幾何學和托勒密太陽系；阿拉伯留傳
下十進位制、代數學的發端，現代數學和煉金術；基督教的中世紀什麼也沒
有留下。」

直到中世紀後期，歐洲才出現了一批對上帝文化的離經叛道者，他們懷
疑上帝和《聖經》、發出了人文主義的吶喊、張揚了現世主義的生命，同時謳
歌了人情和塵世的美好，開始用文化藝術去恢復人類本性，迎來了文藝復興
的曙光。

〔註20〕〔德〕馬克思恩格斯著：《馬克思恩格斯全集》第 7 卷，第 400 頁。
〔註21〕〔德〕馬克思恩格斯著：《馬克思恩格斯全集》第 7 卷，第 400 頁。

　　在歐洲啓蒙運動者眼裏，植根於禮儀、道德、倫常的中國，發達的科學技術，燦爛的文學藝術，完備的政治制度，是 16 世紀的法國人文主義作家拉伯雷（Francois Rabelais）筆下「智慧的神瓶」，要讓他《巨人傳》中的主人公去那裏不遺餘力地尋找神諭。

　　法國學者莫里斯・羅賓（Maurice Robin）說：「在古代歐洲和啓蒙運動時代的西方，中國簡直無所不在。」劍橋大學教授李約瑟（Joseph Terence Montgomery Needham）博士曾指出：「當余發現十八世紀西洋思潮多係淵源於中國之事實，余極感欣然」。「吾人皆知啓蒙時期之哲學家，為法國大革命及其後諸種進步運動導其先河者，固皆深有感於孔子之學說。」

　　廣泛吸收中華文明的精華，向近代文明社會衝刺成為西方文明的主動選擇，中國的物態文化、精神文化及制度文化的西漸尤為明顯。

　　自 16 世紀中葉以後，帶著對古老中國文明的憧憬，以意大利傳教士利瑪竇（Matteo Ricci, 1552～1610）、羅明堅（意大利語名：Michele Ruggieri, 1543～1607）、德國湯若望（Johann Adam Schall von Bell, 1592～1666）、比利時傳教士南懷仁（Ferdinand Verbiest, 1623～1688）、意大利艾儒略（Jules Aleni, 1582～1649）、法國張誠（Jean-François Gerbillon, 1654～1707）、白晉（Joachim Bouvet, 1656～1730）等的歐洲耶穌會傳教士，離別故土，踏上了尋找中國的旅程。

　　鑒於唐代的景教和元代的也里可溫教均以失敗而告終，擔任耶穌會遠東視察員的范禮安（Alessandro Valignano）提出改變傳教策略的指示。「進入中國唯一可行的方法」，「就是調整我們的策略，採取一種與迄今為止我們在其它國家完全不同的方法」〔註22〕，以利瑪竇為代表的耶穌會士非常睿智地採取了「文化適應」即「入鄉隨俗」的傳教方式，尊重和容納中國儒學文化和禮儀，認真學習中國語言文字，熟悉中國禮儀，從而邁出文化適應政策在中國的第一步，利瑪竇自我感覺是「命裏注定要去實現范禮安的政策的最佳人選」〔註23〕。因而取得了空前的成果，其傳教方式被後人譽為「利瑪竇方針」。

　　以利瑪竇、羅明堅等為代表的耶穌會教士，通過對中國社會的深入觀察和分析，敏銳地把握了中國社會的主流意識形態，認識到「儒教是中國固有

〔註22〕　〔美〕鄧恩著，余三樂、石蓉譯：《從利瑪竇到湯若望：晚明的耶穌會傳教士》，上海古籍出版社，2003 年版，第 3 頁。
〔註23〕　同上，第 4 頁。

的、最古老的宗教。儒生管理著這個國家。它有大量的典籍，比其它宗教有著大的多的影響力」〔註24〕，要想「為基督教在中國開拓一片新田園，就必須躋身於儒者之林」〔註25〕，因此他們採取了思想的契合，精英階層的切入，倫理的示範等方式以思想、學術、倫理為切入點傳播天主教。

利瑪竇

　　白晉（Joachim Bouvet，1656～1730）神父在給萊布尼茨（Gottfried Wilhelm Leibniz）的信中說：「真正的宗教的幾乎全部教義，都包括在中國人的經典著作中了。」〔註26〕

〔註24〕王曉朝：《基督教與帝國文化》，東方出版社，1997年版，第130頁。
〔註25〕　王書楷：《天主教早期入中國史話》（內部讀物），1993年湖北蒲圻市第一印刷廠印刷。
〔註26〕轉引自〔法〕維吉爾·畢諾著、耿昇譯：《中國對法國哲學思想形式的影響》，

　　從現存資料中，早在唐建中二年（公元 781 年）波斯傳教士景淨所撰寫的《大秦景教流行中國碑》中就引用《詩經》三十處之多。《詩經》被譯介成西語西傳的歷史也已長達四百年，迄今爲止已經積纍了許多風格各異的譯本。

　　第一個將《五經》譯爲拉丁語的是法國耶穌會士比利時人金尼閣（Nicolas Trigaut, 1577〜1628），他在 1626 年（明天啓六年）於杭州刊印了拉丁文《中國五經》（*Pentabiblion Sinense*）一冊，並附注解，名爲《中國第一部神聖之書》，《五經》中的《詩經》成爲最早在中國本土刊印的西譯本。

　　1626 年，法國人金尼閣所譯五經的拉丁文本，在杭州鐫板印行，可惜後人「不知此譯本之歸宿，且不知其是否已寄達歐洲。」〔註27〕

　　（葡）曾德照所撰，里斯本，1642 年版《中華帝國》、（比）柏應理所編《西文四書解》西名爲《中國哲學家孔子》，1687 年在巴黎出版，均有《詩經》簡介。柏應理所編的書在漢學發展史上地位重要，一般認爲是歐洲文學藝術領域「中華風」的開端，而其介紹儒籍的「導論」則把《詩經》放在第二位，足見西人對它的重視。

　　17〜18 世紀初葉，法國曾多次派傳教士來華，隨即開始了法國爲歐洲漢學中心的時代。

　　這個時期，在「合儒」的傳統中，出現一批堅持用象徵和圖像譯介中國經典的「圖像主義者」，以白晉、傅聖澤（Joannes F.Foucquet, 1663〜1739）和馬若瑟（Joseph de Prémare, 1666〜1735）爲代表，他們精研《易經》，並及於《詩經》。有人說「道」即「上帝」，《易》《詩》與《道德經》同爲道教精神的淵源，還有人甚至說，從《詩經》裏可以窺見耶穌來華的跡象。

　　法國最初接觸到的《詩經》是法國耶穌會士馬若瑟選譯的《詩經》中的《天作》《皇矣》和《抑》等八首，收入杜赫德的法文版《中華帝國全志》第二冊 298 頁至 308 頁；稿本均藏法國國家圖書館。《中華帝國全志》是奠定法國漢學的三大名著之一，1741 年、1749 年和 1774 年分別由英、德、俄三國翻譯出版，英譯本有兩種，1736 年 12 月出版了節譯本，1741 年出版全譯本，在歐洲的影響非常大。

　　康熙年間法國耶穌會士白晉因從事天文、曆算而研究《易經》，康熙特別

商務印書館，2000 年版，第 407 頁。

〔註27〕〔法〕費賴之（LouisPfister, 1833〜1891 年）著、馮承鈞譯：《入華傳教士列傳，商務印書館，1938 年版，第 141 頁。

從江西征調法國耶穌會士傅聖澤協助白晉研究《易經》，前後 6 年。白晉用拉丁文所著的《詩經研究》藏法國國家圖書館。

法國傳教士赫蒼璧（Hervieu, 1671～1745）有《詩經選編》。劉應（Claude de Visdelou, 1656～1727）和法國耶穌會士雷孝恩（Jean Baptisde Regis, 1664～？）都先後翻譯、研究過《詩經》。

歐洲初始漢學即建築在此類臆說和少許真實的知識之上，真正的漢學始於宋君榮及其同事，也就是始於真正吸收中國本土的傳統觀之時。宋君榮曾譯過《詩經》（Livre des Vers）、《書經》（Le Chou-king traduit et annoté）、《禮記》（Li-ki）和《易經》（Le I-king）。不過宋氏的《詩經》譯本在 1749 年寄回歐洲後，便藏在教堂，未曾與廣大讀者見面。

法國耶穌會士孫璋（Alxander De la Charme, 1695～1767）在 1728～1733 年間完成了《詩經》的拉丁文全譯，他的譯本在 1830 年由法籍德裔著名漢學家儒勒·莫爾（Julius Mohl）編輯成書，在德國斯圖加特和蒂賓根出版，書名為《孔夫子的詩經即民歌》，原稿收藏於巴黎國家圖書館，這是刊行於歐洲的第一種《詩經》全譯本。譯本注釋約占全書的三分之一，但西方學者仍覺得過於簡單。孫璋的全譯本早於馬若瑟的選譯本，但先流行於西方的卻是後者。他的譯本在一百年後產生了不小的影響。

天主教士譯經活動的集大成者是法國耶穌會士教士顧賽芬（Séraphin Couvreur, 1835～1919），1895 年出版《四書》；1896 年出版《詩經》；1897 年《書經》；1899 年《禮記》；1914 年《春秋左傳》；1916 年《儀禮》。他通常用法語和拉丁語對漢語同時進行譯釋，譯本也是以拉丁文和法文與漢文對照排印，在詮釋中，無意加入個人的解釋和評論，而是努力忠實於當時中國官方推崇的程朱理學派的觀點。由於拉丁語的結構更加自由，所以他能進行幾乎是逐字逐句地直譯中文原文，加上他的法文、拉丁文的準確優雅，使得譯文可靠實用，直到 50 年代後，這些譯本又在巴黎再版，影響很大。

歐洲耶穌會士的來華傳教作為一股異質文化進入中國文化系統，使中西文化產生激烈的碰撞與交融。因為在明清間的中國同時有兩個中心並存：一個是由來己久的華夏中心主義，一個是上升中的歐洲中心主義。〔註28〕18 世紀初的「禮儀之爭」就是中西雙方這兩個文化中心主義的激烈衝突。

〔註28〕陳義海：《明清之際：異質文化交流的一種範式》，江蘇教育出版社，2007 年版。

　　中西文化的關係其實是一種相互需要，是在自身矛盾的強大壓力下的一種突破性發展。人類的不同文明之所以有相互接觸的歷史，決不是某個文明對外部文明的恩惠，而是複雜的「互哺」關係。〔註29〕

　　世界文明是個由不同國家民族、不同力量在不同領域的相互創造生成的相互依存的系統，如埃科所言：「馬可波羅時代以來，尤其是利瑪竇時代，兩種文化就在交流各自的秘密。中國人從耶穌會傳教士那裏接受了歐洲科學的很多方面，同時，傳教士們又將中國文明的方方面面帶回歐洲。」

　　在 18 世紀初，《四書》已被全部譯成歐洲文字。

17 世紀在法國巴黎出版的中國《四書》

<hr>

〔註29〕梁永安：《關於比較文學與比較文化研究課題的思考》，《中國比較文學》，2006年第 2 期。

第二節　理雅各《詩經》譯介的闡釋方式

　　劍橋大學漢學教授高第（Henri Cordier）曾說：「理雅各雖然有多方面的成就，但最突出的是他對中國經典的研究。他確實是最早用注《聖經》的嚴肅態度從事孔子及其學派研究的學者。」〔註30〕是學者型的翻譯家。

一、理雅各《詩經》譯介

　　理雅各翻譯的《詩經》，以英語爲翻譯語言，依據中國晚清豐富的《詩經》學解釋資源和當時西方學者的中國研究成果，分別有 1871 年散譯本、1876 年韻譯本和 1898 年選譯本三個版本。

　　理雅各《詩經》英譯本的闡釋，是通過各譯本的譯序、每首詩歌的題解、詳細注釋、評注及在此基礎上的譯文來完成的。理雅各將翻譯文本置於豐富的文化和語言環境中，使讀者更好地理解翻譯文本所產生的時代特點和社會文化背景。〔註31〕其目的在於對《詩經》從語言和文化兩個層面向西方來華傳教士進行詳細的譯介。

　　下面我們以理雅各注釋《詩經》「風」「小雅」「大雅」「頌」「四始」〔註32〕爲例：

　　「風之始」《關雎》的注釋：

　　首先討論了「《詩經》」書名的翻譯，認爲「with most English writers the ordinary designation of it has been The book of Odes」，「Ode」是指「short lyric poems」（短抒情詩）。其次是「國風」概念的翻譯。據《詩大序》翻譯爲「Lessons from the States」（王國的訓示）。Sir John Davis 翻譯爲「The manners of the different States」（不同王國的規矩）。並引用朱熹的「謂之風者，以其被上之化以有言，而其言又足以感人，如物因風之動以有聲，而其聲又足以動物也。」

〔註30〕 林煌天：《中國翻譯詞典》，湖北教育出版社，1997 年版，第 399 頁。

〔註31〕 段峰：《文化視野下文學翻譯主體性研究》，成都：四川大學出版社，2008 年版，第 176 頁。

〔註32〕 《〈詩〉大序》：「一國之事，係一人之本，謂之『風』；言天下之事，形四方之風，謂之『雅』；雅者，正也，言王政之所由廢興也，政有大小，故有『小雅』焉，有『大雅』焉；『頌』者，美盛德之形容，以其成功告於神明者也。是謂四始，《詩》之至也。」孔穎達疏引鄭玄《答張逸》云：「四始，『風』也，『小雅』也，『大雅』也，『頌』也。此四者，人君行之則爲興，廢之則爲衰。」

來詮釋「風」的概念。在詳細闡述歷史背景後開始題解「文王后妃之美德，歡迎到他的王宮」。

解釋「關關」為「夫婦和諧應和之聲」，並用「管」來釋「關」。對「睢鳩」的注釋，則列舉了孔子、毛亨、郭璞、鄭樵、朱熹的觀點。「洲」為「水中可居之地」。「窈窕」的「窕」注釋為「儀態、風度」。「逑」與「仇」可互換。「參差」指植物或長或短的形狀；又詳細解釋了「荇菜」。據毛亨，將「流」釋為「求」。又引鄭玄注，同時表達了理雅各自己對該解的看法「To make, with Kang-shing and others, the subject to be the lady herself, and the object of her quest to be virtuous young ladies to fill the harem, surely absurd.（做，根據鄭玄和其它人，主題是女子自己，她的目標是尋找有德行的女子到後宮，很荒唐）」「思」，根據毛亨，就是「to think（想）」；「遠」，據鄭玄釋為「長」。引朱熹關於「輾轉」的注，用毛亨的「取」注「采」，「擇」注「芼」。

理雅各對全詩詮釋為「讚美文王新娘的美德」。用的是「bride（新娘）」而不是「queen（皇后）」一詞。據毛亨，她的美德是不嫉妒，並持續讓文王娶有美德的女子到後宮。據朱熹，她的美德是謙遜的性情和害羞的態度。理雅各則認為，西方讀者更傾向於舊說，並用史書來考證。內容的分類認為是以興為主，但也有比的成分。

「小雅之始」《鹿鳴》的注釋：首先對「雅」釋義，「雅」為「正」。據朱熹，大雅在皇宮的節日宴席的場合，小雅在封建郡主的聚會場合。因此有大、小之分。《鹿鳴》是暗指性的，是在封建郡主的集會為賓客演唱的。朱熹認為這裡的「賓客」沒有包括使節。毛亨認為「呦呦」就是鹿的叫聲，毛錯把「萍」釋為「蘋」。Williams 認為「蘋」是「芹菜的一種」（a kind of celery）。同時又釋義了「蒿」「芩」。「奉」來解釋「承」，「行」解釋「將」。「大道、至道」解釋「周行」，「示」解釋「視」。這裡的「君子」解釋為「官」（相對於民而言）。「美」解釋為「旨」。「遊」解釋「敖」。「安」解釋「燕」。韻腳為「鳴、蘋、笙」；「簧、將、行」；「蒿、昭、恌、效、敖」；「芩、琴、湛、心」。

「大雅之始」《文王》的注釋。首先解釋「大雅」的含義，篇幅比較長；18 首正雅。這首詩是敘述性的。第一段，據毛亨，「在上」釋為「在民上」，鄭玄則釋「在」為「察」，並詮釋為「文王能瞭解天（heaven）意，並依天意行事。」Yen Tsan 不滿意這種說法，Keang Ping-chang 採用了朱熹的觀點，認為文王「the language can only be taken of Wan's spirit（以神言）」。理雅各認為

「在上」就是「is on high」，認爲「The writer is not thinking of Wan as over the people...He is called King Wan...not that he ever assumed the title of King himself」（作者並不認爲文王在民衆之上……他是被稱爲文王……並不是他自稱爲王）因此始自於司馬遷的漢代學者這麼認爲是個錯誤。「時」解釋爲「當其時」，「帝」解釋爲「上帝 God」。

　　第 2 段說的是「Heaven」不僅賜福於文王而且也賜福於他的子孫後代和臣子。「亹亹」解釋爲「強勉之貌」，「令聞」解釋爲「美譽」，「陳」解釋爲「敷」。毛亨用「載」釋「哉」，鄭玄解釋其義爲「始」。「士」爲「officers，should have most extensive application.」（官員，適用最廣泛）。

　　第 3 段，用「謀」解釋「猶」，用「勉敬」解釋「翼翼」，「美」解釋「皇」。據朱熹，「濟濟」只有「多數」義，毛認爲還有「好風度」義，理雅各認爲「king of Wan in heaven，in his spiritual condition（文王之神）」。

　　「大」解釋「假」，朱熹認爲「天假重任於他」，「數」解釋「麗」，「維」解釋「侯」，「服於周」解釋「於周服」。「美」解釋「膚」，「疾」解釋「敏」，「灌」解釋「祼」，朱熹用「行」解釋「將」（祭行灌禮）。尋，是一種殷商禮帽。朱熹解釋「天理」爲「heavenly principle」，「that is the natural way」。朱熹擴展爲，「而又常自省察，使其所行，無不合於天理，則盛大之福，自我致之，有不外求而得矣」。

　　第 7 段，用「絕」解釋「遏」，「布」解釋「宣」，「明」解釋「昭」，「聞」及時「問」，「又」解釋「有」，「度」解釋「虞」。「自天」解釋了殷的沒落是天意，是國王違反了天意，沒有執行自己的指責。用「象」解釋「像」，「法」解釋「刑」，「信」解釋「孚」。

　　詩的韻腳爲「天、新」；「時、右」；「已、子」；「世、世」；「翼、國」；「生、楨、寧」；「止、子」；「億、服」；「常、京」；「尋、祖」；「德、福」；「帝、易」；「躬、天」；「臭、孚」。

　　「頌之始」周頌《清廟》注釋。據朱熹，頌爲宗廟之樂歌。Keang 認爲是祭祀之樂歌。頌本意就是「稱頌成功謂之頌」。《詩大序》「頌者，美盛德之形容，以其成功告於神明者也。」「容」「頌」可互換。詩的內容是陳述性的。祭祀文王的可敬和頌揚他。理雅各認爲是祭祀結束後歌頌文王。

　　「美、深遠」解釋「穆」，是對宗廟的描述，即「清」。朱熹認爲「清」爲「清靜」（pure and still）。毛亨和鄭玄還認爲有崇拜者的崇拜。「助」解釋

「相」，「敬」解釋「肅」，「和」解釋「雝」，「眾」解釋「濟濟」，「I prefer 1.4 both to the princes and the officers, who are said to be characterized by the same virtues which had marked king Wan.」（理雅各認為指的是貴族和官員，具有與文王一樣的美德）「在天」指的是文王「as in heaven」，「在廟」指的是「as present by his spirit-tablet in the temple（供奉在宗廟裏的文王的靈牌）」。「配」解釋「對」，「於」解釋「越」。「大而疾」解釋「駿」，「揚」解釋「越」，因此「對越」即「對揚」。「尊」解釋「奉」。

這首詩沒有韻。朱熹觀察周朝的詩歌，很多詩沒有韻。理雅各認為「It is mainly owing to the circumstance, I suppose, that we have no longer the odes divided into 章 or stanzas. They are marked off, however, into 節 or small paragraphs.（是因為處於某種特定的情況之下：沒有分為章或段，而是被區分為節或小的段落）」

通過對「四始」注釋的考察，我們清楚地看出，理雅各譯介《詩經》，採用了跨文化闡釋的方法，「所謂跨文化闡釋，就是從一種文化向另一種文化、從一種語言向另一種語言、從一種文本向另一種文本、從一種能指向另一種能指的轉換；就是用另一種文化、另一種語言、另一種文本、另一種能指來解釋、補充或替換原來的文化、語言、文本和能指。這是一個開放的過程。它需要將詞和意義分離，然後跨越意義進入另一種語言，進行重新組合。」〔註33〕

二、理雅各闡釋方式的選擇

理雅各盡力克服當時歐洲漢學好作比附假說、輕視中國經學傳統的偏見。在《詩經》英譯的實踐中，理雅各充分重視並依據中國兩千多年豐富的《詩經》學解釋資源和當時中西方學者的中國研究成果，誠如他在《中國經典》第三卷序言裏所寫「譯者曾就少數幾處經文做出新的解釋，類似的情況本來會有很多，但他還是盡最大可能傳達中國學者的見解而非譯者的一己之見。」

理雅各酌取傳統的中國經學注釋體例和方式。如《毛詩序》分大小序，前人把冠於全書的序言稱為《大序》，是先秦儒家詩論總論，它比較完整地論

〔註33〕李慶本：《中華文化的跨文化闡釋與傳播》，《文化月刊》，2008 年第 5 期。

述了詩歌的特徵、社會作用以及表現手法等。提出了一些文學理論問題。把每篇類似題解性質的短文稱爲《小序》，是先秦至西漢儒家詩說的總結，雖有不少穿鑿附會的解釋，但對理解詩的主旨有所幫助。毛詩派說詩時引用了許多後代失傳的古文獻；搜集了先秦的傳說；傳述了古時的民俗和宗教儀節；記載了古時的生活樣式；對理解詩的細節描寫、認識詩的產生時代和背景，認識古代語言，都有很大幫助。

　　理雅各譯介的《詩經》三種譯本都有「總論」，總體上介紹、闡釋《詩經》乃至中國的相關語言文化內容。

　　理雅各1871年版的《詩經》散譯本前附有長達182頁的「序論」，分五章介紹了《詩經》的採編、流傳、內容、版本、箋注、傳序、格律、音韻等基礎知識。直接闡釋了《詩經》文本的若干歷史文化問題，反映了理雅各對中國傳統文化的認識。將翻譯文本置於具體的文化和語言環境中，使讀者更好地理解翻譯文本所產生的時代特點和社會文化背景。〔註34〕

　　1876年版的《詩經》韻譯本也寫有總序、每首詩都有題解和注釋，旨在還原中國詩歌本身的特質，正如理雅各所說「讀者會發現，英語表象下面是中國詩歌本身，並不是其它人的釋義。」

　　1879年版的《詩經》英譯本在《東方聖書》第三卷，基本採用了1871年版的譯文，只稍作改動，1879年譯本是個節譯本，選擇了以與宗教理念有關的「頌」爲主的詩篇，節內不分詩行。譯本略去了漢語原文和漢語注釋，在序言中刪去了前兩版著重論述的社會制度方面的內容，但保留宗教部份，並獨立成篇作爲《頌》序。在序言開篇，特別注釋了「書」「詩」的區別，並討論了「詩」的含義及《詩經》書名的由來。還用三章的篇幅介紹了《詩經》成書的過程、用途和解經傳統，詳細介紹了「詩」的賦、比、興的含義、特點、西方讀者對它們理解上的困惑和應採用的理解方法。其目的在於使西方來華傳教士從語言和文化兩方面去理解《詩經》。

　　漢儒傳《詩》，使《詩》經學化，固然有對《詩經》的曲解、附會，但漢代形成的詩教傳統和注釋體例，諸如「傳」，訓釋詞語，就是言語傳遞，因而喻稱文獻訓釋爲「傳」。「解」，即剖析、分析。薈萃眾說的「集解」、用通俗的詞語去解釋難懂的詞語的「訓」、疏記之「記」等名稱，另有分章斷句的「章

〔註34〕段峰：《文化視野下文學翻譯主體性研究》，成都：四川大學出版社，2008年版，第176頁。

句」等，以及兩漢期間重要的注本有「隨文釋義」、通釋語義和兼釋經注諸類注釋體式，不僅對《詩經》的研究，而且對整個中國古代文學的發展，都產生了深遠的影響。在理雅各《詩經》英譯的闡釋中得到廣泛運用。

理雅各還創造性地運用了附加說明翻譯法，也稱直譯加注法（Parenthetical Translation）。理雅各「以忠實存眞爲第一要義，一以貫之的方法是直譯加注，傳達原文信息絲絲入扣，保存原作形式不遺餘力，兼收功能對等、形式對應之功」〔註35〕。

1871 散譯本以耶穌會士索隱式研究中國儒家經典的模式，對原著進行了逐字逐句的翻譯，還附加注文，力圖參與作者的思維過程，與作者進行心靈對話，所以也稱「心靈對話」翻譯法、「心靈溝通」翻譯法，或稱「思想對接」翻譯法（Mind to Mind Translation）。

美國翻譯理論家阿皮亞（Kwame Anthony APPiah）將這種譯文加注的翻譯稱爲厚重翻譯（Thick Translation）或厚語境化（Thick Contextualization）。

理雅各說：「我想對我整個的『中國經典』翻譯和注解工作作一完整評估。可能一百個讀者當中，九十九個會對長長的評論性的注釋絲毫也不在意；但是，第一百個讀者將產生出來，他會發現這些所謂長長的注釋其實一點也不長。就只爲了這第一百個讀者，我也應該將這些注釋寫出來。」〔註36〕段懷清博士據此稱理雅各「爲第 100 個讀者翻譯」的學術追求。

三、理雅各闡釋策略的制定

翻譯界在譯介儒家經典的過程中有直譯（literal translation）與意譯（liberal translation）兩種基本的運用方法，直譯和意譯主要集中於語言層面；1995 年，美籍意大利學者勞倫斯・韋努蒂（Lawrence Venuti）提出的歸化（domestication）與異化（foreignization）兩種不同的譯介方法，突破了單純的語言層面，而擴大包括語言在內的文化、思維、美學等更多更廣闊的領域。

勞倫斯・韋努蒂的「異化法」，是指以承認並能客觀對待不同文化之間的差異爲前提，以原文作者爲中心，保留原文的語言與文化差異。要求譯者盡可能不去打擾作者，使得讀者向作者靠攏（the translator leaves the author in

---

〔註35〕王輝：理雅各與《中國經典》，《中國翻譯》，2003 年第 24 卷第 2 期。
〔註36〕Helen Edith Legge. *James Legge: Missionary and Scholar London*, The Religious Tract Society, 1905.

peace, as much as possible, and moves the reader towards him），力爭採取相應於源語的表達方式，再現原作的風格特點與文化氣息，一切以源語文化爲歸宿，實現跨文化交流的目的。

歸化法，遵守目的語語言文化和當前的主流價值觀，對原文採用保守的同化手段，使其迎合目的語國家的典律、出版潮流和政治潮流。採用歸化方法就是盡可能不去打擾讀者，而讓作者向讀者靠攏（the translator leaves the reader in peace, as much as possible, and moves the author towards him）。並盡可能地把源語行爲模式納入目的語讀者的文化範疇，用目的語讀者所熟悉的形象來代表源語形象，並用目的語讀者遵從的約定俗成的表達方式表達，一切以目的語文化爲歸宿。

理雅各基本遵循的翻譯方法是「異化」法，作爲一名學者型的翻譯家，客觀地去理解、闡釋中國經典，儘量眞實地向西方讀者展示代表中國傳統文化精髓的文本內容正是學者本份。

《孟子‧萬章上》提出「故說詩者，不以文害辭，不以辭害志，以意逆志，是爲得之。」指解說詩的人，不要只重文采而誤解詞句，也不要死摳詞句而誤解原意，要根據整個詩篇，用自己切身的體會，去推求作詩的本意。理雅各將孟子的這一解經方法作爲他翻譯研究的座右銘，寫在《中國經典》譯著的扉頁上，理雅各對孟子的「不以文害辭，以辭害志，以意逆志，是爲得之」的譯文是：

Do not insist on one term so as to do violence to a sentence，

nor on a sentence so as to do violence to the general

scope. Use your thoughts to meet that scope，and then you

will apprehend it.

費樂仁教授指出孟子的「以意逆志」是理雅各所肯定的最基本的文學詮釋原則。孟子的「以意逆志」，朱自清在《詩言志辨》中解釋道：「是以己意己志推作詩之志。」用自己的切身體會去推求、理解詩歌作者在詩中所要表達的思想情緒，避免斷章取義。但由於孟子的思想具有主觀唯心主義的一面，因此很難對具體詩作的分析做到完全避免主觀臆斷，有時也會陷入斷章取義的巢臼。理雅各在翻譯研究中國經典的過程中雖然努力踐行孟子的「以意逆志」，但囿於他的跨文化身份，往往和孟子一樣，也會時不時地陷入斷章取義的巢臼。

紐馬克為了縮小以上兩分法的差距，在 *Approaches to translation* 一書裏，提出了語義翻譯和交際翻譯的概念：「交際翻譯是試圖使讀者閱讀譯文所得到的效果盡可能接近原文得到的效果；語義翻譯是在目的語的語義和句法結構盡可能容許的情況下，譯出原文確切的上下文義」。

語言的內在語法結構和語義結構在表達思想時起著密不可分的作用，紐馬克又從思維、言語和翻譯的關係角度上指出，語義翻譯像思維一樣是建立在詞、詞組之上，而交際翻譯就像言語一樣是以句子為單位的。語義翻譯為了表現出原作者的「思維過程（thought-progress）」，「力求保留原作者的語言特色和獨特的表達方式」。

理雅各對中國經典的闡釋和翻譯實質上就是一位基督教新教傳教士與中國傳統文化的對話。他意識到一味堅持「忠實」原則是不能翻譯出中國經典濃厚的文化底蘊的，所以他在《易經》英譯本序言中提出了要「譯者參與作者的思維，譯者要用心靈的眼睛讀出原文的根本核心內涵」〔註 37〕

這樣，「中國經典可以說是提前一個世紀實踐了紐馬克的語義翻譯觀，……尊重原語文化、不作歸化處理，有利於傳達文化因素。」〔註 38〕

理雅各在翻譯的過程中不僅與原作者進行了平等的對話，同時也受中國典籍中所蘊涵的廣博的人文精神的影響逐步改變了原初的歐洲中心主義和基督教排他主義，而使自己的漢學研究成為別具一格的漢學特色的東方主義。

第三節　理雅各《詩經》譯介的心路歷程

周寧教授指出：

> 西歐的中國形象分為兩個階段：此前西歐的中國形象出現了三種話語類型：「契丹傳奇」式的中國、「大中華帝國」式的中國、「孔教烏托邦」式的中國，有不同的意義，也表現出共同的特徵與發展趨勢，那就是在不同層面上，從物質到制度到觀念，不斷美化中國，使中國成為西方現代性社會期望中的理想楷模。此後出現的三種話語類型帶有明顯的否定意義，中華帝國是自由秩序的「他者」——專制的帝國；中華帝國是進步秩序的「他者」——停滯的帝國；中華

〔註 37〕 Norman J. Girardot, 2002 年版，第 336 頁。
〔註 38〕 王輝：理雅各與《中國經典》，《中國翻譯》，2003 年第 24 卷第 2 期。

帝國是文明秩序的「他者」——野蠻或半野蠻的帝國。否定中國形
象出現在西方現代的啓蒙「宏大敘事」中，既能爲西方現代性自我
認同提供想像的基礎，又能爲西方殖民擴張提供有效的意識形態。
〔註 39〕

理雅各來華傳教的 1750 年前後，是在西方的現代性終於在啓蒙運動完成之
後。西歐的啓蒙運動、工業革命完成以後到 19 世紀，西方進入飛速發展的現
代化的歷史過程之中，但中國在康乾盛世之後，清皇朝仍處於自我封閉之中，
唯我獨尊、盲目自大，他們不睜開眼睛去看看世界，因此，中國社會沒有出
現新興的產業階級去衝破盤根錯節的封建羅網束縛的局面。不進則退，中國
從發動世界的軸心逐漸變成被西方中心衝擊帶動的世界邊緣。

　　歐洲關於中國「富強」「繁榮」的神話及其崇拜的熱情煙消雲散，歐洲的
進步、文明需要中國的落後、愚昧來對照。〔註 40〕於是，代之而起的是帶有
強烈文化帝國主義色彩（殖民主義）的「西方中心主義」，逐步形成「西方文
化霸權」。

　　黑格爾（Georg Wilhelm Friedrich Hegel）作爲西方資本主義擴張、帝國主
義與殖民主義、歐洲中心主義的最博大系統的代言人，他斷定中國是「僅僅
屬於空間的國家」，停滯在歷史的起點上，沒有發展，東方專制主義窒息了理
性發展與自由精神、中國只重視道德文學，沒有現代科學，而且，漢語以及
書面語言與口頭語言的脫節，也阻礙了中國人思維與知識的發展。中國是個
沒有進步也沒有未來的國家。中國文明暫時的、歷史中的相對落後，在他那
既普遍適用又難以落實的想像推理中變成一種宿命。

　　他的理論證明中國永遠停滯與落後的目的是想證明西方永遠發展與先進
的「奇蹟」或「神話」，他所代表的西方中心主義思想，將現代中國與中國文
化置於一種尷尬的狀態。如果中國文化的本質決定中國的停滯與落後的命
運，那麼，只要在文化上依舊是中國，中國就不可能進步或現代化，而中國
一旦要發展或現代化，就必須全盤否定中國文化，於是，中國就失去了文化
認同的身份，現代化的中國也不再是中國。

　　黑格爾的思路在現代西方思想中具有典型性。他們在西方中心主義的前

〔註 39〕周寧：《世界的中國形象叢書》總序，人民出版社，2010 年李勇《西歐的中國
　　　　形象》第 12 頁。
〔註 40〕李勇：《歐洲的中國形象》，人民出版社，2010 年版，第 33 頁。

提下對中國文化的封閉、落後、停滯、衰敗的思考，旨在用中國「理所當然的失敗」證明西方「理所當然的成功」，並通過文化本質主義將這種優勝劣敗的秩序在觀念中固定下來。

英國歷史學家巴克爾（H.T.Buckle）無視歷史，堅持認爲「國民之進化，自由之政令」皆源於歐洲文明，而「非歐文明」不能「久善」。〔註41〕法國思想家戈比諾則乾脆直接聲稱「一切文明皆來源於白種人」〔註42〕。

西方中心主義觀念從自身擴張的角度強調中國的文化自大與封閉。1748年孟德斯鳩（Charles de Secondat, Baron de Montesquieu）《論法的精神》、1750年盧梭（Jean-Jacques Rousseau）的《論科學與藝術》，都把中國描繪成了貧窮、落後、專制停滯的國度。

隨著資本主義國家政治、經濟勢力的發展，他們極力要求打開中國國門，作爲它們的原料產地和商品市場。1840 年，英國對東方的中國發動了第一次鴉片戰爭，迫使清政府簽訂了一系列不平等條約，強行解除清政府長達百年之久的禁教政策。

英國奉行的基督教新教，是由 16 世紀宗教改革運動中脫離羅馬天主教會的教會和基督徒形成的一系列新宗派的統稱，16 世紀 20 年代，馬丁‧路德（Martin Luther）在德國發起的宗教改革運動，迅即在整個德國形成燎原之勢。在瑞士，U.茨溫利（Ulrich Zwingli）和 J.加爾文（J.Jean Calvin）等的改革活動，進一步擴大和加深了新教的影響。英王亨利八世（Henry Ⅷ）出於政治上的原因，由上而下推行宗教改革；在克蘭麥（Thomas Cranmer）的協助下，組成具有獨特形式的新教教會，擺脫教皇的管轄，成爲與「公教」「正教」並列的基督教三大派別之一。

新教教義的三大原則是：（1）強調因信稱義，即主張救贖論的核心是「本乎恩也因著信」，拯救的根源來自上帝的恩典；（2）既然只憑信心即可得救，信徒人人都可爲祭司；（3）《聖經》具有最高權威，每個信徒都可以借聖靈的引導直接從《聖經》領悟上帝的啓示和眞理，無須集中在天主教會和教皇身上。三大原則與天主教針鋒相對。

〔註41〕 〔英〕亨利‧托馬斯‧巴克爾（Henry Thomas Buckle，1821～1861）著：《英國文明史》（篇二上），南洋公學譯書院，1903 年版，第 1～7 頁。

〔註42〕 Bruce Mazlish, *Civilization and Its Contents*, Standford：Standford University Press，2004 年版，第 60 頁。

　　憑藉鴉片戰爭後的各種不平等條約，西方宗教界以新教為主的各派、各修會在華開始了大規模傳教活動，天主教各修會也重新派遣大批傳教士入華，俄羅斯東正教也從北京、東北深入到內地開展範圍廣泛的傳教活動。

　　基督教關於上帝選民的思想是「白人的責任」來建構西方文明中心論，主觀認為上帝把白人造得更聰明，所以白人理應指揮低能劣等種族。只有現代西方文明是代表了人類文明發展方向的「普世文明」，其它文明只有服從和膜拜西方文明才能生存。

　　以丁韙良、裨治文、郭實臘為代表的晚清來華大部份新教士在繼承利瑪竇的文化適應政策時，卻放棄了和平、謹慎、仁慈、友善的心態，以文化征服者自居，〔註43〕他們把自己凌駕於儒學之上，耶穌是神、人合一，孔子只是人（儘管是「聖人」），目的在於「代儒」，即基督教化，帶有強烈的文化帝國主義色彩。

　　理雅各的同時代人、曾獲諾貝爾文學獎的桂冠英國詩人吉普林（Kipling），曾在《白人的負擔》一詩中，粗野地將東方人說成是半個魔鬼半個兒童的化身，傲慢地宣稱，英國必須把它最優秀的人送往東方去幫助他們獲得文明。並在另一首詩《東方和西方》預言：東方永遠不可能在任何方面趕上西方，也永遠不會有東西方交流、對話的那一天。

　　由此造成了中國人對「洋教」的牴觸心態，引發了不少「教案」事件，義和團運動也給西方在華教會和傳教士以沉重的打擊。

　　為了使基督教能夠繼續在中國傳播，教會對在華傳教方式做出了相應的調整：嚴禁教士干預政治、訴訟，注重入教者的基本素質，更多地採用間接的方法傳教，培養中國籍神職人員，試圖消除中國人的誤解及反感。傳教士還採用了少量的諸如文字出版、醫療、慈善、教育等事業為傳教的輔助手段，以吸引信眾，增加教徒人數。傳教士對中國國情的進一步體認也促成其傳教方式改變。

　　而中國部份基督教徒及其神職人員在民族主義運動中嶄露頭角，開始走上探索中國教會自立、自辦，形成「本色」教會的道路。〔註44〕

　　理雅各作為新教傳教士和維多利亞時期傑出的跨文化學者，他所承載的基督教新教文化傳統與中國傳統文化的相遇、碰撞到相識，經歷了漫長而痛

〔註43〕孫邦華：《簡論丁韙良》，《史林》，1999年第4期。
〔註44〕卓新平：《中華文化通志》第9典，上海人民出版社，1998年版，第113頁。

苦的歷程。

理雅各的《詩經》英譯是典型個案。《詩經》英譯本分別有 1871 年散譯本、1876 年韻譯本和 1898 年選譯本三個版本，理雅各三種《詩經》英譯本的不同體裁選擇，反映了他在翻譯策略和闡釋理念上的變遷，凸顯了他對《詩經》學術文化、文學價值認識的心路歷程。

一、新教傳教士理雅各

1815 年 12 月 20 日，理雅各出生於英國蘇格蘭阿伯丁郡的杭特利城一個非國教的富商家庭，排行老四，上面還有三個哥哥。1815 年至 1822 年間理雅各家與在馬六甲傳教的英國傳教士米憐（William Milne）經常通信，米憐是第一個來到中國的英國倫敦會基督教傳教士馬禮遜的助手，這些信使理雅各初步接觸了傳教事業。1822 年，美魏茶（Milne, William Charles，米憐之子）與理雅各在同一所學校讀書，此時理雅各更多地受了傳教士家庭的影響。父親爲他取名「雅各（James）」，取自《聖經・新約・雅各書》，書中被稱爲「義人」的是耶穌的兄弟雅各，意思是自己爲上帝和耶穌基督的僕人（James, a Servant of God and of the Lord Jesus Christ）。幼小的心靈上已經播下上帝和基督救贖的種子，而且，理雅各的父親曾這樣對他的孩子們說：「很早以前，我就下了決心。如果我的孩子中有人想去國外傳福音，我會祝福他，並對他說：去吧！如果有人要去賺錢，他可以去，但我不會祝福他。」〔註45〕

理雅各自幼接受的是蘇格蘭傳統文化教育。他小時候就讀於老家的哈德利教區學校，曾在一位盲婦處學習英國古典詩篇，培養了他對文學的熱愛。十四歲時轉入阿伯丁語言文法學校接受中等教育，在那裏，理雅各勤奮學習拉丁文和英語語法。1831 年考入阿伯丁英皇家學院接受大學教育，在大學三年級時，理雅各又致力於學習哲學與宗教，在大學求學的四年中，理雅各的功課一直名列前茅。1835 年獲得阿伯丁皇家學院授予的金哈頓尼恩最高獎學金，1836 年理雅各以優異成績大學畢業。

理雅各因堅持非國教信仰，不改信國教而放棄了在阿伯丁皇家學院教拉丁語的機會。

理雅各年少時加入獨立教會（an Independent Church），他深受愛丁堡著名

〔註45〕 轉引自岳峰：《架設東西方的橋樑——英國漢學家理雅各研究》，福建人民出版社，2004 年版，第 32 頁。

的蘇格蘭基督教哲學家托馬斯·查爾姆斯（Thomas Chalmers）的影響，接受了托馬斯的新教世界觀。同時深受 17 世紀蘇格蘭最偉大的改教學者約翰·諾克斯（John Knox）的影響，約翰·諾克斯的主要神學思想來自日內瓦的加爾文，他的獨立精神給予理雅各以重要影響。

在 19 世紀的蘇格蘭，非國教的新教對英國社會具有相當深的影響，非國教力量與自由教會運動（Free-Church movement）聯合起來，反對政府對教會的干預、反對種族歧視與帝國主義的武力行為，同時倡導傳教，對理雅各有深刻影響。早在大學求學期間，理雅各就為當時英國的海外傳教事業所吸引，志願當傳教士。

大學畢業後，理雅各接受了英格蘭布萊克本一所公理宗學校的聘請，擔任該校校長，教數學與拉丁，但他擔任校長只有一年時間，就去投考了倫敦希伯利神學院攻讀神學，接受了兩年的神學訓練，成為英國的新教信徒。1838 年，理雅各加入倫敦會，並向倫敦傳教會提出申請，要求派往中國傳教，倫敦會批准了他的申請。

1840 年 1 月 10 日理雅各偕新婚夫人瑪麗抵達南洋馬六甲。設在馬六甲的英華書院，是由英國來華的第一個傳教士馬禮遜（Robert Morrison）創辦的。馬禮遜在 1812 年 12 月 21 日寫給倫敦傳教會的信中說：「我希望在馬六甲有個機構，可以用作培養歐洲的、本地的和恒河以東國家的傳教士。」倫敦會批准了他的計劃，並撥給籌辦經費。1818 年 11 月 11 日，英華書院舉行奠基禮，1820 年校舍建成，秋天正式開學。第一任校長為英國傳教士米憐，後來又陸續更換了五個校長，1840 年理雅各到達馬六甲，1843 年，馬六甲流行霍亂之際，理雅各寫了《致馬六甲華人有關霍亂書》在當地頒發，從醫學角度勸人們放棄迷信，皈依基督教。此時華人何福通成了理雅各的傳教助手。1841 年 7 月 13 日理雅各因「為基督教世界與文學領域的顯赫貢獻以及虔誠的信仰」獲美國紐約大學所授予的神學名譽博士學位。11 月理雅各正式擔任英華書院校長，當時他才二十五歲。

1843 年，即《南京條約》簽訂的第二年，倫敦會決定將其傳教影響擴大至剛剛淪為英國殖民地的香港，理雅各隨英華書院遷至香港，繼續擔任校長。開始其三十餘年的殖民地生活。理雅各到香港時帶來馬六甲的幾個基督教徒，算是香港的全部信眾。

英華書院在香港的辦學宗旨，已與以前不同，它已成為專門招收當地中

國青少年入學的一所早期的教會學校。理雅各除負責校務外，還直接從事傳教活動，1849 年被任命爲香港聯合教堂的牧師。理雅各在 1845 年回英國休假時，曾經帶了三名中國學生赴英留學。一直到 1870 年，經他受洗總人數達 272 人，先後建起了四座教堂。

理雅各熱心於傳教事業，早在 1841 年，理雅各就編寫了《英、漢及馬來語詞典》，作爲馬六甲英華書院的教材。此後，先後撰寫了 18 種漢文新教布教書籍：1844 年，理雅各撰寫了的宗教宣傳文冊《耶穌山上垂訓》（1865 年再版）；1849 年，理雅各撰寫布道文冊《上帝的日子》《約瑟紀略》《養心神詩》（後改名《宗主詩章》）與《重休禮拜堂仁濟醫館祈禱上帝祝文》；1853 年，寫了關於移民美國事務的冊子《往金山要訣》，並安排五位英華書院的學生到美國加州建立教堂與兩個青年到澳洲宣教；1854 年理雅各撰寫中文傳道冊子《勸崇聖書》《新約全書注釋》與《耶穌門徒信經》；1856 年，理雅各編譯的教材《智環啓蒙塾課初步》在香港出版，作爲英華神學院的教科書。1859 年香港官學把該書作爲標準教材，1862 年、1864 年分別在廣州、香港重版；1867 年傳入日本，首先由江戶開物社出版訓點翻印本，名爲《翻刻智環啓蒙》，在日本廣泛流傳，成爲許多學校的教科書，出現多種版本。1860 年理雅各撰寫了《聖書要說析義》《亞伯拉罕紀略》。1871 年，理雅各在英國士兵中開《聖經》課，是年又撰寫了布道文冊《無償的福音》。

二、襄助傳教而譯介

理雅各和明清傳教士一樣，爲襄助傳教把目光聚焦到譯介中華儒家經典上。1848 年 4 月，理雅各在返回香港途中的日記中寫道：「我不是作爲一個哲學家看中國，而是以哲學的眼光看中國。中國對我來說是偉大的故事，我渴望瞭解其語言、歷史、文學、倫理與社會形態。」他急切地想瞭解「有憑可查的歷史可以追溯到什麼時候」「中國人起源何處」「釋道儒的眞實面目是什麼」「華人崇拜什麼」「其倫理體系究竟是什麼」等等一系列問題。

理雅各意識到「打開中國的鑰匙，在於對中國經典著作的認知。這些著作影響著中國人整體的行爲規範，包括他們的思維、信仰和生活方式，以及他們的政府體制」，「我們在人們中間傳道，應該具備足夠的理解力，這樣才能鞏固我們不斷取得的成果」，「誰瞭解中國，那他也一定瞭解中國古典文學」，必須「精通中國經書，並且……通過中國的歷代聖賢，對中國思想領域

做了全面的調查」。

　　他在《中國經典》第一卷中寫道,「從最初研究儒家文化至今,二十年的經驗使他(理雅各在前言中常使用第三人稱指代他本人)能做出正確判斷,只有全面掌握中國經典著作,深入研究中國古代聖人們的思想,他才能認為自己有資格去完成傳教使命,並從這些經典中發現中國人的道德、社會、政治、生活的基礎。」

　　於是,理雅各就像幾個世紀以前的利瑪竇一樣,刻苦學習漢語,上帝恩賜給他學習語言的天賦及驚人的記憶力,常常引起他同事的嫉妒。他的一位同事曾經回憶說:「他的大腦可以很輕鬆地記住大量的單個的或複雜的漢字,這些字曾經嚇退無數個想學習漢語的人,但對他來說這卻是一種樂趣,因為他很輕鬆地記住它們。」

　　與理雅各關係密切的來華傳教士兼漢學家艾約瑟(Joseph Edkins)博士解釋道:

　　　　他的目標在於打開並闡明中國人的思想領域,揭示人民的道德、社會和政治生活的基礎。這種工作百年當中只可能被人們極為罕見地做一次。在做這件事的過程當中,他感覺到自己是在為傳教士們以及其它一些學習中國語言和文學的學生們做一件真正的服務。他還認為,這也是為那些西方讀者和思想者服務。從國土面積幅員之遼闊,人口比例之眾多,以及民族特性等來考慮,中國都可以說是世界上最重要的國家。獲悉了儒家「聖經」所包含的內容,也就使我們處於一種有利的地位來判斷其人民。從這裡,歐洲的政治家們可以看到其人民道德標準之本質。他們所閱讀的歷史,他們風格之楷模,他們的保守主義之基礎,都可由此而得到評估。如今,甚至即便在理雅各已經離開了我們,不再與我們一起的時候,他殫精竭慮經年累月的付出,那些卷帙浩繁的譯著,依然包含著豐富的事實,通過這些事實,歐洲和美國的觀察者可以如此正確地判斷中國人,因為這是他們生活的箴言,在他們的生活當中流行,這裡所包含所闡明的思想觀點,規範著他們的學者和人民的思想。這裡所包含的原則,打破了區域性的界限,將整個民族連接在一起。想想《聖經》對於基督徒意味著什麼;想想莎士比亞對於學習英國詩歌的學生意味著什麼;想想《可蘭經》對於穆罕默德的信徒們意味著

> 什麼，這些儒家經典通往普遍的中國思想。將這些書置放在那些滿
> 懷著絕望地觀望著《孟子》或者《書經》的人手上，就是一種最堅
> 固結實的服務，一種最有用的進展。在他獻身於這種工作期間，他
> 爲自己確立了這樣一個目標，他不會背離這一目標，並且將直接的
> 傳教工作看成是需要或者接受他的首要關注。〔註46〕

這是一種新的「東方觀」和「中國觀」形成的基礎，也是一種新的比較宗教
學意識正在形成的標誌。事實上，當東西方宗教經典被世紀末期的東方學家
們排放在一起進行比較研究的時候，他們所發現的絕非僅僅只是一個一般意
義上的西方的「他者」。

　　理雅各的侄子曾經協助過他翻譯《詩經》。對於自己敬重的叔父正在從事
的「偉大事業」，這位同樣對中國古代思想文化充滿興趣的英國人的理解是：

> 　　在他熱心服務於人性的工作中，他試圖鑽入到中國古代經典所
> 包含的亞洲人的内心的思想之中。他打開了通往中國人的思想的大
> 門。這是一個開拓者的工作；因爲他是那些率先認同中國文學的地
> 位和價值的人之一，並且覺得有必要把它介紹到基督教世界當中
> 去。而且，上帝在這項義務中也顯示出眞實、生動的聖潔與力量。
> 因爲理雅各博士相信，並且堅信，在他經過日夜苦讀之後，從它的
> 經典當中反映出，這個民族的老祖先是「知道上帝的」。……經年累
> 月，理雅各博士埋首鑽研這些依然活著的古代經典和中國人的生
> 活，克服了語言障礙、無知和偏見──正是這一切使得接近瞭解中
> 國人是如此艱難。他以中國人的文化和教育標準來衡量自己，這些
> 標準是由他們自己所産生出來的智慧來制定和形成的。他知道，中
> 國人願意尊敬並給以榮譽的人，是所謂的 literati ──儒家學者，如
> 是乎，他進入到他們自己的領地，努力鑽研中國人的古代傳統的民
> 族文學。〔註47〕

理雅各的努力，旨在探究「中國最偉大的德性和力量而成就的道德和社會原
則」，他說：「他們的文明與我們的極爲不同，但是他們早已經擺脫了野蠻愚
昧。一旦我們想到四千年來人們已經開始在這裡生存並且收穫，成長繁衍，

〔註46〕 轉引自段懷清：《理雅各〈中國經典〉翻譯緣起及體例考略》，《浙江大學學報
　　　　（人文社會科學版）》，2005 年第 3 期。

〔註47〕 Helen Edith Legge. *James Legge: Missionary and Scholar*. London: The Religious
　　　　Tract Society, 1905, p.78.

我們禁不住就會推測到，這個民族可能具有某些更高的品性——亞述人、波斯人、希臘人、羅馬人，以及其它一些更現代的帝國，興起教化又衰落，但是，中華帝國依然聳立，還有它的四萬萬國民。為什麼會這樣呢？很清楚，在它的國民當中，一定存在著某種最偉大的德性和力量而成就的道德和社會原則。」他注意到，「沒有任何其它國家對於學術精華的熱愛開發得像中國那樣，而且，世界上也沒有任何一個國家對於學術如此高地看待和崇敬」。他還注意到：「這些國民的禮貌風俗和習慣，是由他們從古代傳下來的經典中所表達的思想來規範形成的。那麼，一個想要弄懂中華民族的人，也就必須明白他們的古典文學。在理雅各博士的思想中，經常性地產生出這樣的信念，那就是『他並不是完全有資格適宜於他現在的傳教士這個位置所要求的責任，除非他已經完全掌握了中國人的古典典籍，而且，對他來說，需要調查中國古代聖賢的所有思想領域』。於是，他開始了他持續終生的工作，學習孔子、孟子還有其它中國古典經籍當中的典籍，直到最終他開始編輯包括八卷本的『中國經典』，每一譯本都包含著中文原文、翻譯，評述注釋和知識面廣闊的序言；還有那些為麥克思·穆勒（Max Muller）教授譯撰的六卷本的『中國聖典』所寫的序言，以及其它一些篇幅稍短小的著作。」〔註48〕

　　理雅各這樣解釋他翻譯「中國經典」的認識的：

> 　　對於儒家經典，我已經具有足以勝任將其翻譯成英文的中文學術水平，這是五到二十年辛勤鑽研的結果。這樣的努力是必需的，這樣世界上的其它民族就可以認識這個偉大的帝國了，而且特別是我們傳教士給這裡的民眾傳教，也需要充分的智慧，這樣才能夠獲得長久的結果。
>
> 　　我認為，這將有助於未來的傳教士們的工作，如果所有儒家經典都能夠翻譯出版並且還附有注解的話。在浩如煙海的中國文學當中，有九部著作佔據著至高無上的尊位……對於所有有頭腦的人來說，這些訓練了中國成百萬的知識分子三四千年的「聖經」毫無疑問需要予以極大的興趣。這些書，過去曾經有過一些具有或多或少價值的譯本，但是，如今，「四書」「五經」還沒有一個統一的譯本。

〔註49〕

〔註48〕Joseph Edkins. Dr. James Legge[N]. North China Herald，1898-04-12.
〔註49〕Norman J. Girardot. *The Victorian Translation of China：James Legge's Oriental*

出於執著的宗教信仰和堅韌的傳教信念，理雅各認爲，系統地譯介儒家經典特別是其中的代表作《論語》是非常必要的，「藉此，世界可以瞭解中國，在華傳教工作也可以知己知彼，收到永久成效。系統、全面譯注出版儒經，必將大大惠及以後的傳教工作」〔註50〕。

早在 1841 年理雅各就萌發了將「四書」「五經」注譯出來的念頭，這位篤信福音眞理者用「四福音書」（Gospels）和「摩西五經」（Pentateuch）來比喻中國的「四書」「五經」。理雅各認爲這是一件很有意義的事情，不僅能爲喜歡中國文學的外國學者提供研究範本，也能幫助外國普通讀者瞭解中華民族的哲學、宗教、社會道德等意識形態。

總體上講，理雅各對中國經典的解釋和翻譯工作是基於一個基督教信徒出自對其供奉的聖職的堅定信念，也出自對中國傳統文化這個「他者」的尊重的理解基礎上進行的。

理雅各對中國經學的把握以及聖經的闡釋學等做了必要的學術準備，理雅各翻譯中國典籍開始於 1858 年，歷時近 40 載直到去世，他是第一個系統研究、翻譯中國古代經典的學者。

在理雅各所有的中國經典翻譯中，以儒家經典翻譯最爲完整，理解詮釋也最爲系統。其譯著主要以《中國經典》與《東方聖書》兩個系列譯本推出。

儒家經典最先在 1861 年包括《論語》《大學》《中庸》在內的《中國經典》第一卷由香港倫敦傳道會印刷所印刷出版；同年，《孟子》譯本作爲《中國經典》的第二卷由同一機構出版；1865 年，包括《書經》和《竹書紀年》的《中國經典》第三卷分爲兩冊也由香港倫敦傳道會印刷所印刷出版；1871 年，《詩經》譯本作爲《中國經典》的第四卷出版，本卷也分爲兩冊，出版機構如前；1872 年，內含《春秋》《左傳》的《中國經典》第五卷分兩冊由同一機構出版。

1873 年理雅各離港返英後，1876 年，理譯韻體《詩經》在英國出版。

在作爲牛津大學首任漢學教授期間的 1879 年，理雅各翻譯的《尙書》《易經》《禮記》《詩經的宗教內容》和《孝經》等刊於英國比較宗教學家穆勒主編的《東方聖典叢書》之《中國聖典》。

至此，作爲一個西方人，理雅各完成了「四書」「五經」的翻譯工作，使得儒家的主要經典有了完整的英譯本。

Pilgrimage, California University Press, 2002, p.79.
〔註50〕王輝：理雅各與《中國經典》，《中國翻譯》，2003 年第 24 卷第 2 期，第 38 頁。

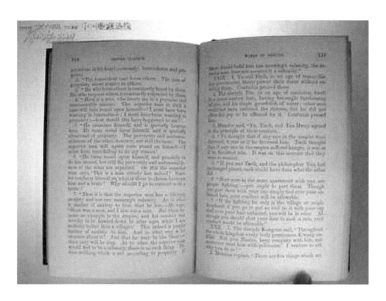

1883 年理雅各四書英譯本

理雅各不僅完成了以四書五經為核心的儒家經典翻譯，而且還完成了《道德經》與《莊子文集》《太上感應篇》等道家經典的翻譯，同時對佛家典籍如《法顯傳》（又稱《佛國記》）也有所涉及。

《中國經典》系列重版很多，1875 年紐約 Hurdand Houghton 版，1876 年倫敦版的單一冊《詩經》韻體版修訂版，1893～1895 年牛津克萊登出版社（Clarendon Press）版，1933 年中華書局上海版重印，1876 年倫敦修訂版韻體《詩經》，1939 年倫敦會香港印刷所影印本，1940 年北京版，1960 年香港大學版，1971 年臺灣文史哲出版社版，1986 年臺北南天書局有限公司版。

《中國經典》陸續出版後，曾在西方引起轟動，歐美人士由此獲得深入瞭解中國傳統文化的文本憑藉，理雅各也因在翻譯上的成就與漢學研究方面的貢獻於 1876 年獲法蘭西學院儒蓮漢籍國際翻譯獎（the first International Stanislas Julien Prize for Chinese Literature）。他的獲獎促使英國朝野逐漸對中國學術的研究重視起來。

三、耶儒對話與融合

事實上，在所謂「黃禍論」甚囂塵上的時候，長期主管中國海關的英國人羅伯特・赫德（Robert Hart）就清醒地認識到：

> 中國人是一個有才智、有教養的種族；冷靜、勤勉，有自己的

文明、有語言、思想和感情，各方面都很純一⋯⋯這個種族，經過
數千年高傲的與世隔絕和閉關自守之後，被客觀情況的力量和外來
進犯者的優勢所逼，同世界其餘各國發生了條約關係，但是他們認
爲這是一種恥辱，他們知道從這種關係中得不到好處，正在指望著
有朝一日自己能夠十足地強大起來，重新恢復自己的舊生活，排除
同外國的交往、外國的干涉和外國的入侵⋯⋯〔註51〕

理雅各的孫女認爲：

理雅各是天生的學者，人們紀念他，乃是因爲他是學者。他並
不像那些使人討厭且生反感的傳教士⋯⋯理氏明白，如果想引起一
個民族的注意，而不去試圖瞭解這個民族，那將是一個悲劇。因此，
他開始研究中國的古典文學。〔註52〕

傳教士作爲中國文化的一個「他者」，漢籍西譯是他們與中國文化層面的正面
接觸。他們尋求耶儒兩家之間的契合點，採取了「合儒」「補儒」「易佛」的
適應性的傳教策略；然而宗教既是異質文化間交流的媒介，同時也是異質文化
間交流的障礙，而歐洲中心主義的關鍵機樞也正在基督宗教上。

理雅各繼承和發展了利瑪竇關於學術傳教、融合儒學、爭取上層官員和
文人等「利瑪竇規矩」，對儒家思想進行了長久的研究，逐漸突破了西方中心
主義的藩籬，擯棄西方文化的傲慢與偏見。

理雅各是在西方人對中國人的總體歧視下進行的，他將一座豐富的中國
經典文庫完整地呈現在西方世界面前。雖然理雅各翻譯中國古籍只是業餘時
間從事的第二工作，他主要目的是傳播上帝的福音，但正如一位評論觀察員
所說的：「他在翻譯中國『聖經』所付出的努力和取得的成功，要遠遠大於他
的傳道工作」！

翻譯的二度編碼過程是不同文化符號之間的信息功能轉換，是文化與文
化的對話與互動。理雅各翻譯活動不可避免地從自身的教養、學識、立場等
構成的前見出發，其闡釋即作者的視閾與文本的視閾相融合的結果。

建立在海德格爾理解的前結構基礎上的前見理論認爲，任何理解和解釋
都依賴於解釋的前見。前見不再是傳統闡釋學所定義的，是達到文本正確理

〔註51〕呂浦、張振鵬等編譯《「黃禍論」歷史資料選輯》，中國社會科學出版社，1979
年版，第163頁。
〔註52〕轉引自《景風》第11期，1966年8月香港出版，第99頁。

解的障礙，而是理解和解釋的首要條件。前見由歷史、傳統構成，個人後天所培養的稟賦和吸收的見解也是歷史文化的傳承。

譯者作為文本的解釋者，無法排除前見的影響，在翻譯時必然是帶著自身的前見對文本進行解釋的，解釋和翻譯時策略的各異在很大程度上也根源於譯者前見的差異。解釋和策略二者的差異共同構成了譯本多樣性的內容。譯者的前見由歷史文化傳統構成，同時不能忽略譯者個人後天培養的稟賦和修養。

曼斯菲爾德學院院長費爾貝恩博士認為理氏對中國經典的洞察力「源自他的頭腦，更源自他的愛心」。理雅各具有勤勉愛人的宗教熱忱。

他反對種族歧視與帝國主義的武力行為，反對以炮艦為傳教護航，不許英政府武力介入教案；1864 年太平天國失敗後，理雅各在英國發表公開信，抗議英國介入鎮壓太平天國的行為。

1873 年理雅各回到英國，出於對中國的良知，公開反對鴉片貿易，批評政府對華輸入鴉片；1866 年，香港發生了罕見的火災，理雅各成功地進行了募捐活動以賑災。是年他又探訪感染猩紅熱的學生，還為一個他認為無罪的死囚奔忙，毫無當時一般英國人包括傳教士的傲慢與偏見。

他的思想中具有一定的平等意識，他在香港與華人平起平坐，曾為他在香港的華人助手要求支付與西方傳教士同樣的薪水，因此與其它傳教士產生了分歧。〔註 53〕理雅各尊重中國學者的研究成果，是使他的翻譯質量得以確保的另一重要原因。

儘管理雅各經過多年的學習，已經具備了較高的漢學水平，但要翻譯中國的經典文本，重要概念務必要從詞源及歷史文化語境等多面綜合考察，最好的辦法是與中國專家合作。他自己說，翻譯的最大難題就是要和文本中大量植物、鳥類、動物、昆蟲等名稱作鬥爭。

理雅各聘請了中國學者王韜作為自己的翻譯助手。王韜原來在上海倫敦傳教會開辦的墨海書館工作，1863 年到香港擔任理雅各的助手。當時理雅各的《中國經典》頭兩卷英譯本已經出版，他正在翻譯《書經》。在王韜的具體幫助下，給他解釋難懂之處，幫他寫注釋，使他得以順利地完成英譯《書經》和《竹書紀年》等，並作為第三卷出版。1867 年理雅各離開香港回蘇格蘭家

〔註53〕見理雅各與倫敦會的通信，1859 年 10 月 12 日、1860 年 4 月 14 日、1860 年 12 月 28 日，The LMS Archives, China General, Personal, Box 9.

鄉克拉克曼南郡的杜拉村，王韜隨後也前往蘇格蘭杜拉村，繼續協助理雅各翻譯《十三經》。理雅各在翻譯《詩經》前由王韜先撰著了《毛詩集釋》〔註54〕，該書的名物訓詁考證皆以陳奐的《毛詩傳疏》爲依據，《毛詩傳疏》「常能廣採旁徵，以證成其義，極潔淨而極通貫，眞可稱疏家模範」〔註55〕，有「實有以集二千年來諸儒說詩之大成」之譽，可見王韜的經學識見。王韜還兼採胡承珙、段玉裁之說，對古今文經學諸說，廣取博收。王韜的《毛詩集釋》爲理雅各英譯《詩經》掃除名物考證及文字訓詁上的諸多障礙，使他能對詩句有了準確而深入的瞭解，從而他的譯文也能深得經義，超越以往所有的《詩經》譯本。理雅各的英譯《詩經》作爲第四卷，於 1871 年出版。第五卷《春秋》《左傳》，於 1872 年出版，以上均在香港出版。《禮記》於 1885 年在倫敦出版，這是王韜幫助理雅各英譯的最後一部書。理雅各在《中國經典》第三卷《書經》序言中對王韜進行高度評價：

> 譯者亦不能不感謝而承認蘇州學者王韜之貢獻。余遭遇之中國學者，殆以彼爲最博通中國典籍矣。彼於 1862 年歲暮抵港，於吾精心所集組織巨量藏書，特加讚賞，不時利用，並以滿懷熱忱，進行工作，隨處爲余解釋或論辯，彼不特助余工作，且於工作辛苦之際，並爲余帶來樂趣也。〔註56〕

> 我注釋的多元與完整性主要歸功於王韜的著作。〔註57〕

> 他（王韜）對我的幫助十分大……只有一流的學者對我才有價值，在這兒我無法找到能與他媲美的人。〔註58〕

這樣，理雅各的中國經典特別是《詩經》的翻譯就大大減少了可能有的失誤，雖然中國學者梁繩褘也曾指出，「王韜乃文士而非經生，非理想之合作者」〔註59〕，這是時代的局限。

正是這種嚴謹的態度使理雅各的 13 個中國經典譯本甚爲忠實，把差錯降

〔註54〕王韜《毛詩集釋》，稿本，紐約公立圖書館藏。
〔註55〕梁啓超《中國近三百年學術史》，中國書店，1985 年版，第 189 頁。
〔註56〕轉引自羅香林：《香港與中西文化之交流》，第 26 頁。
〔註57〕James Legge. *The Chinese Classics*, IV, p.176.
〔註58〕James Legge. *The Chinese Classics*, I, Biography note. p.13.
〔註59〕參見梁氏《外國漢學研究論》一文，載於《國學叢刊》第三冊〔1941 年 7 月〕第 38 頁。理雅各也認識到王韜《毛詩歌集釋》「盲目崇拜毛萇的觀點」之缺陷，但由於對王韜的過於倚重，理雅各在《詩經》題解仍深受影響。

低到最低限度,故廣爲流傳,被視爲標準譯本。

從 16 世紀末到 18 世紀初,西方來華的傳教士對中國典籍也曾多有譯述,但都只譯片斷,且譯文辭句粗劣,語義欠通,謬誤百出。如柏西(Thomaspercy)、威廉·瓊斯(William Jonesa)及德庇時(Sir John Francis Davis)的幾首《詩經》直譯詩,但因漢語不精,或對於儒學經義鑽研不透,或所請秉筆者學養淺陋,「半屬落魄商賈,餖飣末學」,「鄙俚不通」,皆爲「糊窗覆瓿之物」〔註60〕。

儘管理雅各出於西方的科學思維,有時也會對孔子做出批評,如認爲孔子「子爲父隱、父爲子隱」「以直報怨」的觀點有違法律或基督精神。但他盡力克服當時歐洲漢學好作比附假說、輕視中國經學傳統的偏見。

在這樣的心態之下,理雅各不是「僅僅將中國文化當作一個遠離文明中心的『他者』來研究考察」,而是出於一定的尊重。1873 年訪問中國,參觀長城、頤和園和天壇,他認爲天壇圜丘壇是世界上沒有偶像的最神聖的場所,不禁脫靴禮拜。理雅各傾心研究中國文化,熱心在華事業。

理氏的基督教信仰是其譯經的原動力,理雅各的首要身份是傳教士。深受蘇格蘭神學思想和非國教家庭背景影響的理雅各有自己的解釋:

> 在需要並且可能的時候,傳教士進行改革是有益的,也是必需的。政治革命都是因周遭環境的激發而產生,宗教革命也必須是在熱情衝動中產生。〔註61〕

所以理雅各實際上把基督教當作一個開放的,不斷自我更新的體系〔註62〕,並把這種開放的基督教思想應用於中國經典的研究。

資深美國學者費樂仁評說道:

> 理雅各早期以較開通的福音傳教法向中國人灌輸基督教觀點的策略,此法成了一個框架,讓人們更清楚瞭解他在《中國經典》的緒論、譯文及其評價中,通過比較哲學及宗教討論而表現出的較爲複雜的傳教士兼學者形象。〔註63〕

〔註60〕 王韜:《弢園尺牘·與孫惕庵茂才》,清光緒六年(1880)香港重排本,第 7 頁。

〔註61〕 Lauren Pfister, p.251.

〔註62〕 Helen Edith Legge. *James Legge:Missionary and Scholar*, p.37.

〔註63〕 Pfister, Lauren. The Leggian Standards for 19th Century Sinological Translation and an Accommodationist Missionary Apologetic, The International Conference

理雅各的宗教觀念經歷了從以基督教爲中心的狹隘偏見，到寬容、自由的比較宗教觀的演變，學術思想也從較多地依賴傳統和服務政治，而逐漸走向強調獨立意識的學術闡釋。

誠然，西方主流思想始終影響著譯者，又通過譯者影響著譯著。就理雅各而言，理雅各與清政府第一任駐英大使郭嵩燾曾有過一次對話，曾明確表示英國人比中國人優秀。〔註 64〕因此，他熱衷於用所謂基督教來「完善」中國經典。

理氏的傳教士身份和宗教熱忱使他對儒經的解讀不能恪守中立，儘管其譯注大都能在中國學者那裏找到依據，我們仍不難看出其基督教的優越感。這一點在各卷的長篇緒論中體現得尤爲明顯。理氏毫不諱言其對儒經正統的挑戰是爲了說服中國人「儒經已遠不足以作爲行動的指南」，從而引導他們「離開孔子去尋找另一位導師」。

理雅各在還是一個傳教士時，就已經是一個中國經典文獻的翻譯者，一個試圖通過客觀、冷靜、嚴肅、科學的比較方法來探尋中國經典文獻更深層內涵的漢學家，一個在西方基督教和中國儒家之間進行比較溝通的比較宗教學者。〔註65〕

理雅各在譯介中國經典時，保持著自己的宗教立場，用自己的標準來衡量中國經典的思想內容。他在譯文引言中寫道，老子關於許多重大問題的觀點都是錯誤的，不符合基督教義。他批判儒教，認爲孔子宗教熱情淡漠。同時批判宗教氣氛濃烈的道教，因爲道教中的偶像崇拜、多神論與基督新教格格不入。

理雅各遭到中國文化怪傑辜鴻銘的嚴厲批評。如理雅各談孔子思想冗長而不得要領，對仁、禮、君子等核心概念避而不談，卻大講孔子如何缺乏宗教意識。辜鴻銘譏評理氏的「注解和論文裏無一詞一句顯示出其對孔子思想的整體理解」，嚴厲批評理雅各，說理雅各對中國文化褒貶兼具的譯介糟蹋了中國文化，造成了西方人對中國的誤解。對於這個問題，歷史學者黃興濤從歷史背景出發提出辜氏的批評與他本人的學術水平、偏激的性格和保守的文

on Missionaries and Translation from May 22 to 25，2004 in Beijing，China.
〔註64〕Helen Edith Legge. *James Legge：Missionary and Scholar*，pp.226～227.
〔註65〕段懷清：《理雅各與維多利亞時代的英國漢學 —— 評吉瑞德教授的〈維多利亞時代中國古代經典英譯：理雅各的東方朝聖之旅〉》，《國外社會科學》，2006年第 1 期。

化思想取向的限制有關。〔註66〕

　　1886 年，理雅各寫了對比耶穌與孔子的論文《宗教比較知識與傳教的關係》（The Bearing of Our Knowledge of Comparative Religion on Christian Missions）。

　　理雅各強調「不能把基督教作爲補充任何異教而使之完整的工具，任何異教也不能在沒有做大幅度改變的情況下吸收基督教。」〔註67〕理雅各辭世後 7 年，穆勒提出理雅各的觀點在宗教史上是「一個重要的發現，人們對其重要性瞭解得太少」〔註68〕。在理雅各的宗教研究和實踐中表現出將中國宗教文化與基督教融合一體的傾向。這是他觀察中國根基深厚的傳統文化的結果。

　　理雅各的中國宗教研究在西方具有相當的地位，形成了西方中國學的一個體系。他執教牛津時講授中國宗教，是歐洲大學把中國宗教列入教程之始。

　　理雅各的翻譯學術水平很高，被視爲 19 世紀英國學術研究最高水平的代表。美國學者吉拉多特（Norman J．Girardot）在他撰寫的《維多利亞時代中國古代經典英譯》中，不惜重墨地介紹了這位率先系統翻譯中國古代經典的傑出譯者，將他描述爲：「中國古代聖典解碼者、儒家經典翻譯家、佛經道經翻譯的先驅者。」

小　結

　　基督教入華和西方漢學的興起，是跨文化交流與互識規律的體現。西方漢學發展的總的規律，是由中國文化的綜合考察向分項研究分流；其中較大的分流是文學研究、歷史研究、語言研究和哲學研究。

　　英國著名思想家羅素，曾就中國問題提出了「文化互補」的主張。他認爲：歷史上不同文明的接觸，常常證明是人類文明進步的里程碑：希臘學習埃及，羅馬學習希臘，阿拉伯學習古羅馬帝國，中世紀歐洲學習阿拉伯，文藝復興時期的歐洲又學習拜占庭……有許多例子，學生比老師還要好些。恩格斯曾說：「歷史上活動的許多個別願望在大多數場合下所得到的完全不是預

〔註66〕黃興濤：《文化怪傑辜鴻銘》，北京：中華書局，1995 年第一版，1997 年第二版，第 61～85 頁。

〔註67〕Helen Edith Legge，pp.38～40.

〔註68〕F．Max Muller, 1900.

期的結果，往往是恰恰相反的結果。」

　　作爲一名傳教士，理雅各翻譯《詩經》等中國經典只是業餘時間從事的第二工作，他主要目的是傳播上帝的福音，他的所作所爲均爲傳教鋪路，但最終的結果卻遠遠超出了傳教的範圍，將一座豐富的中國經典文庫完整地呈現在西方世界面前，架起了一座溝通東西方的文化橋梁！

　　西方的中國學研究逐漸擺脫了神學研究視角，並通過近代學術方法範式的建立，在漢籍西譯的翻譯理念上發生了質的變化，完成了自身學科化的轉變。理雅各的《中國經典》叢書就是這一轉型的代表著作，它標誌著英語世界近代意義上的漢籍翻譯歷史的開始。

第二章　理雅各《詩經》譯介的
　　　　　思想闡釋

　　理雅各《詩經》英譯本題解是注釋、譯介《詩經》的主導思想，注釋則為具體體現。理雅各三種英譯本，1871 散譯本的題解基本上是對《詩小序》的翻譯；1879 年節譯本，又略去了漢語注釋；1876 年版的《詩經》韻譯本，則更多地體現處理雅各日益增強獨立詮釋能力以及旨在還原中國詩歌本身特質的努力。

　　在翻譯過程中，理雅各闡釋特點以承漢宋儒舊說為主，兼採清詩經學之長，有時酌取其間一點，有時搞點折衷。因此，理雅各譯介較多遵循怨刺的闡釋原則和教化的闡釋觀，體現出傳統經學的闡釋特徵。在幾千年詩學傳統中，諸家都有借詩說教之弊，往往以孤立的考據，煩瑣的訓詁，斷章取義，「以經解經」，卻導致荒誕不「經」。給理雅各的譯介帶來不少困惑，也導致了「誤讀」「誤譯」；理雅各堅持闡釋的循環和創新，雖然較多採用宋朱熹和清獨立詩學派諸家觀點，但大量參考權衡諸家之說構成他的獨特的闡釋特徵，演繹推理，並做出獨立的價值判斷。也有不依傍諸家，獨抒己見，反映了他的獨立創新意識。理雅各對《詩經》中許多歷來有爭議的學術問題，進行嚴謹的考證辨析，體現了客觀派的闡釋風格。

第一節　怨與刺的闡釋原則

　　李玉良在《理雅各〈詩經〉翻譯的經學特徵》指出，理雅各對《詩經》主旨的理解基本上是經學的。這裡有兩點證據可依：1）他將「國風」翻譯成

Lessons From the States，回譯過來就是「來自諸侯國的訓示」，說明他基本上把《詩經》理解爲道德教化作品，是與歷史上的經學傳統一脈相承的，這一點從他的詩篇翻譯中也可以得到印證；2）他對每一首譯詩所加的題解文字，基本上是對《毛詩序》的改寫，在所有題解中，完全與《毛序》題旨吻合者約占總數的 81%，部份吻合和不吻合者約占總數的 19%。這說明理氏所理解的《詩經》基本就是儒家經學意義上的《詩經》，而且其價值取向也是與儒家經學觀點相一致的。3）對文字的訓釋，基本上嚴格遵循經學傳統觀點，一般採取毛、鄭、朱的觀點，在發生矛盾的地方，常較倚重朱的觀點，並做一定的調和。〔註1〕李玉良所言不虛。

一、政治美刺詩與愛情詩

據理雅各在 1871 年《詩經》散譯本前言所述，譯本所據底本是《皇清經解》中阮元校刻的《十三經注疏》中的《毛詩正義》，即唐代孔穎達的《毛詩正義》，該書遵從《毛傳》、鄭箋。

《毛詩》學派在曲解詩意、借詩說教上是一致的。往往以孤立的考據、煩瑣的訓詁、斷章取義，將三百篇變成充滿宗教氣息的禮教經典，將優美的愛情詩變成神秘的推背圖。理雅各雖然並不完全「嚴格遵循」毛、鄭觀點，但依傍較多。

《詩經》中有七十篇左右愛情婚姻詩，大量見於《國風》，約占半數，《大雅》和《頌》詩中無戀歌，《小雅》裏也少見，多方面地反映了男女戀愛生活中的各種情境和心理，也反映了一定的社會問題。眞如顧頡剛先生所說：「可憐一班經學家的心給聖人之道迷蒙住了！」大量的愛情詩在歷代經學家手中，被附會上歷史人物或事件，變成了「刺時」「刺亂」等政治美刺詩。

理雅各雖然也有以己意斟酌取捨處，但他據《詩大序》將「國風」翻譯爲「Lessons from the States」（來自諸侯國的訓示）。Sir John Davis 翻譯爲「The manners of the different States」（不同諸侯國的規矩）。並引用朱熹的「謂之風者，以其被上之化以有言，而其言又足以感人，如物因風之動以有聲，而其聲又足以動物也。」來詮釋「風」的概念。很多愛情詩的主旨還是接受了毛詩、鄭箋、朱注的迂腐之說。如：

〔註 1〕李玉良：《理雅各〈詩經〉翻譯的經學特徵》，《外語教學》，2005 年第 5 期。

《召南‧野有死麕》「野有死麕，白茅包之。有女懷春，吉士誘之。林有樸樕，野有死鹿。白毛純束，有女如玉。舒而脫脫兮！無感我帨兮！無使尨也吠！」

《詩序》：「《野有死麕》，惡無禮也。天下大亂，強暴相淩，遂成淫風。被文王之化，雖當亂世，猶惡無禮也。」

鄭玄《詩箋》云：「貞女欲吉士以禮來，……又疾時無禮，強暴之男相劫脅。」

朱熹《詩集傳》云：「此章乃述女子拒之之辭，言姑徐徐而來，毋動我之帨，毋驚我之犬，以甚言其不能相及也。其凜然不可犯之意蓋可見矣！」

理雅各雖然也根據自己的理解做了調整，但基本上還是贊同了經學家的傳統解釋，認為該詩表達了對無禮的憎惡，並在注解中解釋該詩告訴我們「一位貞潔的年輕女子如何抵禦玩弄女性的騙子的引誘。」〔註2〕

理氏 1871 年散譯文中，青年男子「紳士」（gentleman）「勾引良女」（lead her astray），「年輕女士」則「雖當亂世，猶惡無禮也」，文質彬彬地告誡對方不要動手動腳，要有禮貌。譯文使用了一連串道德判斷意味較強烈的詞句：「lead her astray」。

1876 年韻體譯文則把原譯中的 gentlemen 改譯作 treacherous fop，男子便從「紳士」變成「油滑奸詐的花花公子」，道德譴責的語氣顯然加重了。

其實，《詩經》時代，禮教尚未形成，男女對性的態度不像後世般受禮教禁錮，所以表達愛情大膽率真、自然、質樸，是首優美的愛情詩。

又如《周南‧漢廣》本為「男女相悅，求女不得」的自歌自歎的民間戀歌。但《毛詩序》卻說：「《漢廣》，德廣所及也。文王之道被於南國，美化行乎江漢之域，無思犯禮，求而不可得也。」東漢鄭玄《毛詩箋》說：「紂時淫風於天下，維江漢之域先受文王之教化。」宋代朱熹《詩集傳》說：「文王之化，自近而遠，先及於江漢之間，而有以變其淫亂之俗，故其出遊之女，人望見之而知其端莊靜一，非復前日之可求矣。因以喬木起興，江漢為比，而反覆詠歎也。」從此這首詩成為「教化詩」為人尊信，成為正統的說法。

理雅各遵循此說，題解曰：「陳述性的；齊地人們的淫亂關係。」（The Tung Fang Chih Jih; narrative. The licentious intercourse of the people of Ch'i）；理雅各將「漢有遊女，不可求斯」譯成「The girls free ramble by the Hanö But will not

〔註 2〕Legge, J. *The She King*.Taipei：SMC Publishing INC, 2000：34.

hear enticing word.」其中「enticing」一詞，實爲譯者所加，頗具道德判斷意味。

有不少愛情詩被附加上歷史事件，如《鄭風・緇衣》。《禮記》：「好賢如《緇衣》」和「於《緇衣》見好賢之至」的記載（轉引自《詩集傳》）。鄭國開國之君桓公爲周幽王時的司徒，他的兒子武公則爲周平王時的司徒。因此，唐代司馬貞在《史記索隱》的《鄭世家》「述贊」中說：「厲王之子。得封於鄭。代職司徒，《緇衣》在詠。」宋朱熹《詩集傳》贊成「舊說」說：「舊說，鄭桓公、武公，相繼爲周司徒，善於其職，周人愛之，故作是詩。」清代的姚際恒、方玉潤則以爲這是「美武公好賢之詩」（《詩經原始》）。

理雅各接受了傳統詩學之說，解題曰：「陳述性的；首都人民表達了他們對鄭武公的景仰。」（The Tzǔ I; narrative. The people of the capital express their admiration of, and regard for, Duke Wu of Chêng.）

《緇衣》實則爲寫家庭親情的詩，妻子爲丈夫的贈衣詩。孔穎達《毛詩正義》說：「卿士旦朝於王，服皮弁，不服緇衣。退適治事之館，釋皮弁而服（緇衣），以聽其所朝之政也。」古代卿大夫朝於國君，穿戴皮弁。退朝後到官署理事（古稱私朝），則脫去皮弁，換上黑色朝服（緇衣）。詩中所詠的黑色朝服是抒情主人公「予」親手縫製的，詩中用「宜」「好」「席」三個形容詞，極贊丈夫穿上緇衣之後如何的合體，又用「改爲」「改造」「改作」三個動詞，表達她準備爲丈夫改制新的朝衣，將抒情主人公對丈夫無微不至的體貼之情刻畫得淋漓盡致。

《鄘風・蝃蝀》古今論者對其主旨基本沒有太多分歧，認爲這是一首對某個私奔女子的諷刺詩。從末章「乃如之人也，懷婚姻也。大無信也，不知命也」可知，此說可信。本詩反映了當時青年男女，特別是女子的婚姻不能自主的情況。《毛詩序》從正面說教的角度以爲「《蝃蝀》，止奔也」；《後漢書・楊賜傳》唐李賢注引《韓詩序》云：「《蝃蝀》，刺奔女也。」宋朱熹《詩集傳》也以爲「此刺淫奔之詩」。

理雅各承《毛詩序》：「隱喻性的和陳述性的；反對淫蕩的聯姻。」（The Ti Tung; metaphorical and narrative. Against lewd connections.）

二、政治怨刺詩與抒情詩

《詩經》中大量的抒情言志之作，反映該時代各個階層人們的喜怒哀樂，所謂「詩言志，歌詠言」。但在傳統詩教者眼裏，很多抒情詩成了政治怨刺詩。

如《鄭風・蘀兮》:「蘀（音拓，黃葉）兮蘀兮，風其吹女。叔兮伯兮，倡予和女。蘀兮蘀兮，風其漂女。叔兮伯兮，倡予要女。」詩人看見枯葉被風吹落，心中自然而然湧發出傷感的情緒；從落葉中看到的生命的流失，「叔兮伯兮，倡予和（要）女」，人生的寂寞歸根結底還是無從排遣，呼喚唱出心心相印的歌來，秋風蕭瑟天氣涼，乃後世悲秋之祖。

理雅各雖不從《毛詩序》的實指:「《蘀兮》，刺忽（鄭昭公忽）也。君弱臣強，不倡而和也。」也不從朱熹《詩集傳》所謂「此淫女之詞」，但還是不脫政治怨刺類的巢臼:「隱喻性的；鄭國下級官員向上級提出的關於國家悲傷狀況的呼籲。」（The T'o Hsi; metaphorical.An appeal from the inferior officers of Chêng to their superiors on the sad condition of the state.）

又如《邶風・簡兮》:「簡兮簡兮，方將萬舞」「有力如虎，執轡如組」，意象雖較朦朧，但舞師那威武健美、雍容優雅的形象描寫得淋漓動人，特別是末章「山有榛，隰有苓」，以樹隱喻男子，以草隱喻女子，引出「云誰之思？西方美人。彼美人兮，西方之人兮」，將抒情女主人公（觀舞的宮廷女子）對舞師的傾慕之情、綿邈低徊的相思展示無遺。但《毛詩序》、朱熹《詩集傳》、方玉潤《詩經原始》、吳闓生《詩義會通》等均持諷刺衛君不能任賢授能、使賢者居于伶官說。

理雅各解曰:「半是嘲諷半是悲傷，一個衛國官員說他職位的卑微。」（The Chien Hsi; narrative and allusive. Half in scorn, half in sorrow，an officer of Wei tells of the mean services in which he was employed.）

《王風・兔爰》傷時感事之作。《毛詩序》說:「《兔爰》，閔周也。桓王失信，諸侯背叛，構怨連禍，王師傷敗，君子不樂其生焉。」這是依《左傳》立說，有史實根據，因此《毛詩序》說此詩主題不誤。但意謂作於桓王時，與詩中所寫有出入。崔述《讀風偶識》說:「其人當生於宣王之末年，王室未騷，是以謂之『無為』。既而幽王昏暴，戎狄侵陵，平王播遷，室家飄蕩，是以謂之『逢此百罹』。故朱子云:『為此詩者蓋猶及見西周之盛。』（見朱熹《詩集傳》）可謂得其旨矣。

理雅各題解沒有坐實周王為哪位周王，接受了「閔周」和「厭世」說:「周朝官員表達因國家不幸而產生的厭世情緒，有原則的人遭受痛苦，無能的人逃離。」（The T'u Yüan; metaphorical. An officer of Chou declares his weariness of life because of the growing miseries of the state，and of the way in which men of principle suffered, while worthless men escaped.）

一些棄婦詩，往往也被解爲怨刺詩。如《小雅・我行其野》，舊說如毛傳以爲詩旨乃刺周宣王時「男女失道，以求外昏（婚），棄其舊姻而相怨」，朱熹《詩集傳》則謂：「民適異國，依其婚姻而不見收恤，故作此詩。」

理雅各解曰：「離開王國的官員，尋求有姻親關係的國家的保護，有失望和不足道的原因。」（The Wo Hsing Ch'i Yeh; narrative. An officer, who had left the royal domain, and sought for protection in a state where he had affinities by marriage, relates his disappointment, and the unworthy cause of it.）從朱熹說。

《小雅・谷風》的主題，《毛詩序》說：「《谷風》，刺幽王也。天下俗薄，朋友道絕焉。」朱熹《詩集傳》說：「此朋友相怨之詩，故言『習習谷風』，則『維風及雨』矣，『將恐將懼』之時，則『維予與女』矣，奈何『將安將樂』而『女轉棄予』哉，」「習習谷風，維山崔嵬」，則風之所被者廣矣，然猶無不死之草，無不萎之木，況於朋友，豈可以忘大德而思小怨乎？」但他沒有將傷友道之絕與刺周幽王硬拉到一起。方玉潤《詩經原始》認同朱熹的觀點，並力駁《毛詩序》「刺幽王」之說穿鑿空泛。

理雅各採用了朱熹和方玉潤說，認爲「《谷風》暗指性的；某人抱怨與老朋友的疏離，在境遇變好時反而關係變化了」。（The Ku Fêng; allusive. Some one complains of the alienation from him of an old friend, produced by the change for the better in the circumstances of the latter.）

第二節　遵教化的闡釋觀

《毛詩序》曰：「風，風也，教也。風以動之，教以化之。」認爲「國風」類詩的作用，就像自然界的風吹草伏一樣，可以用來教化天下民眾。如果風去吹拂，草便動了；如果用「風」類的詩來教育民眾，民眾就會被感化了。因此，將「風」類詩置於《詩三百》篇之首。

理雅各作爲一個虔誠的基督徒，他所接受的基督教宗教神學教育以及傳教的翻譯目的，使他的「19 世紀維多利亞式的道德敏感性在儒家經典和經學家們的注疏對道德的關注當中得到了廣泛的共鳴」〔註3〕，從而使他從社會倫

〔註3〕 Pfister, Lauren F. *A Forgotten Treasure James Legge's Metrical Book of Poetry*, Bulletin of the School of Oriental and African Studies, February 1997.

理哲學的高度選擇和接受了儒家倫理道德思想，體現出《詩經》譯介中遵循儒家教化的闡釋觀。

一、求賢尙德

如對《秦風‧蒹葭》，《毛詩序》謂：「《蒹葭》，刺襄公也。未能用周禮，將無以固其國焉」。認爲是用來譏刺秦襄公不能用周禮來鞏固他的國家。姚際恒《詩經通論》、方玉潤《詩經原始》惋惜招引隱居的賢士而不可得；陳啓源《毛詩稽古編‧附錄》說：「夫說（悅）之必求之，然惟可見而不可求，則慕說益至。」

理雅各譯成「求賢尙德」的懷人之作：「陳述性的；某人講述他追求別人，看起來很容易，但卻沒有找到。」（The Chien Chia; narrative. Some one tells how he sought another, whom it seemed easy to find, and yet could not find him.）

《毛詩序》曰：「先王以是經夫婦，成孝敬，厚人倫，美教化，移風俗。」言古代的君王正是用詩來治理夫婦之道，形成孝敬之常，敦厚人倫之情，完美教化之風，轉移風俗之氣。《周南‧桃夭》「桃之夭夭，灼灼其華。之子于歸，宜其室家」，豔如桃花的新娘，還有「宜室」「宜家」的內在美，姚際恒《詩經通論》所謂「開千古詞賦詠美人之祖」，顯然爲一首新婚賀歌。《毛詩序》：「桃夭，后妃之所致也，不妒忌則男女以正婚姻以時，國無鰥夫也。」雖然附會「后妃」實屬無據，但也承認與婚嫁有關。

理雅各沒有依傍《毛詩序》，卻獨立闡釋成讚美女子勤儉持家之美德的詩。「Graceful and young the peach tree stands, Its foliage clustering green and full. This bride to her new home repairs; Her household will attest her rule.」（……她將用她勤儉的規則來持家）。

二、匡正得失

《毛詩大序》曰：「治世之音安以樂，其政和；亂世之音怨以怒，其政乖；亡國之音哀以思，其民困。故正得失，動天地，感鬼神，莫近於詩。」太平社會的音樂安祥快樂，政事和順；混亂社會怨恨憤怒，政事不正常；亡國的音樂悲哀幽思，百姓困厄。所以，匡正人間得失，感動天地鬼神，沒有什麼比詩歌更有效。《毛詩大序》還說到《詩經》中「變風」「變雅」之所由作：「至

於王道衰、禮義廢、政教失、國異政、家殊俗，而變風、變雅作矣。」到了王道衰微、禮義廢弛、政教喪失、諸侯各國各行其政、民眾家俗各異的時候，就產生了「變風」「變雅」類的詩。理雅各遵循此說，評述了一系列「變風」「變雅」之詩。如「二雅」中對宗周傾覆，朝政日非，世衰人亂充滿哀怨悲憤的情感，有的怨刺詩，不僅指斥政治的黑暗，悲悼周王朝國運已盡，憂國哀民，而且感歎自身遭遇。

《大雅·瞻卬》，是一首痛心疾首的政治怨刺詩。《毛詩序》以爲是「凡伯刺幽王大壞也」。朱熹亦謂：「此刺幽王嬖褒姒任奄人一致亂之詩。」理雅各從之：「陳述性的和最後一節是暗指性的；作者哀歎盛行的苦難和壓迫，暗示是由政府裏的女子和宦官干政引起的。」（The Chan Ang; narrative, and allusive in the last stanza. The writer deplores the misery and oppression that prevailed, and intimates that they were caused by the interference of women and eunuchs in the government.）

《國風》中的政治諷刺詩一般揭露和嘲諷比較辛辣犀利，矛頭直接針對統治者。如《鄭風·清人》《毛詩序》說：「《清人》，刺文公也。高克好利而不顧其君，文公惡而遠之，不能，使高克將兵而御狄於竟，陳其師旅，翺翔江上，久而不召，眾散而歸，高克奔陳。公子素惡高克進入不以禮，文公退之不以道，危國亡師之本，故作是詩也。」見於史書記載，《春秋》：「閔公二年冬十二月，狄入衛，鄭棄其師。」《左傳》說：「鄭人惡高克，使帥師次於河上，久而不召；師潰而歸，高克奔陳，鄭人爲之賦《清人》。」

理雅各題解從《毛詩序》：「鄭國軍隊在邊疆的無效行軍。」（The Ch'ing Jên; narrative. The useless maneuvering of an army of Chêng on the frontiers.）

對《檜風·羔裘》，《毛詩序》曰：「大夫以道去其君也。國小而迫，君不用道。好潔其衣服，逍遙遊燕，而不能自強於政治，故作是詩也。」檜爲周初分封於溱洧之間的一個小國，在今河南省密縣東北，平王東遷後不久，即被鄭武公所滅。

理雅各「陳述性的；檜國官員哀傷統治者的輕浮愚蠢，熱衷於展示他的長袍，而不是盡職責」。（The Kao Ch'iu; narrative. Some officer of Kuei laments over the frivolous character of his ruler，fond of displaying his robes，instead of attending to the duties of government.）基本信從毛序。

《小雅·白駒》《毛詩序》以爲是大夫刺宣王不能留用賢者於朝廷。朱熹

《詩集傳》說：「爲此詩者，以賢者之去而不可留。」

理氏承舊說：「作者表達了不能留用賢者在宮廷的遺憾。」（The Pai Chü; narrative. The writer expresses his regret at the abandonment of public life by an officer whom he admired.）

對《魏風‧葛屨》,《毛詩序》云：「《葛屨》，刺褊也。魏地陋隘，其民機巧趨利，其君儉嗇褊急，而無德以將之。」朱熹《詩集傳》云：「魏地陋隘，其俗儉嗇而褊急，故以葛屨履霜起興而刺其使女縫裳，又使治其要襋而遂服之也。」清方玉潤《詩經原始》云：「夫履霜以葛屨，縫裳以女手，……以象掵之好人爲而服之，則未免近於趨利」，「不惟嗇而又褊矣，故可刺」。

理雅各信從舊說：「陳述性的；在魏國，即使是富人也極度吝嗇。」（The Ko Chü; narrative. The extreme parsimoniousness even of wealthy men in Wei.）

早在 1838 年和 1843 年，愛德華‧比奧（douard Boit）的《詩經》專論，便已強調《詩經》是「東亞傳給我們的最出色的風俗畫之一」，「它以古樸的風格向我們展示了上古時期的風俗民情」，《詩經》「實際是中國最早的民歌」。曾兩度（1911 和 1918 年）到中國進行田野考察的葛蘭言（Marcel Granet），舉起社會學分析法的旗幟，撰寫了《中國古代的祭禮與歌謠》一文，將《詩經》中 72 首國風情歌分爲田園的主題、村落的戀愛和山川的歌謠三類，去發現《詩經》所反映的遠古時代的道德，而不是我們後來的道德思想。

理雅各在 1871 年和 1876 年的譯本中，似乎並沒有關注聞一多先生所說的「到《詩經》時代的生活，還沒有脫盡原始的蛻殼這樣一種歷史文化現象」，在 1879 版緒言中理雅各將《詩經》的內容根據形式（form）和風格（style）分爲民謠（ballads）、歌曲（songs）、讚美詩（hymns）和樂詩（...lyric poems that were set to music）等幾類。他沒有自覺運用文化人類學觀點，去深入挖掘《詩經》中所蘊藏的原始文化信息，以《詩經》的時代背景去讀《詩經》，往往誤讀文獻，先入爲主地曲意取證。

《魏風‧十畝之間》描寫一群採桑女子於辛勤勞動之後，滿載桑葉，結伴同歸，歡快唱和，一幅採桑女呼伴同歸的桑園晚歸圖：「十畝之間兮，桑者閒閒兮，行與子還兮。十畝之外兮，桑者泄泄兮，行與子逝兮。」充滿了姑娘的輕鬆歡樂，閒適超然，如陳繼揆《讀風臆補》所說的「雅淡似陶」。但《毛詩序》「言其國削，小民無所居也」，政治附會性的「刺時」之說。魏國地處北方，朱熹以爲「其地陋隘而民貧俗儉」，朱熹在「行與子還兮」下注釋曰：

「政亂國危，賢者不樂於仕其朝而思與其友歸於農圃，故其辭如此。」

理雅各沒有欣賞清新恬淡的田園風光，卻誤信政治附會性的「刺時」說：「陳述性的；衛國農民的困境。」（The Shih Mou Chih Chien; narrative. The straits of the peasantry of Wei.）

三、歌功頌德

有的發洩牢騷的詩被曲解爲歌功頌德的詩。如：

《小雅・四牡》：反覆吟詠「王事靡盬、我心傷悲」「王事靡盬、不遑啟處」，可《毛序》說此詩「勞使臣之來也」。毛傳云：「思歸者，私恩也；靡盬者，公義也。」鄭箋云：「無私恩，非孝子也；無公義，非忠臣也。」《左傳・襄公四年》載穆叔云：「《四牡》，君所以勞使臣也。」在忠孝不能兩全的情況下，使臣勉力盡忠王事，所以統治者用此詩來慰勞使臣的風塵勞頓，將此詩的「怨」思化爲「美」意。

理雅各從《毛詩序》：「陳述性的和暗指性的；歡樂頌歌，恭喜一位官員出征歸來，讚美他的忠於職守和孝行。」（The Ssŭ Mu; narrative and allusive. A festal ode, complimentary to an officer on his return from an expedition，celebrating the union in him of loyal duty and filial feeling.）

又如《小雅・鴻雁》：「鴻雁於飛，肅肅其羽。之子于征，劬勞於野。爰及矜人，哀此鰥寡。」很顯然是亂世流浪者的哀歌。可《毛詩序》云：「美宣王也。萬民離散，不安其居，而能勞來還定安集之，至於矜寡，無不得其所焉。」以爲是讚美宣王能安置流民。

清方玉潤《詩經原始》則以爲：「使者承命安集流民」，「費盡辛苦，民不能知，頗有煩言，感而作此。」宋朱熹《詩集傳》說：「流民以鴻雁哀鳴自比而作此歌也。」較近於詩情。但理雅各題解從《毛詩序》：「《鴻雁》暗指性的；人們重聚在周宣王的團體，讚揚完成此項工作的官員。」（The Hung Yen; allusive. The people, regathered into communities under King Hsüan, praise the officers by whom this had been accomplished.），將哀歌變爲頌詩。

《小雅・杕杜》《毛詩序》說：「杕杜，勞還役也。」是說全詩是戍役者的口吻。鄭玄箋曰，遣將帥及戍役同歌，同時欲其同心也。朱熹也說：「此勞還役之詩，故追述其未還之時。」

理雅各從舊說：陳述性的；祝賀的詩歌，慶祝部隊從玁狁（xiǎnyǔn）

Hsien-yün 的征戰歸來。（The Ti Tu; narrative. An ode of congratulation，specially intended for the troops, on the return of the expedition against the Hsien-yün.），「慶祝部隊從玁狁的征戰歸來」則更是理氏的想像了。

第三節　闡釋的循環與創新

　　海德格爾提出「闡釋循環」這一方法，他認為，我們對任何東西的理解，都不是用空白的頭腦去被動地接受，而是以頭腦裏預先準備好的思想內容為基礎，用活動的意識去積極參預。我們頭腦裏意識的「先結構」，使理解和解釋總帶著解釋者自己的歷史時代的色彩，所以，闡釋的循環是不可避免的。認識過程本身就是循環，但這種循環是螺旋式的上升而不是就地打轉轉。理雅各譯介《詩經》始終注意旁徵博採，反覆比較，作出判斷，遵循了闡釋的循環這一原則。

　　作為西方學者，理雅各具有很強的獨立精神，他在譯介《詩經》中不屈從於所謂「權威」的結論，而是追求認識的真理性，堅持認識的客觀性和辯證性。

一、闡釋的循環

　　首先佔有相關的參考材料，以充實空白的頭腦，再認真理解和解釋。《詩經》譯介所列參考文獻共計五十五部以上，如《欽定詩經傳說彙纂》《呂氏家塾讀詩記》《詩傳遺說》等。尤以樸學為特徵之《詩經》清學為主要參考系統，清詩經學承二千餘年積累，超越漢宋，總結歷代，以乾、嘉、道三朝為代表。如參考書中清初恪守毛鄭最力者首推陳啓源之《毛詩稽古編》、清中葉戴震的《毛鄭詩考證》，「是書折衷毛鄭，考正訓詁，頗多精義。」〔註4〕能力去陳言，以文學觀點解釋詩義的姚際恒《詩經通論》十八卷首一卷，「涵詠篇章，循繹文義」。乃至力斥朱熹之說的毛奇齡所著詩經學著作也都悉數赫然列入：《國風省篇》一卷、《白鷺洲主客說詩》一卷，《毛詩寫官記》四卷、《詩箚》二卷、《詩傳詩說駁議》五卷、《續詩傳鳥名》三卷。幾乎囊括了《詩經》漢、宋、清學的所有重要的《詩經》學著作。還參考了《周禮》《儀禮》《禮記》三經。

〔註4〕張壽林：《清代詩經著述考略》（三續），《燕京大學學報》，第五十二期，1933年6月15日。

幾乎囊括了漢唐宋清的主要詩學著作。

除此之外，在他以前別人用拉丁、英、法、意等語種譯出的有關文字，凡能找到的，他都拿來仔細比較，認真參考，然後再反覆斟酌，慎重落筆，甚至常常數易其稿，力求持之有據，絕不主觀臆斷。

王韜在《送西儒理雅各回國序》中指出：「先生獨不憚其難，注全力於十三經，貫穿考核，討流溯源，別具見解，不隨凡俗。其言經也，不主一家，不專一說，博採旁涉，務極其通，大抵取材於孔、鄭而折中於程、朱，於漢、宋之學兩無偏袒。」〔註5〕有時偏重朱熹及清儒獨立思考詩學者的觀點。

如《檜風‧匪風》描寫詩人家住西方，而遠遊東土，久滯不歸，因作是詩以寄思鄉之情。

《毛詩序》以為檜邦「國小政亂，憂及禍難，而思周道焉」，鄭箋曰：「周道，周之政令也。」孔疏曰：「上二章言周道之滅，念之而怛傷；下章思得賢人輔周興道：皆是思周道之事。」朱熹《詩集傳》云：「周室衰微，賢人憂歎而作此詩。言常時風發而車偈，則中心怛然。今非風發也，非車偈也，特顧瞻周道而思王室之陵遲，故中心為之怛然耳。」

理雅各斟酌《毛詩序》和朱熹《詩集傳》之說而簡化云：「陳述性的和暗指性的；某人訴說他的悲傷，對於周朝的衰落。」（The Fei Fêng; narrative and allusive. Some one tells his sorrow for the decay of the power of Chou.）

《魏風‧園有桃》：「不我知者，謂我士也驕（罔極）」「心之憂矣，其誰知之！其誰知之，蓋亦勿思！」陳繼揆《詩經臆補》認為：「是篇一氣六折。自己心事，全在一『憂』字。喚醒群迷，全在一『思』字。至其所憂之事，所思之故，則俱在筆墨之外，託興之中。」為士大夫憂時傷己的詩。

《毛詩序》謂「刺時」，何楷《詩經世本古義》坐實為「晉人憂獻公寵二驪姬之子，將黜太子申生」；豐坊《詩說》說是「憂國而歎之」；季本《詩說解頤》以為是「賢人懷才而不得用」；牟庭《詩切》以為是「刺沒入人田宅也」。

理雅各折衷諸說，云「暗指性的；官員訴說他的痛苦，國家政治腐敗，他是如何被誤解」。（The Yüan Yu T'ao; allusive. An officer tells his grief because of the misgovernment of the state, and how he was misunderstood.）

朱熹的《詩集傳》，不用《詩序》，就詩論詩；辯證舊解，闡發新義；間

〔註5〕王韜：《弢園文錄外編》，上海書店出版社，2002年版，第181頁。

採三家，不拘門戶；注重義理，略於詁訓；反對煩瑣，力求簡明。〔註6〕

　　清朝廷於詩經學則將朱熹《詩集傳》尊爲正宗。「今令甲所示，學宮所肄者，朱氏一家之耳！」〔註7〕正如汪堯峰所云「此詩教所有壞也！」再如晚明許宗魯云：「凡今人誦詩讀書，已取正於朱子。曰是則是，非則非，無非趨向大賢以爲準的。」〔註8〕理雅各推重甚至倚重朱熹，他說：「在眞正的批評能力方面，朱熹遠遠超出了他的先輩們，因此，迄今爲止中國還沒有出現能和朱熹匹敵者。」

　　如《檜風・隰有萇楚》的主旨，歧說尙多，大體可分爲三類：一是《毛詩序》，認爲「疾恣也。國人疾其君之淫恣，而思無情慾者也」。二是朱熹《詩集傳》首創之說，云：「政煩賦重，人不堪其苦，歎其不如草木之無知而無憂也。」後世循其說甚眾，如許謙、豐坊、姚際恒、方玉潤等。三是現代才出現的情詩說。聞一多說：「《隰有萇楚》，幸女之未字人也。」（《風詩類鈔》）李長之以爲「這是愛慕一個未婚的男子的戀歌」（《詩經試譯》），高亨也說「這是女子對男子表示愛情的短歌」（《詩經今注》）。

　　理雅各從朱熹之說，謂：「陳述性的；某人抱怨國家的壓迫，希望他是毫無知覺的樹。」（The Shih Yu Ch'ang Ts'oo; narrative.Some one，groaning under the oppression of the government, wishes he were an unconscious tree.）

　　《王風・大車》「穀則異室，死則同穴。謂予不信，有如皦日。」活著居室兩不同，死後要埋一墳中。如果你還不信我，太陽作證在天空！很顯然，這是一首感情熾烈的愛情詩。《毛詩序》「刺周大夫也。禮義陵遲，男女淫奔。故陳古以刺今大夫不能男女之訟焉。」朱熹說：「周衰，大夫猶有能以刑政治其私邑者，故淫奔者畏而歌之。」

　　理雅各選擇了朱熹說，並從正面肯定：「一個嚴厲和有德行的地方法官制止淫亂的影響。」（The Ta Ch'ê; narrative. The influence of a severe and virtuous magistrate in repressing licentiousness.）

　　《鄭風・野有蔓草》是求愛的情歌。朱熹云：「男女相遇於田野草蔓之間，故賦其所在以起興」，「言各得其所欲也」。理雅各解題：「陳述性和暗指性的。女子對她的私情感到高興。」（The Yeh Yu Man Ts'ao; narrative and allusive. A

〔註6〕洪湛侯：《詩經學史》，中華書局，2004年版，第362頁。
〔註7〕汪琬：「《詩說》序」，惠周惕著：《詩說》。
〔註8〕謝啓昆：《小學考》，卷32，光緒十五（1889）年烏程蔣氏刻本。

lady rejoices in an unlawful connection which she had formed.），從朱熹說。

《陳風·月出》，一首優美的月下相思的愛情詩。《毛詩序》：「《月出》，刺好色也。在位不好德，而說（悅）美色焉。」朱熹《詩集傳》：「此亦男女相悅而相念之辭。言月出則皎然矣，佼人則僚然矣，安得見之而舒窈糾之情乎？是以爲之勞心而悄然也。」

理雅各從朱熹說：「暗指性的；男子講述他擁有美麗女子的激動願望。」（The Yüeh Ch'u; allusive. A gentleman tells all the excitement of his desire for the possession of a beautiful lady.）

對《齊風·甫田》，《毛詩序》曰：「大夫刺襄公也，無禮義而求大功，不修德而求諸侯，志大心勞，所以求者非其道也。」豐坊《詩說》：「齊景公急於圖霸，大夫諷之。」以爲刺齊景公；何楷《詩經世本古義》：「莊公生而蒙非種之譏，及己即位，而有不能防閑其母之誚，且與其母更道入於齊國，……詩人代爲之愧……。」刺魯莊公；（牟庭《詩切》：「詩人有所識童子美質者，已而離遠不相見，常思念之，……及長而復見之，則庸人矣，故悔思之也。」刺奇童無成。

朱熹《詩序辨說》非《序》云：「未見其爲襄公之詩。」他在《詩集傳》中說：「田甫田而力不給，則草盛矣；思遠人而人不至，則心勞矣。以戒時人厭小而務大；忽近而圖遠，將徒勞而無功也。」

理雅各理解爲：「隱喻性的。超出能力之外的追捕對象。」（The Fu T'ien; metaphorical. The folly of pursuing objects beyond one's strength.）取朱熹戒「厭小務大」「徒勞而無功」之意，但「追捕對象」則爲理雅各所加。

《唐風·有杕之杜》詩旨歧說頗多：古有刺晉武公說（《毛詩序》等）；好賢說（朱熹《詩集傳》；何楷《詩經世本古義》等）。今人也有迎賓短歌說（高亨《詩經今注》）；思念征夫說（藍菊蓀《詩經國風今譯》等；流浪乞食說（陳子展《國風選譯》等；情歌說（程俊英《詩經譯注》等；孤獨盼友說（朱守亮《詩經評釋》等。

理雅各認爲是：「隱喻性的。某人懊悔他貧困的環境，不能讓他欽慕的人到來。」（The Yu Ti Chih Tu; metaphorical. Someone regrets the poverty of his circumstances, which prevented him from gathering around him companions whom he admired.），基本從朱熹說。

對《陳風·衡門》，朱熹《詩集傳》云：「此隱居自樂而無求者之詞。言

衡門雖淺陋，然亦可以遊息；泌水雖不可飽，然亦可以玩樂而忘饑也。」姚際恒《詩經通論》云：「此賢者隱居甘貧而無求於外之詩。一章甘貧也，二三章無求也。唯能甘貧，故無求。唯能無求，故甘貧。」

理雅各取朱熹說：「陳述性的；一個窮隱士的滿足和幸福。」（The Hêng Mên; narrative. The contentment and happiness of a poor recluse.）

對《豳風‧狼跋》「公孫碩膚，赤舄幾幾」「公孫碩膚，德音不瑕」，從《毛詩序》到清代學者，大多認定此詩所說的「公孫」即「周公」。朱熹《詩集傳》喻周公攝政「雖遭讒謗，然所以處之不失其常」。

理雅各雖認為「公孫」非周公，而為「周王」，具體內涵還是取朱熹說：「暗指性的；對周王的讚美，他通過考驗更加受人尊敬。」（The Lang Po; allusive. The praise of the duke of Chou，more distinguished through his trials.）

對《小雅‧鶴鳴》，《毛詩序》認為是「誨（周）宣王也」，鄭箋補充說：「誨，教也，教宣王求賢人之未仕者。」王先謙《詩三家義集疏》舉例證明魯詩、齊詩、韓詩都與毛詩觀點一致。

宋代朱熹《詩集傳》用程朱理學解此詩謂：「此詩之作，不可知其所由，然必陳善納誨之辭也。」認為這是一篇意在勸人為善的作品。理雅各從朱熹說：「從自然事實中得到的特定道德訓示。」（The Ho Ming; metaphorical. Certain moral lessons from natural facts.）

理雅各也比較多地參照清獨立思考派如姚際恒、崔述及郝懿行等學者的意見。姚際恒的《詩經通論》，批評《詩序》，「雖不無一二宛合，而固滯、膠結、寬泛、填湊，諸弊叢集」，又指出朱熹雖力詆《序》之妄，「而時復陽違《序》而陰從之，而且違其所是，從其所非焉。武斷自用，尤足惑世」。雖然姚氏也有不能脫傳統詩學解詩的巢舊，但姚氏評注鑑賞，不乏獨到見解。

如《衛風‧木瓜》：「投我以木瓜，報之以瓊琚。匪報也，永以為好也！」古往今來解析其主旨的說法居然也有七種之多。《毛詩序》云：「《木瓜》，美齊桓公也。衛國有狄人之敗，出處於漕，齊桓公救而封之，遺之車馬器物焉。衛人思之，欲厚報之，而作是詩也。」

《詩集傳》云：「言人有贈我以微物，我當報之以重寶，而猶未足以為報也，但欲其長以為好而不忘耳。疑亦男女相贈答之詞，如《靜女》之類。」姚際恒的批駁，《詩經通論》云：「以（之）為朋友相贈答亦奚不可，何必定是男女耶！」

理雅各題解曰：「《木瓜》；隱喻性的。哪怕是小禮物也要給予大的回報，友情勝過任何禮物。」（The Mu Kua; metaphorical. Small gifts of kindness should be responded to with greater; while friendship is more than any gift.）

不從毛序，沒有取朱熹的「男女相贈答」之說，獨取姚際恒說，在較寬泛的意義上理解此詩，將其視爲一首通過贈答表達深厚情意的詩作，理雅各譯成受恩圖報的友情詩。

《鄭風・遵大路》，刻畫了男子離家出走，女子拽著男子衣袖，苦苦哀求他留下的小鏡頭。《毛詩序》謂「思君子也」，「君子」泛指有治國才能的賢人；何楷《詩經世本古義》則指實爲「周公卿欲留鄭莊公也」。

朱熹《詩集傳》斥此爲「淫婦」詩，他說：「淫婦爲人所棄，故於其去也，攬其袪而留之曰：子無惡我不留，故舊不可以遽絕也。」

戴君恩《讀詩臆評》以爲是妻子送別丈夫之詩。郝懿行《詩問》說：「民間夫婦反目，夫怒欲去，婦懼而挽之。」姚際恒《詩經通論》說：「故舊於道左（旁）言情，相和之辭」。理雅各酌取姚際恒說，不指實爲夫婦：「陳述性的。長久的友誼不能倉促地背棄。」（The Tsun Ta Lu; narrative. Old friendship should not be hastily broken off.）

《唐風・山有樞》，是首諷刺貴族們要懂得及時享樂的詩。《毛詩序》認爲是諷刺晉昭公，說晉昭公「不能修道以正其國，有財不能用，有鐘鼓不能以自樂，有朝廷不能灑埽，政荒民散，將以危亡，四鄰謀取其國家而不知，國人作詩以刺之也」。朱熹《詩集傳》認爲此詩爲答前篇《蟋蟀》之作，「蓋以答前篇之意而解其憂」「蓋言不可不及時爲樂，然其憂愈深而意愈蹙矣」。季本《詩說解頤》、方玉潤《詩經原始》以爲這首詩是「刺儉而不中禮」之作；清郝懿行《詩問》云：「《山有樞》，風（諷）吝嗇也。」

理氏取郝懿行刺吝之說：「暗指性的。不享用擁有的好東西是愚蠢的，死後就成爲別人的。」（The Shan Yu Ch'u; allusive. The folly of not enjoying the good things which we have, and letting death put them into the hands of others.）

《唐風・綢繆》：「綢繆束薪，三星在天。今夕何夕，見此良人？」描寫新婚之夜的纏綿與喜悅。《毛詩序》：「《綢繆》，刺晉亂也。國亂則婚姻不得其時也。」方玉潤《詩經原始》：「此賀新昏詩耳。『今夕何夕』等詩，男女初昏之夕，自有此怡悅情形景象。」深得其詩旨。

理雅各參方玉潤解：「夫妻對他們意外的團圓而快樂。」（The Ch'ou Mou;

allusive. Husband and wife express their delight at their unexpected union.），可謂得其旨。

二、獨立創新

西方學人獨立創新意識比較強烈，馮友蘭先生曾從他們的商業目的追溯原因，說他們善於標新立異，創新工藝，以「暢其貨」，科學便發達起來。總之，他們往往以「自我」爲中心，具有克服環境對象的阻力或誘惑力的耐性。在學術研究中，以「求眞」爲終極目標。

理雅各在 1879 年節譯本前言說：「…we must find the meaning of the poems in the poems themselves」（我們必須找出這些詩歌本身的意義來）。玩味詩歌本身的內容，深入解讀，找出文本眞正的意義，對《詩經》進行獨立詮釋，顯然是理雅各的追求。但要做到這一點，必須撥開籠罩在《詩經》上的重重迷霧，對傳統解釋的批判性改寫，實屬不易。理雅各做了努力，儘管還存在「誤解」、臆斷等問題，但確實也有眞知灼見。

前文我們已經談到，理雅各十分倚重朱熹的解釋，也出現不少「誤信」之處，但恰恰也是理雅各在對朱熹闡釋的批判性改寫上，獨立闡釋能力表現得很出色。

朱熹《詩集傳》所稱 28 篇「淫詩」的題旨，理雅各既不全從《正義》，也不全從《集傳》，而是尊重本文，力求獨出己斷。

在《鄭風》注解中，理雅各指出：朱熹認爲鄭、衛之音淫，衛詩多是男人所做，鄭詩多是女性所做，引男子於歧途，因此，鄭詩比衛詩要淫得多。理雅各不否認鄭詩淫，但他反對朱熹將其中的女子斥爲「淫奔之女」，認爲「朱熹把這些女子都說成是『淫奔之女』未免太過份，只需說她們舉止隨意就足夠了」〔註9〕。對鄭詩、衛詩中描述的女性持寬容的態度。

《鄭風・揚之水》：「揚之水，不流束楚。終鮮兄弟，維予與女。無信人之言，人實誑女。揚之水，不流束薪。終鮮兄弟，維予二人。無信人之言，人實不信。」《毛詩序》：「閔（憫）無臣」，朱熹《詩集傳》以爲「淫者相謂」；劉沅《詩經恒解》以爲「兄弟相規」，聞一多《風詩類鈔》「將與妻別，臨行勸勉之詞」，但都根據不足。

〔註 9〕James Legge, *The Chinese Classics*, Vol. IV, Taipei：SMC Publishing Inc., 1994, p.146.

　　理雅各題解曰：「暗指性的。一方對另一方宣示信心，反對那些讓他們互相懷疑的人。」（The Yang Chih Shui; allusive. One party asserts good faith to another，and protests against people who would make them doubt each other.）他沒有指實抒情主人公的身份，泛稱「一方對另一方」，留下想像空間。

　　對《鄭風・豐》，《毛詩序》：「刺亂也。昏姻之道缺，陽倡而陰不和，男行而女不隨。」鄭《箋》：「婚姻之道，謂嫁娶之禮。」孔《疏》：「陽倡陰和，男行女隨，一事耳。以夫婦之道，是陰陽之義，故相配言之。《經》陳女悔之辭。上二章悔己前不送男，下二章欲其更來迎己，皆是男行女不隨之事也」朱熹云：「此淫奔之詩。《序》說誤矣。」其《詩集傳》謂此：「婦人所期之男子已俟乎巷，而婦人以有異志不從，既則悔之，而作是詩也。」

　　姚際恒從「（《鄭風》）大抵皆君臣朋友、師弟夫婦互相思慕之詞」的總觀點出發，謂：「愚意此必寓言，非詠婚也。世衰道微，賢人君子隱處不仕。朝廷初或以禮往聘，不肯速行，後被敦迫，駕車就道。不能自主，發憤成吟，以寫其胸中憤懣之氣。而又不敢顯言賈禍，故借婚女爲辭，自悔從前不受禮聘之憂，以致今日有敦促之辱。仕進至此，亦可矜已。不然，婚禮縱缺，亦何至男俟乎堂而女不行耶？」

　　理雅各題解自立新意：「陳述性的。女子遺憾失去的機會，迎接新的追求者。」（The Fêng; narrative. A woman regrets lost opportunities, and would welcome a fresh suitor.）接近今人陳子展《詩經直解》之說：「《豐篇》，蓋男親迎而女不得行，父母變志，女自悔恨之詩。」《詩經百科辭典》斷此詩：「是一首寫女子後悔沒與情人同行，盼他來駕車同去的民間情詩。」

　　對《鄭風・東門之墠》，《毛詩序》「刺亂也，男女有不待禮而相奔」者。鄭箋更明確：「女欲奔男之辭」。朱熹從之，他在「其人則遠」下注釋：「上有草，識其所與淫者之居也。」

　　理雅各則十分寬容，解爲：「陳述性的。女子想念愛人的住所，抱怨他不來找她。」（The Tung Mên Chih Shan; narrative, A woman thinks of her lover's residence, and complains that he does not come to her.）視詩中所寫爲女子的單相思。沒有加上所謂「淫亂」之說。

　　《鄭風・風雨》一詩，《毛詩序》：「思君子也，亂世則思君子，不改其度焉。」朱熹《詩集傳》在「既見君子，云胡不夷？」下注釋「淫奔之女言當此之時見其所期之人而心悅也。」認爲是寫女子在和情人相會。理雅各卻解

為妻子對丈夫返家感到欣慰，他將「既見君子，云胡不夷」譯為「But I have seen my husband, and should I but feel at rest」將朱熹所謂「淫女」改寫為「妻子」，還原了該詩的原初面貌。

《鄭風‧狡童》申訴了女子失戀的痛苦和對負心男子的責怨，《毛詩序》云：「刺忽也，不能與賢人共事，權臣擅命也。」鄭箋云：「權臣擅命，祭仲專也。」謂鄭昭公忽不能與賢人共圖國事，致使祭仲擅權，危害國家，故詩人作此刺之。朱熹《詩集傳》注「維子之故，使我不能餐兮」曰：「此亦淫女見絕而戲其人之詞，言悅己者眾，子雖見絕，未至於使我不能餐也。」依然將少女視為「淫女」。理雅各解讀很客觀：「陳述性的。女子鄙視她的愛人。」（The Chiao T'ung; narrative. A woman scorning her lover.）

《鄭風‧溱洧》描寫的是三月三日民間上巳節溱洧河畔春水渙渙，男女青年遊春相戲，互結情好的動人情景。《毛詩序》謂：「刺亂也，兵革不息，男女相棄，淫風大行，莫之能救焉。」鄭箋云「因相與戲謔行夫婦之事」。後遂以「溱洧」指淫亂。朱熹認為「此詩淫奔者自敘之詞」「而鄭皆為女惑男之語」〔註10〕。

理雅各從詩歌實際出發，認為：「陳述性的；鄭國的慶典，適合私密的幽會。」（The Chên Wei; narrative. A festivity of Chêng, and advantage taken of it for licentious assignations.）

對《唐風‧杕杜》，《毛詩序》：「《杕杜》，刺時也。君不能親其宗族，骨肉離散，獨居而無兄弟，將為沃所併爾。」孔《疏》：「不親宗族者，章首二句是也。獨居而無兄弟者，次三句是也。下四句，戒異姓之人令輔君為治，亦是不親宗族之言，故《序》略之。」此說附會史實，強以之為政教之言，朱熹《詩序辨說》：「此乃人無兄弟而自歎之詞。」在《詩集傳》中說：「此無兄弟者自傷其孤特而求助於人之詞。言杕然之杜，其葉猶湑湑然，而人無兄弟，則獨行踽踽，曾杜之不如矣。然豈無他人之可與同行也哉？特以其不如我兄弟，是以不免於踽踽耳。於是嗟歎行路之人，何不閔我之獨行而見親，憐我之無兄弟而見助乎？」

理雅各不附會史實，斟酌諸家，自為立說：「《杕杜》暗指性的；剛失去兄弟和親戚的人的悲哀或者被他們拋棄。」（The Ti Tu; allusive. Lament of an individual bereaved of his brothers and relatives, or forsaken by them.）

〔註10〕朱熹：《詩集傳》，中華書局，1958年版，第56頁。

《豳風‧伐柯》是一首比喻的山歌，要想砍棵木棍做斧柄，就必須先要用斧頭來砍木棍，沒有斧頭，這木棍是很難砍的。因此，想要娶個好妻子，就必須先要尋找媒人，再由媒人根據兩家的情況選擇合適的人家。蘊含著深刻的辯證思想，要遵守規則。《毛詩序》說，這首詩是周大夫讚美周公之作。

理雅各闡釋曰：「隱喻性的。任何事情都有合適和必要的方式，男人不需走遠去發現它是什麼。」（The Fa Ko; metaphorical. While there is a proper and necessary way for everything, man need not go far to find what it is.）說得比較模糊，特別是「男人不需走遠去發現它是什麼」，有點不得要領。

對《衛風‧河廣》，《毛詩序》：「《河廣》，宋襄公母歸於衛，思而不止，故作是詩也。」衛文公之妹宋襄公之母，因為思念兒子，又不可違禮往見，故有是詩之作；現代的研究者多不從此說，而定其為客旅在衛的宋人，急于歸返父母之邦的思鄉之作。

理雅各自解曰：「陳述性的。沒有比距離更難克服的事情。」（The Ho Kuang; narrative. Other things more difficult to overcome than distance may keep one from a place.）沒有實指史事，而擴展為思鄉者的常情。

誠如鄭振鐸所曰：「要研究《詩經》，便非先把這一切壓蓋在《詩經》上面的重重疊疊的注疏的瓦礫爬掃開來而另起爐竈不可」，「這種傳襲的《詩經》注疏如不爬掃乾淨，《詩經》的真相便永不能顯露。」〔註11〕這對於理雅各來說幾乎是苛求。即使是以「涵泳篇章，尋繹文義，辨別前說」著稱的姚際恒亦有「淫詩」認同，如《靜女》篇，詩序云：「刺時也。」姚氏云：「此刺淫之詩也。」《將仲子》篇詩序云：「刺莊公也。」姚氏云：「淫詩也。」如《溱洧》篇，姚氏云：「序謂淫詩，此刺淫詩也。」

第四節　客觀派的闡釋風格

對於文本的解釋，西方闡釋學家們有相對派與客觀派的不同的觀點。客觀派認為，解釋總有一個客觀的對象，不可能像水流一樣毫無約束地任意「蔓延」〔註12〕。客觀派闡釋學家 E. D. Hirsch 通過明確區分意義和意味來

〔註11〕鄭振鐸：《讀毛詩序》，顧頡剛編《古史辨》，卷3，上海古籍出版社，1982年版。

〔註12〕艾柯：《詮釋與過度詮釋》，北京：生活‧讀書‧新知三聯書店，2005年版，第24頁。

界定解釋的有效性。他指出「意義（meaning）是一個文本所表達的意思，它是作者在一個特定的符號序列中，通過他所使用的符號所表達的意思」；「意味（significance）是作者字面不變的確切意義和其它闡釋意義的疊加，它是指意義與人之間的聯繫，或一種印象，一種情境，一種任何想像中的東西」〔註13〕。「意味」是隨著社會歷史、解釋者世界觀和主觀條件甚至是個人興趣的變化而變化的，「意義」則是不變的。意義的確定性使得意義是可以被複製的，可以被解釋者正確地理解而具有普遍性、有效性。〔註14〕

客觀派的闡釋特點與漢代古文經學派的學風相似，而「相對派」則與漢代今文學派學風相近。客觀派闡釋學翻譯理論要求在翻譯過程，必須保持三個層面的統一。第一，哲學層面上，我們必須承認解釋的客觀有效性原則。第二，思想層面上，我們必須追求譯文與原文思想理論上的一致性。第三，語言層面上，我們必須追求譯文與原文的對等性，〔註15〕當然，基於譯者的「前見」，這樣的要求近乎苛求。

理雅各在譯介《詩經》，以其文本語境的學術與思想闡釋爲對象時，出現了大量考據內容，在追求解釋的客觀有效性上，無疑具有客觀派闡釋風格。

理雅各根據歷史遺留下來的材料、痕跡，通過歷史考據、文獻考證，比較史料，並利用19世紀西方人類學、現代語言學、文獻目錄學以及現代史學等學科的研究觀念和成果，對孔子刪詩說、《詩經》的採編、版本流傳、乃至名物的闡釋做了比較客觀科學的判斷，推翻了不少傳統儒家《詩經》解釋學中的固見和謬說。堅持「實事求是」，「無證不信」的考據治學之根本方法，體現了西方學者驅除成見，虛心求證，嚴謹地治學、直至認知的科學精神。

一、孔子刪詩說辨正

理雅各1871年版的《詩經》英譯本在緒言第一章「《詩經》的早期歷史」中，理雅各首先釐清了孔子刪詩的問題。下面是其關於孔子刪詩說法所引用的典籍：

Sze-ma Tseen（司馬遷）在《史記‧孔子世家》，《史記》卷四十七‧孔子

〔註13〕 Hirsch, E.D. *Validity in Interpretation*, New Haven：Yale University Press, 1967, p.8.

〔註14〕 張幼軍：闡釋學與儒家經典英譯，《湖南師範大學社會科學學報》，2003年第1期。

〔註15〕 同上。

世家第十七：「古者詩三千餘篇，及至孔子，去其重，取可施於禮義，上采契后稷，中述殷周之盛，至幽厲之缺，始於衽席，故曰『關雎之亂以爲風始，鹿鳴爲小雅始，文王爲大雅始，清廟爲頌始』。三百五篇孔子皆弦歌之，以求合韶武雅頌之音。」這是第一次關於孔子編纂古代詩歌的說明。

《隋書經籍一》卷三十二志第二十七：「王澤竭而詩亡，魯太師摯次而錄之，孔子刪詩，上採商下取魯，凡 300 篇。」

宋學派歐陽修（公元 1006～1071）堅持認爲孔子刪詩，他說：「刪詩云者，非去全篇也，或篇刪其章，或章刪其句，或句刪其字。」（《經義考》卷九十六詩一）朱子曰：「王迹熄而詩亡，其存者謬亂失次，孔子自衛反魯，復得之他國以歸，定著爲三百篇。」

理雅各認爲以上觀點都沒有證據支持（These statements not supported by evidence.）他認爲，《詩經》在孔子之前就是這樣編排，並不存在孔子刪詩。他還用以下文獻目錄學的數據探討了以上觀點中有關詩歌數字的矛盾之處。

理雅各在 1876 年版的《詩經》英譯本緒言中寫道「左丘明的《國語》中引用了 31 首詩，由政客和其它人創作的，都在孔子之前。但這些詩歌裏至少有兩首以上不在現在的《詩經》的文本裏，兩首中的一首標題是另外的名稱。」「《左傳》裏有不少於 219 首詩歌的引用，只有 13 首沒有在現有的《詩經》文本裏找到。」「因此在所謂的《詩經》編寫之前的 250 首詩裏，找到 236 首，只有 14 首遺失。」

理雅各同時還引用趙翼的說法來佐證他關於孔子刪詩說的推斷是完全準確的。「如果說古詩有 3000 多首的話，那麼現在缺失的詩應是十倍，而不是只有 21 或 22 首，所以司馬遷的話不足爲信。」「我認爲孔子沒有編纂《詩經》，只是採用了現有的 305 首，或最多 311 首。」〔註 16〕

第二，理雅各在 1876 年版的緒言裏說道「我不能僅僅接受孔子之前就是現在流傳的，我們有早於孔子時代的詩集，有相同的部份，以及這些部份中分成相同類的詩歌。」他認爲孔子之前詩經已經存在，被整理成四個部份，和目前詩經的順序基本一致。

在 1871 年版和 1876 年版的緒言裏都提到公元前 780～770，Yëw（幽）王時期的詩（《詩經》part2, book vi, ode IX）：「他們唱雅和南，和著長笛跳舞沒有錯誤。」

〔註 16〕理雅各：1876 年版《詩經》英譯本緒言。

　　所以在我們之前的第 8 世紀已經有《詩經》的名字「南」，無法不假設就是「周南」和「召南」。《詩經》在孔子之前的排序已與現在的差不多。

　　第三，公元前 543 年，從吳國來的使節公子季札訪問魯國，他是一名傑出而又有學問的政治家。又據《左傳·襄公二十九年》，吳公子季札在魯國觀樂，魯國樂工爲他演奏《周南》《召南》《邶》《鄘》《衛》《王》《鄭》《齊》《豳》《秦》《魏》《唐》《陳》《鄶》《小雅》《大雅》《頌》等，與今本《詩經》基本相同，其時孔子才剛剛八九歲。《季札觀樂》被評論者認爲是「對於《詩經》的最早一篇評論」。

　　理雅各在 1871 年版和 1876 年版的緒言裏具體指出現在的風與以前的順序略有不同：「the odes of Pin forming the 9th Book instead of the 15th, those of Ts'in the 10th instead of the 11th, those of Wei the 11th instead of the 9th, and those of T'ang the 12th instead of the 10th.」（豳風的第 9 首代替了第 15 首，秦風的第 10 首代替了第 11 首，魏風裏的第 11 首代替了第 9 首，唐風的第 12 首代替了第 10 首。）

　　《論語》記載了孔子自己說的話：「吾自衛反魯，然後樂正，《雅》《頌》各得其所。」此時孔子已經六十九歲，離他去世還有 5 年。從那時起，他停止了積極參與政治事務，用音樂來慰藉他自己，研究經典，寫《春秋》，與支持他的弟子在一起。

　　理雅各在 1871 年版和 1876 年版緒言中都指出，「他改革了音樂；但我們不清楚其中的具體革新。他將雅和頌的詩歌調整到它們的合適位置。目前的風的順序與我們已經看到的在他童年時代就通常存在的略有不同，或許也已經被他確定。」

　　因此，理雅各認爲孔子只是在某種程度上改變了詩歌的順序，他做的主要的事情不是編纂，而是促使他的弟子去研究《詩經》。孔子還教導他的兒子鯉「不學詩，無以言」，並說「人而不爲《周南》《召南》，其猶正牆面而立也與？」可以說，孔子的主要貢獻是對《詩經》的保存、研究和倡導。

　　理雅各否定孔子在《詩經》編訂過程中的作用，可能與理雅各出於「孔子必將讓位於耶穌」的主觀意圖有關，但不能否定他考證的嚴謹，大體上與現代學術界的看法不謀而合。

　　當代學者一般認爲《詩經》由孔子刪選而成的說法不可信。章培恒《中國文學史》：「一則先秦文獻所引用的詩句，大體都在現存《詩經》的範圍內，

這以外的所謂『逸詩』，數量極少，如果孔子以前還有三千多首詩，照理不會出現這樣的情況；再則在《論語》中，孔子已經反覆提到『《詩》三百』（《爲政》《子路》等篇），證明孔子所見到的《詩》，已經是三百餘篇的本子，同現在見到的樣子差不多。要之，《詩經》的編定，當在孔子出生以前，約公元前六世紀左右。」

袁行霈主編的《中國文學史》也認爲，在孔子的時代，《詩經》的音樂已發生散失錯亂的現象，孔子對《詩》做過「正樂」的工作，使之合於古樂的原狀。他還用《詩經》教育學生，經常同他們討論關於《詩經》的問題，並加以演奏歌舞（見《論語》和《墨子・非儒》）。甚至也可能對《詩》的內容和文字有些加工整理。

二、版本流傳考證

理雅各在 1871 年版、1876 年版和 1879 年版緒言裏都對《詩經》的現有文本的版本和流傳問題進行了說明。在 1876 年版緒言中指出，「三個不同的文本在漢朝早期出現，稱爲魯詩、齊詩和韓詩；也就是說，詩經是由三個不同的部份被恢復的。」

魯詩、齊詩、韓詩即西漢立於學官的今文經學「三家詩」。理雅各對三家詩的傳承關係做了考察：

在 Lëw Hin（劉歆）的《七略》）裏就有魯國《詩經》文本的兩本注釋本。前一本是 Shin P'ei（申培），他是魯國本地人，從一個學者 Fow K'ëw（浮丘伯）那裏得到關於詩經的知識。許多弟子追隨他，他教他們重複詠詩，但沒有跟他們討論詩經的詮釋。稍後，最著名的魯國的弟子是 Wei Hëen（韋賢），寫了《魯詩韋君章句》。但是文本和著作都沒留存長，據說在 Tsin（晉）朝（公元265～419）亡佚。隋書志時已不存。

齊詩的文本來自 Yuen Koo（轅固），是齊當地人，理雅各說他是當時宮廷（公元前 155～142 年）的著名學者之一，他的喜愛，尤其以他的詩經知識和倡導正統儒家學說聲名卓著。他的門徒之一是眾所周知的 Hëa-how Ch'e-ch'ang（夏侯始昌）。How Ts'ang（后蒼）繼續《詩經》的傳承，他有三個有名的弟子：Yih Fung，Sëaou Wang-che，and K'wang Hang（翼奉、蕭望之、匡衡）。通過他們作品的引用，散佈在漢書裏。雖然沒有文本，也沒有評論，但比魯國《詩經》的命運好。在 Suy 的目錄（《隋書志》）中沒有提到它們。

據說，它們甚至在晉朝崛起之前就亡佚了。

韓詩的文本來自韓嬰，其姓保留在詩經裏。他是漢文帝時期（公元前 178 ～156）以及吳王統治時代的「偉大學者」。「他工作」，據說，「要展現詩經的意義，發表了《文本解釋》和《詩經注釋》，包含大量漢字。他的文字與魯本和齊本詩經略有不同，但實質內容相同」。當然韓嬰開創這一學派；但幾乎所有他的追隨者的著作都很快散失了，剛才提到的這兩個作品通過各種朝代到宋朝的作品。Suy 的目錄（《隋書志》）裏包含了文本的標題和有關它的兩個作品；Pang 的文本和注釋；但當我們看 Yuen（元）朝出版的 Sung（宋）目錄，我們只找到了在 10 本書或者章節裏的注釋；Gow-yang Sëw（歐陽修）告訴我們，在他的時代，這是所有 Han（漢）朝所保留的。它繼續，完全或幾乎完整地保留到了現在。

三家詩雖在政治上得勢，因爲穿鑿附會，大搞繁瑣哲學，乃至儒生皓首窮經，結果導致「三家詩」自身的衰亡，到東漢時在學術界毛詩就逐漸取得了優勢，湧現出一批卓然有成的學者，如鄭興鄭眾父子、杜子春、陳元、桓譚、杜林、衛宏、賈逵、服虔、馬融、許愼、荀爽、盧植等等。

理雅各緒言裏提到毛詩：

> 雖然這三個關於詩經的不同修訂本都消失了，但唯有一個例外，它們不幸的命運多半由於帝國分裂的社會動亂，對文學造成破壞，就如我們現在目睹的中國這個時代，這第 4 個文本就因其優越的正確性被提倡和評論，這就是我們所說的毛詩。

接著理雅各對毛詩的傳承關係也作了考證。認爲它比其它文本晚進入這一領域，但漢目錄（《漢書藝文志》）載《毛詩》29 卷，包含有關文本的注釋 30 卷（《毛詩故訓傳》三十卷）。

根據 Ch'ing K'ang-shing（鄭康成），注釋者是魯國本地人，被稱爲 Maou Hang（毛亨）或大毛，從 Luh Tih-ming（陸德明）那得知，是 Seun K'ing（荀卿）的弟子。這個作品已遺失。他曾與另一個毛溝通過他有關詩經的知識——Maou Chang（毛萇）或（小毛），——河間獻王宮廷的一個偉大的學者。河間獻王是致力於恢復古籍的最勤奮者之一，大概是在公元前 129 年在宮廷提出了毛詩的文本。Chang（萇）發表的《毛氏詩傳二十九卷》依然保存；但直到漢平帝統治期間（公元 1～5），毛詩的修訂才被皇家學院接受並代替了魯本、齊本和韓本。

之後，理雅各論述道，「Këa Kwei（賈逵）（公元25～101年）發表了《毛詩雜義難》，在明王（A.D.公元58～75）的命令下編了它的文本與其它三個修訂本的區別的摘要。Ma Yung（馬永）（公元69～165）跟著發表了其它的評注；我們看到 Ch'ing Heuen（鄭玄）或 Ching K'ang-shing（鄭康成），寫了《毛詩傳箋》和《詩譜序》。這兩個作品的前者完成了，後者的部份依然存在。前者有很大的優點的同時也有很大的缺陷，但毫無疑問地佔有了中國文學世界的地位，清朝以後，其它三種文本很少聽到，毛詩文本上評論者的名字和注釋迅速變得非常多。」

因此，理雅各的結論是「Accepting the text as it exists, we have no reason to doubt that it is a near approximation to that which was current in the time of Confucius...」（接受現存的文本，我們沒有任何理由懷疑它與孔子時代流傳的是基本接近的……）

理雅各雖然沒有說明毛詩何以獨存的真正原因，但將毛詩的來龍去脈交代得很清楚。秦漢間魯人毛亨（稱大毛公）傳《詩》給趙人毛萇（稱小毛公），《漢書儒林傳》「毛公，趙人也。治《詩》，為河間獻王博士，授同國貫長卿，長卿授解延年。延年為阿武令，授徐敖。敖授九江陳俠，為王莽講學大夫。」後來，鄭眾、賈逵傳《毛詩》，後馬融作《毛詩傳》。馬融的傑出弟子兼通古今學的鄭玄，選取毛亨的《詩故訓傳》，吸收三家詩說，「括囊大典，網羅眾家，刪裁繁誣，刊改漏失」〔註17〕，剖釋字義，作《毛詩傳箋》，自此，毛詩日盛。

三、《詩經》的採編和詩大序作者考證

理雅各在1871年版緒言的第二章談到《詩經》的採編和詩大序、詩小序等問題。《禮記·王制》：「天子五年一巡守……命大師陳師以觀民風」，「據孟子，自吳王以後的幾個王朝采風停止了。有 143 年的跨度，在懿王、夷王等時代采風可制度可能消亡了。我們認為，詩經可能是周王開始的采風制度的各種收集……」

理雅各引用了以下史料來考證《詩大序》的作者：「據 Ching Kang-shing（鄭玄），詩大序是孔子弟子子夏所作。」（沉重曰，按鄭詩譜，大序子夏作，

〔註17〕范曄著：《後漢書·鄭玄傳論》，中華書局，1965年版。

小序子夏毛公合作──經義考）據鄭玄，「遭戰國及秦之世，而亡南陔之文，其義則與眾篇之義合編，故存。及至毛公爲訓詁傳，乃分眾篇之義各置於其篇端云。」「李樗曰，詩皆有序獨關雎爲最詳，先儒以謂關雎爲大序，葛覃以下爲小序。」（《經義考》，第7頁）

　　據唐代陸德明著的《經典釋文序》中記載：「徐整雲，子夏授高行子；高行子授薛倉子，薛倉子授帛妙子；帛妙子授河間人大毛公；毛公爲詩詁，傳於家以授趙人小毛公。」而理雅各則「認爲很可疑。」而陸德明《經典釋文·序錄》又云：「子夏傳曾申，申傳魏人李克，克傳魯人孟仲子」。陸璣《毛詩疏》也謂：「卜商爲之序，以授魯人申公，申公授魏人李克」。

　　還有 Ching E-chuen（程頤）曰，「詩大序，其文似繫辭，非子夏所能言也，分明是聖人作此以教學者」。又有《後漢書七十九下》《儒林傳第六十九下》「九江謝曼卿善毛詩乃爲其訓，宏從受學，因作毛詩序，善得風雅之旨，於今傳於世。」

　　Ching E-chuen（程頤）（1033～1107）說是他作的詩大序。（詩大序，其文似繫辭，非子夏所能言也，分明是聖人作此以教學者）

　　「經過長期而廣泛的研究，（after long and extensive investigation of the subject）」理雅各採用了朱熹的觀點（I have no hesitation in adopting the freer views of Choo He）：「證據的缺失使確定這一點不太可能，而衛宏在兩漢文學傳記中的說明似乎可以明確《詩大序》是他的作品。」（In the absence of clear testimony it is impossible to decide the point; but the notice about Wei Hwang，in the literary Biographies of the Han Dynasties，would seem to make it clear that the Preface was his work.）

四、風、雅、頌語義訓釋

　　據《詩大序》，「上以風化下，下以風刺上，主文而譎諫，言之者無罪，聞之者足以戒，故曰風。」被詮釋爲「Superiors, by the Fung, transformed their inferiors, by them, satirized their superiors. The principal thing in them was their style, and reproof was cunningly insinuated. They might be spoken without giving offence, and the bearing of them was sufficient to make men careful of their conduct;--hence they are called Fung, [or lessons of manners].」「是以一國之事，繫一人之本，謂之風；」被詮釋爲「Therefore, the pieces in which the affairs of one state are connected with the person of one man, are called the Fung.」

「言天下之事，形四方之風，謂之雅。雅者，正也，言王政之所由廢興也。政有大小，故有小雅焉，有大雅焉。」被詮釋為「The pieces which speak of the matters of the kingdom, and represent the customs of its whole extent, are called the Ya. Ya means correct. They tell the causes why royal government decays or flourishes. In government there are great matters of small, and hence there are the small Ya and the Great Ya.」

「頌者，美盛德之形容，以其成功告於神明者也。」被詮釋為「The Sung are so called, because they praise the embodied forms of complete virtue, and announce to spiritual Beings its great achievements.」

理雅各 1879 年《詩經》的節譯本中認為《詩經》的內容由「the Kwo Fang」（國風），「the Hsiao Ya」（小雅），「the Ta Ya」（大雅）and「the Sung」（頌）四部份組成。對「國風」詮釋為「nearly all of them short, and descriptive of manners and events in several of the feudal states of Kau.（幾乎大部份都是短的，對周的幾個封建國家方式、事件的描述）」「大雅」詮釋為「Major Odes of the Kingdoms（王國大調的頌詩）」；「小雅」詮釋為「Minor Odes of the Kingdoms（王國小調的頌詩）」；「頌」詮釋為「Odes of the Temple and the Altar」（寺廟和祭壇的頌詩）。並認為「only the pieces of the fourth part have professedly a religious character（只有第 4 部份──「頌」表面上有宗教的文字）」，來描述宗教祭祀和表達宗教觀念。

五、名物的考釋

《詩經》也是博物學的教材，孔子在《論語》中說：「小子何莫學夫詩？……邇之事父，遠之事君，多識於鳥獸草木之名。」〔註18〕正義曰：「故知其名，然後能知其形，知其性。」不僅要認識這些鳥獸草木之名，還要認識各類動植物的形狀、習性。

據清人陳奐《詩毛氏傳疏毛詩傳義疏》統計，草名 104 種，蟲名 23 種，鳥名 35 種，馬名 28 種。陸文郁編著的《詩草木今譯》整理出《詩經》所載草木達 132 種。不僅是草木蟲魚，《詩經》建築名稱也有 82 種之多。顧棟高

〔註18〕楊伯峻著：《論語譯注》，中華書局，1964 年版，第 185 頁。

《毛詩類釋》的統計，詩經中出現的穀類有 24 種，蔬菜有 38 種，藥物有 17 種，草有 37 種，花果有 15 種，木有 43 種，鳥名同樣是 43 種，獸有 40 種，馬的異名有 27 種，蟲有 37 種，魚有 16 種。

理雅各在譯介這些名物時，做到言必有據，從不率爾操觚。他參考的名物解釋的書籍很多，如焦循（1763～1820）《毛詩鳥獸草木蟲魚釋》十一卷、《陸璣疏考證》一卷；毛詩草木鳥獸蟲魚疏二卷；蔡元度毛詩名物解二十卷；許謙《詩集傳名物鈔》八卷；朱桓《毛詩名物略》四卷；徐鼎《毛詩名物圖說》九卷；岡元鳳《毛詩品物圖考》七卷等。他曾向《毛詩品物圖考》一書的作者日本學者岡元鳳請教。

對在經學史上爭議很大的名物，譯者總是仔細分析，或慎擇其一，或獨出己斷，（獨出己斷的例子不多，如將《靜女》之「彤管」譯為 rosy reed）從不妄譯。同一個名物在任何場合基本上保持一致的翻譯，不隨便更換譯法或以別的名物替代。對於自己實在沒有分辨清楚的名物，也採用音譯的方法。

小　結

理雅各廣泛參照中國歷代詩學家的注評為基礎進行解題、注釋和翻譯，即使他很想拋棄正統注釋、獨立挖掘原文的本意和作者的意圖，以求獨立闡釋。但大部份闡釋還是受到傳統詩經學的拘囿，沒有擺脫其巢臼。漢學家高本漢批評理雅各的譯本，大體上依照朱熹取義，有時採用《毛傳》《鄭箋》，而不知引用清代重要學者如陳奐、馬瑞辰、陳喬樅等，這部書即使在出版之時，也是一些陳舊的解釋。

理雅各獨立闡釋的內容中固然有作為學者的科學理性的判斷，留下不少閃光點。但獨立理解和闡釋中必然有基督教成分和西方文化因子，解釋和策略的差異也必然構成譯本多樣性的內容，譯著也有基於西方傳教士的偏見，一葉障目，不見泰山之處。

如《詩經》不少詩篇描述了中國早期女性的閒適、勞作、憧憬、憂傷，理雅各關注到的卻是從開篇至篇尾，大量婦女地位低下和一夫多妻制的罪惡等，也就無法避免地背離了忠實原則，這種文化誤讀的原因正如樂黛雲所說，以原來存在於一種文化中的思維方式去解讀（或誤讀）另一種文化的文本的結果。

第三章 理雅各《詩經》譯介的
文化闡釋

　　理雅各在 1871 年版《詩經》譯本的緒言第 4 章討論過如下許多問題：
「《詩經》與邊界、政治、宗教和社會情況的關係」（From M. Edouard
Biot.Journal of Asiatique for November and December, 1843：127～141）；「古
代中國人的規矩」（From M. Edouard Biot. Journal of Asiatique for November
and December, 1843：142～171）；「《詩經》中的中國」（From M. Edouard
Biot.Journal of Asiatique for November and December, 1843：169～197）。

　　涉及中國文化的很多方面，如對中華古國的起源，理雅各認爲禹「錫土
姓」的時代必定是中華帝國的眞正起始。〔註1〕認爲大禹治水只是神話而非史
實，《商頌・長發》「洪水茫茫，禹敷下土方」上古時候洪水茫茫，大禹平治
天下四方。大禹分天下爲九州也是誇大其詞，大禹的活動範圍都只限於狹小
的區域，如《小雅・信南山》的「信彼南山，維禹甸之」終南山山勢綿延不
斷，這裡是大禹所辟地盤。在詩人看來，這畿內的大片土地就是當年大禹治
水時開闢出來的。毛傳訓「甸」爲治，而鄭箋則落實爲：「禹治而丘甸之。」
「丘甸」即指田地劃分中的兩個等級。《大雅・文王有聲》的「豐水東注，維
禹之績」，豐水奔流向東方，大禹功績不可忘。禹的活動範圍擴大，但並沒明
確界定，更沒有其它證據可證明《尙書》中禹的功績。由於上古時代民神雜
糅、巫史難分辨釐清，不可盲目疑古妄下判斷。

〔註 1〕James Legge, *The Chinese Classics*, Vol. III, Taipei：SMC Publishing Inc., 2000，
　　　　pp.142～143.

　　本章分析理雅各《詩經》譯介中對中國夏商周三代的封建宗法制度、中國民間和官方的宗教信仰和中國的婚姻制度的跨文化闡釋，並試圖從理雅各的傳教士「前見」和個人稟賦找到合理的解釋。

第一節　對封建宗法制的文化闡釋

　　中國夏商周三代的分封制和西歐中世紀的封建制有一定的相似處，但並不是一回事，而理雅各對中國對這一政治制度的闡釋，染有鮮明的西方學者「前見」特色。

一、中國的封建宗法制

　　理雅各指出：「當首領的尊嚴發展至王權，部落成長為國家，中國採用的是封建帝國（a feudal empire）的形式。」〔註2〕理雅各在《詩經》譯序中還寫道：周代諸侯多是周王的子嗣，而宋是商王的後代，他們從王朝建立起始或之後得到周天子的封地〔註3〕。實際上理雅各已經看出中國的分封制和血緣的關係。

　　《詩經》時代，中國實行的是以宗法制為前提的分封制，是以血緣關係為紐帶的一種政治制度。

　　宗法制，確立於夏朝，發展於商朝，至周朝已經完備。周王朝的王位明確規定「傳嫡不傳庶，傳長不傳賢」，「嫡長子繼承制」，這是一種以父系血緣關係親疏為準繩的「遺產（包括統治權力、財富、封地）繼承法」，淵源於原始社會後期的父權家長制。

　　《詩·召南·江有汜序》：「勤而無怨，嫡能悔過也。」陸德明釋文：「嫡……正夫人也。」孔穎達 疏：「嫡，謂妻也。」「嫡長子」也就是正妻所生的大兒子。

　　按照周代的宗法制度，周王自稱「天子」，為天下的大宗。天子「嫡長子」以外的其它兒子被封為諸侯。諸侯對天子而言是小宗，但在他的封國內卻是大宗。諸侯的其它兒子再被分封為卿大夫。卿大夫對諸侯而言是小宗，但在他的采邑內卻是大宗。從卿大夫到士也是如此。因此貴族的「嫡長子」總是

〔註2〕James Legge, *The Chinese Classics*, Vol. III, Taipei：SMC Publishing Inc., 2000.（Prolegomena，第197頁）

〔註3〕James Legge, *The Chinese Classics*, Vol. IV, Taipei：SMC Publishing Inc., 1994.（Prolegomena，第130頁）

不同等級的大宗（宗子）。大宗不僅享有對宗族成員的統治權，而且享有政治上的特權。

　　周王朝根據宗法制的嫡、庶關係，將封國國君的爵位分爲「公、侯、伯、子、男」五級，五級以下還有第六級「附庸」。

　　周朝初期，由於滅商以及東征的勝利，周統治者依據宗法制度的基本原則創設了「分封制」，開始分封諸侯，先後分封的重要諸侯國有：魯、齊、燕、衛、宋、晉等，受封的主要爲同姓王室貴族，如魯，燕，晉是周王姬姓封國；異姓功臣貴族如姜子牙封於齊；先代帝王後代和遠氏族部落首領如宋等。他們所封之地稱爲「諸侯」（「諸侯國」「封國」或「王國」），統治諸侯（王國）的君主被稱爲「諸侯王」「君王」或「國君」，也使用「國王」的稱謂；諸侯在自己的封疆內，又對卿大夫實行再分封；卿大夫再將土地和人民分賜給士。這樣層層分封下去，形成了貴族統治階層內部的森嚴等級「天子 —— 諸侯 —— 卿大夫 —— 士」。

　　周代的諸侯各按所封地距國王都城鎬京的距離而有不同的功能和義務。理論上封地以鎬京爲中心，沿著渭水下游和黃河中游，劃出一大片圭地，建立由周王直接統治的中央特別行政區，此謂之「王畿」。王畿以外的全國所有土地，劃分爲大小不等無數塊，分封給各路諸侯，都處在九條大型方格的地帶裏，國與國都同心，但這些封國面積很小，實質上都是一個個城堡式的軍事據點，以此爲中心對四周地方加以控制，大概二三十個封國加起來的面積也沒有王畿大。這就保證了中央對封國的絕對控制權，諸侯國像群星捧月似的，環繞拱衛著王畿。

　　分封制經濟基礎是井田制。周朝將全國的耕地分割成一種「井田」樣式，一「井」割成9個等方塊，每邊各以三分，每塊約45英畝。八家農戶各耕耘外圍的8塊方地，並共同耕種當中一塊「公地」，亦即公侯所領之地。《詩經》中多有涉及，如《詩經・大雅・江漢》有：「錫山土田，於周受命，自召祖命。」《詩經・大雅・崧高》：「王命申伯，式是南邦。因是謝人，以作爾庸。王命召伯，徹申伯土田。王命傅御，遷其私人。」《詩經・魯頌・閟宮》：「乃命魯公，俾侯於東。錫之山川，土田附庸。」井田制的生產方式是集體耕種，《詩經》裏出現「千耦其耘」的生產場面。井田的土地所有權屬於周王，周王把土地分賜給諸侯臣下，但臣下只能世代享用，不得轉讓和自由買賣，還要交納一定的貢賦。

因此，理雅各創造性地將「諸侯」譯爲 feudal princes，而對於「被區分爲公、侯、伯、子、男的王族，則很方便地表達爲 duke, marquis, earl, count or viscount, and baron」〔註4〕。

西周的分封制稱爲封建，史學家稱之爲封邦建國，只是狹義的封建，但不等同於眞正意義上的「封建」。

二、中西封建制異同

理雅各認爲，周朝的政治建構與西歐中世紀的封建制度在本質上是相同的，貴族同樣從君主那裏獲取封地，「並可繼續分封土地，只須獲得君王允准」〔註5〕；君主和諸侯的權利、義務與西歐也大體相同。

歐洲中世紀的封建制，指的是與貴族武士相對應的法律地位及軍事責任制度。主要是以土地爲紐帶形成領主對封臣（附庸）之間的關係：

皇帝是向國王們提供采邑的領主，而國王則是皇帝的封臣。國王租借采邑給貴族們，貴族是國王的封臣，又是在封地上勞作的農民的領主。每個領主都可將自己的領地劃成數塊封給自己的屬下，直至最低一等的普通騎士。從而形成了一種金字塔形的階梯網絡。在這一傳統形成的基礎的「君主制」來作爲一個帝國聯盟與世界秩序。1086 年，英格蘭征服者威廉召集全體大小封建主宣誓盡忠王室，各級領主便與英王發生了直接的主臣關係。這是英國封建主義的特點。

中國的封邦建國與西歐中世紀的「封建制」，雖然兩方都是以世襲貴族掌握地方政府。但歷史學家王仁宇《中國大歷史》指出：「周朝的制度稱『封建』，與歐洲的封建制度只有某些精神方面相似，不一定在實質。」

實質是中國是以血緣關係爲紐帶的宗法制，諸侯必須服從周天子的命令；應該定期進行朝貢，還應該隨時準備率領自己的武士和軍隊，接受周天子的調遣。而歐洲主要是以土地爲紐帶的分封制。由於歐洲中世紀基督教國教化及國家化，使基督教神學壟斷了思想而成爲官方哲學。表現爲上帝文化，包括天國主義和來世主義文化、超驗主義和神權主義文化，否定現世和否定

〔註4〕J ames Legge, *The Chinese Classics*, Vol. IV, Taipei：SMCPublishing Inc., 1994. （Prolegomena，第 131 頁）

〔註5〕J ames Legge, *The Chinese Classics*, Vol. III, Taipei：SMCPublishing Inc., 2000. （Prolegomena，第 198 頁）

人文主義，形成禁欲主義文化，扼制、束縛甚至扭曲了人類的正常需要。促使傳統的血緣同族同鄉等宗法關係的瓦解，所以，西歐中世紀封建制很少有血緣因素在其中起作用。西歐的封建領主與附庸之間的關係是一種雙向的權利和義務的關係，他們必須相互承擔一系列的責任和義務。領主除給予附庸封地作為其武器、衣食等費用的資源外，還有保護附庸不受任何傷害的責任，而附庸則必須宣誓效忠於領主並向領主履行諸種義務，大致包括應領主之召隨領主征戰、協助領主處理行政和司法等事務、遇領主有特殊事情（如領主被俘需贖金贖身、領主之兒女婚嫁等）時捐獻款項等。附庸必須遵守封建契約中規定的各種應盡義務，否則就是犯「大罪」，有可能失去采邑；而如果他能履行義務，其采邑即可父子相傳，領主不得無故籍沒。同樣，如果領主不能盡到保護附庸的責任，或對附庸不公平，附庸就可宣佈解除對領主效忠的誓言。所以，有的學者以為，歐洲封建制度是西方民主制度的發源。

三、分封制與秦的中央集權制

　　理雅各對周王朝的分封制評價不高，他認為只有周文王統治時期為「寧靜時期」，但整個周王朝的統治卻顯得「過於柔弱」。並懷疑西周時期的「禮樂征伐自天子出」，顯然缺乏歷史和邏輯的根據。

　　事實上，在西周時期實行的宗法制有利於凝聚宗族，防止內部紛爭，強化王權，把「國」和「家」密切地結合在一起，同時也強化了以大宗為代表的貴族特權地位。分封制加強了周天子對地方的統治。周朝開發邊遠地區，擴大統治區域，並逐步構織出遍佈全國的交通網絡，形成對周王室眾星捧月般的政治格局，打破了夏商時期眾邦國林立的狀態，周的文化形式因此覆蓋了整個黃河中下游地區，密切了同周邊各少數民族的關係，推動了邊遠地區的經濟開發和文化發展；周文化具有驚人的穩定性和延續性，西周王室在一個廣大的疆域內作為多數農業小國家的宗主，保持發號施令時間長達 250 年。其間，不僅在文王時代，還有「成康之際，天下安寧，刑錯四十餘年不用」〔註6〕的「成康之治」。孔子「周監於二代，郁郁乎文哉，吾從周」（《論語‧八佾》）並非謬譽。

　　儘管理雅各調侃道，「古老的封建帝國並沒有因孔聖人對周王朝的頌揚而

〔註 6〕司馬遷：《史記》，北京：中華書局，2009 年版，第 21 頁。

變得強大」，恰恰相反，「在一片血腥的無政府狀態中逝去了」〔註7〕。

西周後期開始，隨著生產力的發展，井田制逐漸瓦解，諸侯國的日益強大，互相爭霸，特別是平王東遷，周王室完全喪失了分封大權，標誌著分封制崩潰。也就是理雅各所說的：「自公元前769年平王東遷，周王就幾近淪落到諸侯的地位，在這一地區收集的詩歌雖還冠以『王』，但和其它諸侯國一樣被列入『風』。」〔註8〕以致「社會政治混亂無序，各諸侯國戰亂頻仍，衝突不斷」〔註9〕。

平王東遷，史稱「東周」，東周又被分爲「春秋時代」和「戰國時代」兩個階段。孔子所在的春秋時代，「天下無道」「禮崩樂壞」「禮樂征伐自諸侯出」，《王風》反映的正是這一歷史時期的歷史眞實。

西歐封建制度形成於第八世紀；十一世紀開始定型；之後的兩百年是全盛時期；第十三世紀中葉之後，王權鞏固後封建逐漸沒落，但影響至今仍在歐洲各個層面留下痕跡。最早使用「封建」（Feudal）字眼的是17世紀（1614年）的英國和法國律師，封建制度來自法語「féodalisme」，是法國革命期間所造的字。此字具有貶義，是用來形容任何視爲不公或過時的法令或習俗。

理雅各自童年以來，獲得的關於西歐封建社會的印象就是公權衰微，私權林立，兵連禍結，社會動盪。封建主以土地關係爲紐帶層層分封，形成了森嚴有致的金字塔般的等級體系。英國雖孤懸於大海之上，其制度建構與西歐相比，卻未曾有明顯差異。構成了理雅各對封建制度潛意識的反對。「前見」障礙使理雅各貶低了周代的封建制，轉而讚美秦始皇的功績。

理雅各讚頌秦始皇結束分裂，開創統一，以及推翻封建制，建立郡縣制和君主專制制度的歷史功績，是頗具歷史眼光的。

公元前221年秦始皇統一全國，廢除封建制，建立了中央集權專制體制。全國劃爲36郡。實行郡縣制，所有六國王室和貴族全部被廢，每一個郡有守（等於省長）、尉（等於防區司令）和監（等於監察專員）各一。歷史學家王仁宇：「他們的法治觀念不爲傳統習慣、古代特權、流行的道德觀念、家人親

〔註7〕James Legge, *The Chinese Classics*, Vol. III, Taipei：SMC Publishing Inc., 2000.（Prolegomena, 第199頁）

〔註8〕James Legge, *The Chinese Classics*, Vol. IV, Taipei：SMC Publishing Inc., 1994, p.110.

〔註9〕James Legge, *The Chinese Classics*, Vol. V, Taipei：SMC Publishing Inc., 2000.（Prolegomena, 第113～114頁）

疏，或甚至惻隱之心所左右。法律代表君主的意志，必爲成文法，必須詳盡而無疑義地寫出，而且不打折扣、不分畛域地強制實施。因爲他們站在唯物的立場，又以國家之富強爲不二法門，因之無從創制西方式的民法。只是在基督尚未出生之前數百年，他們即在鼓吹王子犯法與民同罪，這必在當日人士之心目中造成一種平等的觀感。」「中國政治體系的早熟在當日不失爲一種成就」。

理雅各雖然對周的封建制評價不高，但並不認爲秦以前是黑暗時期，卻認爲從漢朝到明朝才是中國歷史上的黑暗時期。對其評價背後的深意，就令人疑惑：理雅各長期在英國殖民地香港傳教，並曾經任職港府教育委員會，客觀上依然是文化殖民主義者的身份，是否期待「古老的封建帝國業已消逝，專制帝國不久也會同樣消亡」，〔註10〕再由基督教來重整中國社會呢？

第二節 對宗教信仰的文化闡釋

在古代歐洲宗教是維繫人心的力量，上帝是他們的精神寄託，他們從上帝信仰中引申出道德原則。鼓吹上帝創造世界，要求皈依上帝，西方基督教宣傳「原罪」說，認爲人們生下來就是有罪的，應該努力贖罪，以求上帝的寬恕。鼓勵教徒努力向善，在這種「小我」意識的驅使下，人們在上帝面前就產生一種恐懼感、罪感。他們都恰恰鄙視了人，不承認人本身的價值。

無論是明清耶穌會教士還是理雅各，都企圖從儒家經典中去尋找「上帝」崇拜的蹤影。

一、尋找上帝與啓示

把利瑪竇的文化適應政策發展到極致的來華耶穌會士是以白晉創立的索隱派（figurist）和以衛匡國爲代表的考證派，他們研究和詮釋中國儒學古籍和上古史的目的，不是爲了從中發現歷史眞相，而是尋找基督教最深刻的奧義，而且認爲唯有傳教士才能理解其中的基督教教義，因爲他們掌握了這把鑰匙──《聖經》。〔註11〕

〔註10〕 James Legge, *The Chinese Classics*, Vol. III, Taipei：SMC Publishing Inc., 2000.（Prolegomena，第 200 頁）

〔註11〕 〔法〕維吉爾・畢諾著、耿昇譯：《中國對法國哲學思想形成的影響》，北京：商務印書館，2000 年版，第 402 頁。

　　利瑪竇、白晉、馬若瑟、傅聖澤等人以《詩經》中有「皇上帝」，《易經》中有「帝出乎震」，《中庸》中有「上天之載，無聲無臭」等語為根據，證明「天主道理，宇宙之內必有一自有無形無象造天地萬物之主宰」。借用西方神學史上早已存在的索隱法，力圖從儒學經典中索隱《聖經》的遺跡，從中國儒家文化之中尋找基督教的遺跡。

　　利瑪竇曾經援引《大雅》裏《文王》《大明》諸篇詩句以詩中「上帝」印證西教的「上帝」。利瑪竇推導出的結論為，「天主即經言『上帝』」，「歷觀古書初知上帝與天主特異以名也」。

　　白晉他提出《易經》的作者伏羲就是亞當長子該隱的兒子埃諾，又根據《詩經・大雅・生民》的開篇，解釋姜嫄「履帝武敏歆」而生子曰：「當她（指姜姬）鼓足勇氣獻上犧牲時，內心充滿了崇高的愛的意願，這種愛來自意欲拯救眾生的天上的丈夫，她緩步踏著至親至愛人的足跡前行，全神貫注地等待她的神聖的意願的決定。她內心的純真的祭獻之情在上帝跟前散發一股沁人心肺的氣味，神靈的美德瞬時便進入她的體內，她那處女的腹中突然感到一陣騷動，其子后稷就這樣孕育在姜姬腹中了。」得出帝嚳之妃姜嫄就是聖母瑪利亞，所生后稷就是耶穌，那麼，神話人物帝嚳實際就是上帝。〔註12〕並指出，中國人在遠古時代就認識了基督教的全部真理，並將此記載在各種古籍中，但後來由於種種變故，中國人將基督遺忘了，甚至連祖先留下來的古書也不懂了，所以，傳教士的任務首先在於喚醒中國人對基督教的記憶。〔註13〕

　　部份新教士甚至繼承了耶穌會士的索隱法、考證法以尋求中國儒學、歷史與基督教教義的融合。〔註14〕

　　影響理雅各的還有蘇格蘭哲學家威廉・帕勒（William Paley）的主張，帕勒提出造物主在古老的中國可能也留下見證。這個由自然神學（natural theology）轉向特別啟示（special revelation）的想法在很大程度上促使理雅各

〔註12〕馬祖毅、任榮珍：《漢籍外譯史》，漢口：湖北教育出版社，1997 年版，第 35 頁。

〔註13〕馬祖毅、任榮珍：《漢籍外譯史》，漢口：湖北教育出版社，1997 年版，第 34 ～35 頁。

〔註14〕姚興富：《耶儒對話與融合——〈教會新報〉（1868～1874）研究》，北京：宗教文化出版社，2005 年版，第 17～31 頁。

努力在中國古代經典中去尋找上帝與啓示。

　　理雅各對中國宗教的研究始於 1847 年，1853 年，理雅各在《中國人的鬼神觀》（Notions of the Chinese Concerning God and Spirits）提出中國人所信奉的上帝就是基督教中的「God」。

　　1880 年，理雅各在英格蘭長老宗開春季講座時說「我們很高興地在《詩經》和《書經》裏發現有大量關於上帝及其統治下的人之內容，我們可以毫不猶豫地接受爲眞實的信息」。

　　理雅各這一研究方法與耶穌會士的索隱派有某些相通之處。早期耶穌會士詮釋中國經典時，常常力圖證明中國古代文化與傳統的基督教教義並行不悖，並盡力查詢依據。例如，他們以《詩經》中有「皇上帝」，《易經》中有「帝出乎震」，《中庸》中有「上天之載，無聲無具」等語爲根據，證明「天主道理，宇宙之內必有一自有無形無象造天地萬物之主宰」，進而推斷出「天主即經言『上帝』」。

　　傳教士白晉從中國古書中索隱，認爲《易經》的作者伏羲乃是亞當長子該隱的兒子埃諾，又根據《詩經·大雅·生民》得出姜女原是聖母瑪利亞，后稷是耶穌。〔註 15〕理雅各也同樣在中國古代文獻中尋找中國文化與基督教文化原爲一體的依據。他以儒學爲同盟者，推行「孔子加耶穌」式的傳教策略，在有意識或無意識中承襲了利瑪竇的傳教策略。〔註 16〕

二、多神教與一神論

　　基於天人合一的思維模式，中國從根本上缺少形成宗教的思想基礎。先秦時代中國主要哲學流派儒、道、墨三家，都高揚實踐理性精神，以自己爲本位，也沖淡了宗教意識。

　　儒學不以對於上帝、神的信仰爲道德的根據，而強調人本主義的道德觀；孔子不言「怪力亂神」。道家創立了「本體論」學說，具有超越庸俗思想的批判意識，在哲學上達到了理論思維的高度水平。道家不信天帝，企圖通過玄

〔註15〕馬祖毅、任榮珍：《漢籍外譯史》，漢口：湖北教育出版社，1997 年版，第 35 頁。

〔註16〕段懷清：《理雅各與維多利亞時代的英國漢學 —— 評吉瑞德教授的《維多利亞時代中國古代經典英譯：理雅各的東方朝聖之旅》，《國外社會科學》，2006 年第 1 期。

思超越普通的思慮和情感，而直接體認絕對的本體「道」，是一種玄想的超越。〔註 17〕道教胎生於陰陽五行和神仙方士，信仰超驗的神仙世界，尋求的卻是宇宙中萬物的永生，因為在道教的宇宙中並沒有需要他們去征服的神，修行只是道教用以達到目的的方法之一。

早期墨家尊天事鬼，保留了關於天鬼的宗教信仰；但後期的墨家所著《墨經》中，已經放棄了天鬼觀念，而注重研究名辯與物理。中國佛教中最有勢力的教派是有別於印度佛教的禪宗，理論核心「超脫」，也只能在自己的精神世界裏才能實現，大大淡化了本來意義上的宗教色彩。

所以，中國古代無真正意義上的宗教，只是出於繁衍生息的迫切需要，產生的是萬物有靈觀念之上的自然「宗教」，信奉「多神教」，帶有強烈的實用功利目的，這樣，天地山川等自然神先躍上祭壇。

周初，在一年的農事活動開始時，要舉行隆重的祈穀、籍田典禮，祈求上帝賜豐收，天子親率諸侯、公卿大夫、農官到周天子的籍田中象徵性犁地。秋天豐收後，還要舉行隆重的報祭禮，答謝神靈的恩賜。《詩經》中的《臣工》《噫嘻》《豐年》《載芟》《良耜》等作品有所反映。

理雅各對《周頌‧良耜》的題解為：「陳述性的；與上一首同源：可能是秋季感恩大地和穀物的神靈。」（The Liang Ssŭ; narrative. Much akin to the preceding：－presumably an ode of thanksgiving in the autumn to the spirits of the land and grain.）祭祀社稷之神時演唱的樂歌，是《詩經》中的農事詩的代表作。《毛詩序》云：「《良耜》，秋報社稷也。」

理雅各承認，「這些儒家經典並沒有帶給我們一個純粹的一神教」，但是，他習慣性地運用其基督教思維方式，把中國人的上帝信仰看作是宗教信仰。

理氏堅持將皇帝郊祭上帝稱為中國的國教（the State Religion of China），並說：「他們（中國人）的宗教仍同四千年前一樣，雖非純正的一神教，但無疑是一神教，他們崇拜的上帝，從其屬性判定，就是我們崇拜的 God。」〔註 18〕

儘管理雅各也知道，中國人所稱的「天」，是帝或上帝居住的地方，其人格特點極其模糊。〔註 19〕而且中國「只有天，而沒有地獄」，因此，理雅

〔註 17〕張岱年：《文化論》，河北教育出版社，1996 年版，第 144 頁。
〔註 18〕The Notions of the Chinese Concerning God and Spirits, p.33.
〔註 19〕James Legge, *The Chinese Classics*（Prolegomena），Vol. III, Taipei：SMC

各把「天」譯爲 heaven，但還是把上天、昊天、皇天、旻天譯爲 Supreme Heaven、Great or August Heaven、Compassionate Heaven。這些譯法尤其是 Compassionate Heaven 的譯法，使「天」已不只是物質性的天，同時還具有了人格神的特點。〔註20〕

　　理雅各：「在中國經典中，中國人常把『天』看作至高無上的力量，以一種全能的、無所不在的正義和仁慈統治世間的一切，並常和人格化的『帝』、『上帝』互換。」〔註21〕但是，他又堅持認爲，God 是唯一的，既然「上帝」譯爲「God」，「天」就必須採用其它譯法，以凸顯「上帝」的唯一性。

　　1880 年，理氏相信《說文》：「天，顛也，至高無上，從一大。」理雅各根據的是東漢許慎的《說文》，許慎時代還沒有發現甲骨文，所以，對「天」的本義產生了誤解。「天」在中國的甲骨文、金文中皆像人形。

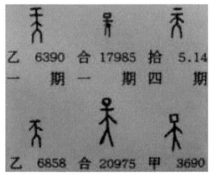

　　小篆才變成人頂上一橫的。清段玉裁注解：「顛者，人之頂也。」「天」字在商代主要是指頭頂之義，或爲「大」的異體字，並不表示天空。至西周始與「帝」同時出現。

　　中國人的自然崇拜以實有的實體爲對象，中國人崇拜「天」，不是具有人格意義上的「天神」，而是天的實體──一種自然意義上的「天」，客觀存在的「天」，而非虛幻的「天」。甲古文學者嚴一萍發現，甲骨文中「天」字多用於指當代先王。

　　但不理解段玉裁注解所說的：「顛者，人之頂也。」「天」在中國的甲骨文、金文中皆像人形。

Publishing Inc., 2000, p.193.

〔註20〕 James Legge, *The Chinese Classics*（Prolegomena）, Vol. IV, Taipei：SMC Publishing Inc., 1994, p.134.

〔註21〕 James Legge, *The Sacred Books of China, Part I：The ShuKing, the Religious Portion of the Shi King, the HsiāoKing*, Oxford：Clarendon Press, 1879.（Pxxiv）

陳詠明在《儒學與中國宗教傳統》也曾指出，「天」字在商代主要是頭頂之義，或爲「大」的異體字，並不表示天空，而天神之引申義，最早可能出現於商末，至西周始與「帝」同時出現，表主宰之義。

對「帝」字，理氏未從字源學追尋原初意義，卻認定其原初意義亦爲「主宰」（lordship and governor），並且斷言：「『帝』字形成伊始，便是（主宰之）天的人格名（personal name）。」顯然是先入爲主。

他指出：「上帝具有人格神特點，能夠統治天地，決定人的道德本性，統領各個民族」，「信奉上帝是中國最早也曾是唯一的信仰」〔註 22〕。理雅各堅持：「帝是中國人的父，就像 God 是我們的父。」〔註 23〕於是他把「帝」或「上帝」譯爲「God」，把「皇皇后帝」譯爲「the great and sovereign God」，「明昭上帝」譯爲「the bright and glorious God」。

理氏堅持將皇帝郊祭上帝稱爲中國的國教（the State Religion of China），並說：「他們（中國人）的宗教仍同四千年前一樣，雖非純正的一神教，但無疑是一神教，他們崇拜的上帝，從其屬性判定，就是我們崇拜的 God。」〔註 24〕

理雅各曾經指出，「帝」原本就是唯一的 God，只是後來才指代古代聖賢君王，再後來作爲君主的通稱。〔註 25〕

而且，理雅各也認爲「上帝」的字面翻譯應爲「supreme ruler」，對一般讀者而言，「Supreme Ruler」和「God」沒有什麼大的差別，但他仍然堅持採用「God」譯法。理雅各向西方讀者表明中國人同樣信奉基督教的唯一的至上神 God。

1879 年，中國古代經典被視作「聖書」，《東方聖書》由權威機構牛津大學出版社出版。穆勒在 1878 年給斯坦利（A.P.Stanley）的信中寫道，我對所謂的異教研究越多，越確信它們包含至高眞理的精髓，它們和我們的基督教沒有本質區別。

〔註 22〕James Legge, *The Religions of China：Confucianism and Daoism Described and Compared with Christianity*, London：Hodder and Stoughton, 1880. p.69.

〔註 23〕James Legge, *The Religions of China：Confucianism and Daoism Described and Compared with Christianity*, London：Hodder and Stoughton, 1880. p.10.

〔註 24〕The Notions of the Chinese Concerning God and Spirits, p.33.

〔註 25〕James Legge, *The Sacred Books of China, Part I：The ShuKing, the Religious Portion of the Shi King, The HsiāoKing*, Oxford：Clarendon Press, 1879.（Pxxv xxix.）

三、「迷信」與祖先崇拜

　　理雅各在 1871 年和 1876 年《詩經》英譯本譯序中寫到:「雖然中國古代先民有明確的『上帝』概念,上帝位於眾神之上主宰世間萬物,但古代信奉眾神和祭祖的習俗卻最終導致了後世迷信的泛濫」〔註 26〕。將中國的祖先崇拜和多神崇拜斥爲迷信。

　　到了 1879 年版英譯本中,才將對中國古代宗教的介紹細化爲「普通民眾的祖先崇拜」「王室的祖先崇拜」和「對上帝的崇拜」,而只有對上帝的敬拜才「被稱爲宗教信仰」。在「王室的祖先崇拜」標題下,理雅各介紹了王室祭祖的具體情形,他指出,在《詩經》的《頌》《小雅》《大雅》部份有很多詩篇描繪了這種祭祖儀式。

　　王仁宇《中國大歷史》指出:周朝連亙約八百載……西伯被謚稱『文王』,姬發後被謚爲『武王』。父子相傳代替了兄終弟及。商人尙鬼,凡事都有靈物作祟。這種萬物有靈的信念自周而中斷,代之以祖先崇拜。周人認爲,綿延宗嗣是後代的義務。武王伐紂,建立周朝,以封建方式制定了一種合乎當時農業擴張的統治形態,又以宗法制度使封建統治更加穩固。〔註 27〕

　　封建制和宗法制結合,每個諸侯的疆域內,必有宗廟,它成爲地區上神聖之殿宇,其始祖被全疆域大眾供奉,保持著一種準親屬的關係,這種氏族血緣紐帶關係特別牢固,殷代就有了「至上神」的觀念,始稱爲「帝」,《詩經》中多次出現「帝」或「上帝」,「帝」字原型是花蒂圖騰,甲骨文 ,金文 、 ,篆文中寫作「 帝 」,還是呈花蒂狀,意爲生殖,後來發展爲專司生殖的自然神。「帝」的生殖崇拜的初始意義,是母系社會的觀念遺存。

　　《詩·大雅·文王》「帝命不時。」《易·泰》「帝乙歸妹。」,都指人王,沒有至上神的意義。《周禮·大宗伯》:「兆五帝於四郊。」漢初《爾雅》;「帝,君也。」東漢《說文解字》:「帝,諦也。王天下之號也。」司馬遷《五帝本紀》中的「五帝」,也都爲人君或部落酋長。秦始皇將「三皇五帝」集於一身,自稱「皇帝」。

　　這個「帝」在金文中寫作「 帝 」,呈花蒂 狀,意爲生殖不絕。大約在

〔註 26〕 James Legge, *The Chinese Classics*, Vol. III, Taipei：SMC Publishing Inc., 2000.（Prolegomena,第 194 頁）

〔註 27〕 王仁宇:《中國大歷史》,北京:三聯書店,1997 年版,第 12～13 頁。

殷周之際又稱爲「天」子，〔註 28〕這樣「上帝」又具有宗祖神的意義，可見商人在注重人類本身再生產的十分現世與自然的認識中，對「帝」的崇拜，就成爲對王室祖先的崇拜。「天、祖」已逐漸靠近，甚至趨於同一。

　　基於此，殷商氏族社會就產生了倫理觀念，出現「德」「禮」「孝」的思想。先民們包括人間實際統治者們只有採用祭祀的方式才能和神溝通。《史記・禮書》：「上事天、下事地，尊先祖而隆君師。」王仁宇《中國大歷史》指出：「周朝連亙約八百載，西伯被諡『文王』，姬發後被諡爲『武王』。父子相傳代替了兄終弟及。商人尚鬼，凡事都有靈物作祟。這種萬物有靈的信念自周而中斷，代之以祖先崇拜。」〔註 29〕

　　《周頌・潛》說的是周天子嘗鮮前要先將魚祭獻祖先。詩中所寫的祭祀按春冬兩季分有兩種，供奉魚的品種亦不同：「季冬薦魚，春獻鮪也。」孔疏的解釋是：「冬則眾魚皆可薦，故總稱魚；春唯獻鮪而已，故特言鮪。」

　　理雅各信從《毛詩序》的說法：「陳述性的；當國王在先廟裏獻魚時，在春天和冬天的第一月演唱。」（The Ch'ien; narrative. Sung in the first month of winter，and in spring，when the king presented a fish in the ancestral temple.）

　　《大雅・既醉》是周天子祭祀祖先之餘，與眾貴族一起宴飲，祝官代表神主對主祭者周王的祝辭。理雅各也認爲：「陳述性的；對最後一首的回應：國王的伯父和兄長表達仁慈和祝福，以先人的口吻表達祖先對祭品的滿意並給予祝福和承諾。」（The Chi Tsui; narrative. Responsive to the last;－the uncles and brothers of the king express their sense of his kindness, and their wishes for his happiness, mostly in the words in which the personators of the dead had conveyed the satisfaction of his ancestors with the sacrifice offered to them and promised to him their blessing.）

　　《小雅・天保》是臣下爲君王祝願和祈福，連續三章首兩句用：「天保定爾、亦孔之固」「天保定爾、俾爾戩穀」「天保定爾、以莫不興」，上天保祐你江山穩固又太平、降你福祿與太平、沒有事業不振興。恰如其分地使用了一些貼切新奇的比喻：「如山如阜，如岡如陵，如川之方至」「如月之恒、如日之升。如南山之壽、不騫不崩。如松柏之茂、無不爾或承」。上天恩情如山嶺，上天恩情如丘陵，恩情如潮忽然至，像上弦月漸滿，又像太陽正東升，你像

〔註 28〕郭沫若：《青銅時代》，科學出版社，1960 年版，第 9 頁。
〔註 29〕王仁宇：《中國大歷史》，北京：三聯書店，1997 年版，第 13 頁。

南山壽無窮，江山萬年不虧崩。你像松柏長茂盛，子子孫孫相傳承。《毛詩序》云：「《天保》，下報上也。君能下下以成其政，臣能歸美以報其上焉。」有研究者認爲，此詩乃是作爲宣王的撫養人、老師及臣子的召伯虎在宣王登基之初對新王的熱情鼓勵及殷切期望，即期望宣王登位後能勵精圖治，完成中興大業，重振先祖雄風。〔註30〕

　　理雅各解釋稍有不同：「陳述性的；對前五首詩的回應。他的官員和客人被國王款待，對他的讚美，渴望他受上天和祖先的祝福。」（The T'ien Pao; narrative. An ode responsive to any of the five preceding. His officers and guests，feasted by the king，celebrate his praises，and desire for him the blessing of Heaven and of his ancestors.）但認同「渴望他受上天和祖先的祝福」，上天和祖先並重。

第三節　對婚姻制度的文化闡釋

　　西方基於基督信仰，選擇的是一夫一妻制；出於西方男女平等意識和對基督信仰的維護，理雅各十分嚴厲地抨擊《詩經》時代的「一夫多妻制」，並對廣大處於底層被壓迫的婦女表示了極大的同情和寬容，爲此在闡釋這類詩歌時，不免產生誤讀。

一、中西不同的婚姻制度

　　早在公元前 2 世紀，羅馬帝政時代就已經確立了一夫一妻制的「神聖婚姻」，但那時還有自由離婚制度和佔有女奴的習俗存在。基督教教義認爲，上帝造人，起初只造了兩個人，也就是一夫一妻。因此，在神前發誓的婚約，是「安定而純潔的婚姻」，是「神聖的持續」，既已結婚，就不得離婚。一夫一妻制自產生以後，就成爲基督教國家婚姻制度的根本，也成爲全世界婚姻制度的主流。古羅馬法學家莫德斯丁即稱，「婚姻是一夫一妻的終身結合，神事和人事的共同關係」。1545 年至 1563 年，在意大利特蘭特召開的羅馬天主教大主教會議上，一夫一妻制婚姻法正式實行。一夫一妻制的確立是文明時代開始的標誌之一。即便貴爲羅馬皇帝或各國國王，也只能有一個配偶，同普通百姓一般。因此，西方的帝王不可能出現妻妾成群、嬪妃如雲的現象。西方的一夫一妻制因宗教而生，旨在維護社會穩定。在西方文明裏，男人只

〔註30〕趙遠夫：《論西周末年傑出詩人召伯虎》，見《詩經國際學術研討會論文集》。

要支付一定金額，就能娶到一位女子，而她便成為了他的財產。對於婦女而言，她們因婚姻獲得了家庭地位、法律保障以及穩定的社會地位。她們的首要任務是生育小孩以延續家族的香火。法律根據婚配情況來判定死者後人是否有繼承權。一夫一妻促進人類進化，在法律面前男人和女人是平等的。

中國周代宗法制社會〔註31〕，男尊女卑，男子掌握經濟大權，女子處於從屬地位，父親的財產只能由出自父親的子女繼承，因此作為妻子必須嚴格保持貞操和對丈夫絕對服從。傳統東方的「一夫一妻」卻僅是女性和廣大平民遵循的婚制，男子特別是剝削階級的男子則可以實行重婚、納妾的一夫多妻制。見諸記載，夏、商時期即如此。如：《竹書紀年》說：「（岷山氏）進女於桀二人，曰琬、曰琰，桀受二女，無子，刻其名於苕華之玉。」又如，《管子‧輕重甲篇》：「昔者桀之時，女樂三萬人。」所謂「多妻」實際上是「一妻多妾」，古代有「三妻四妾」之說顯示的是一種等級制度。「一髮妻二平妻四偏妾」。髮妻是法定配偶即「嫡妻」也只有一個，她可以進入祀典，持家，平妻在旁輔佐，偏妾則要盡心伺候夫君與三房夫人，以此來穩定社會。

二、抨擊一夫多妻制與曲解文本

理雅各最難容忍的是「一夫多妻制」。周代貴族婚姻流行媵妻制，即：某一諸侯之女出嫁，要帶著自己的侄女或妹妹一起出嫁，其它諸侯也可以酌情以女隨嫁。《大雅‧韓奕》描寫韓侯娶妻時的盛況：「韓侯取妻……諸娣從之，祁祁如雲。」眾多姑娘作陪嫁，猶如雲霞鋪天上，說的就是媵妻制的情況。媵妻制是周代一夫多妻制得以產生的原因之一。

理雅各對此深惡痛絕，他說：「沒有比《詩經》更充斥著鮮明的家庭和社會制度的罪惡」〔註32〕，「在封建社會，這種婚姻制度更具災難性」：「受寵的妃子在夏商的最終亡覆中是顯見的禍水，另一個寵妃則代表了周代末世的災難」〔註33〕，「只要一夫多妻制存在，中國得到西方國家的禮遇簡直就是空想」〔註34〕。

〔註31〕商代社會雖屬父系，但是它的貴族婦女卻享有相當自由，幾百年後，甚至幾千年後，中國婦女仍不能望其項背。

〔註32〕James Legge, *The Chinese Classics*, Vol. IV, Taipei：SMC Publishing Inc., 1994.

〔註33〕James Legge, *The Chinese Classics*, Vol. III, Taipei：SMC Publishing Inc., 2000.

〔註34〕James Legge, *The Chinese Classics*, Vol. IV, Taipei：SMC Publishing Inc., 1994, p.138.

　　理雅各反對一夫多妻制無疑是正確的，他同情女性的不幸遭遇，但將夏朝末年的妹喜、商朝末年的妲己，以及西周末年的褒姒，是導致夏商周三個王朝覆亡的紅顏禍水〔註35〕，將王朝的更迭歸咎於婦女，而不去追究制定一夫多妻制的男性統治者，這本身就是站在男性立場上的錯誤的歷史觀。

　　從闡釋學角度來考察，漢儒解詩主觀地認為《詩經》都是為聖道王功而作，是先王用以「經夫婦，成孝敬，厚人倫，美教化，移風俗」的，穿鑿附會，常常往政治教化的大題目上牽扯，理雅各往往過份迷信漢儒，採舊說而借題發揮，先入為主，再在題解和對詩中字詞名物注釋中去曲意牽合，離詩義遠甚，有時顯得很荒謬，然後再歸罪於「腐朽的一夫多妻制」，茲舉《關雎》為例：

　　《周南・關雎》這是一首描寫男子追求女子的民間情歌。

　　《詩序》曰：「《關雎》，后妃之德也《風》之始也，所以風天下而正夫婦也。……是以《關雎》樂得淑女以配君子，憂在進賢，不淫其色，哀窈窕，思賢才，而無傷善之心焉。是《關雎》之義也。」

　　朱熹《詩集傳》曰：「周之文王生有聖德，又得聖女姒氏以為之配。宮中之人，於其始至，見其有幽閒貞靜之德，故作是詩。言彼關關然之雎鳩，則相與和鳴於河洲之上矣。此窈窕之淑女，則豈非君子之善匹乎？言其相與和樂而恭敬，亦若雎鳩之情摯而有別也。」

　　朱熹以淑女指文王之妃太姒，認為《關雎》是宮中之人頌美她和文王相與和樂而恭敬的關係。與毛詩一脈相承。

　　申培《魯詩故》的解釋正相反，他說：「後夫人雞鳴佩玉去君所。周康後不然，詩人歎而傷之。」認為這首詩諷刺康後不遵禮法，以致康王晚起誤了朝政。薛漢《韓詩章句》也認為「詩人言關雎貞潔慎匹，以聲相求，必於河之洲，隱蔽於無人之處。……今時大人內傾於色，賢人見其萌，故詠關雎、說淑女、正容儀，以刺時也。」解釋雖有所不同，但都認為與王、妃有關。

　　理雅各據《毛詩序》將全詩詮釋為「讚美文王新娘的美德」。用的是「bride（新娘）」而不是「queen（皇后）」一詞。據毛亨，她的美德是不嫉妒，並持續讓文王娶有美德的女子到後宮。據朱熹，她的美德是謙遜的性情和害羞的態度。理雅各則認為，西方讀者更傾向於舊說，並用史書來考證。進而認為，

〔註35〕James Legge, *The Chinese Classics*, Vol. III, Taipei：SMC Publishing Inc., 2000.（Prolegomena，第 199 頁）

西方的妻子不會像太姒那樣屈尊，西方讀者也不會欣賞中國的一夫多妻制。

又如《周南‧螽斯》，該詩從三句「宜爾子孫」可以看出是一首祝福詩，滿是泥土氣息之中還處處透露出盎然的喜氣，用外表象蝗蟲的蟈蟈（螽斯）來比興子孫，反映鄉野平民的質樸。可《詩序》：「《螽斯》，后妃子孫眾多也。言若螽斯不妒忌，則子孫眾多也。」理雅各在注釋中闡釋道：「文王的王后和妃子很和諧地居住在後宮，以便都能享有文王的寵愛。她們之間的爭吵比起蝗蟲群的噪音要小得多，而所有的子孫都歸王后所有」。

他看到的是后妃眾多且和諧相處，指出「最能表現一夫多妻制惡劣影響的莫過於妻妾間無嫉妒之心」，因爲這會使淫亂盛行〔註36〕。

理雅各從中看到了「可怕的淫亂和殘暴的犯罪」，並認爲這都是源於文王、王后及王公大臣倡導並身體力行的一夫多妻制〔註37〕。理雅各解釋說，由於文王和太姒的影響極大，以至整個召南地區諸侯的妻子允許妃妾自由分享寵愛，妻妾之間都不互相嫉妒。理雅各認爲妻妾之間不嫉妒是違背人性的，這並非美德。

《周南‧樛木》，是一首祝賀新婚的民歌。詩人先以葛藟纏繞樛木，比喻女子嫁給丈夫。《毛詩序》舊說，以爲此乃歌詠「后妃」「能逮下而無嫉妒之心焉」之作，認爲是眾妃子讚揚太姒無嫉妒之心，稱其堪爲後世女子典範。

「理雅各對一夫多妻制的批判，以及由此延伸到對中國封建制度的批判，一方面是東西方文化碰撞的結果，另一方面也是理雅各企圖取西方文化之長補中國文化之短，爲西方基督教文化傳播於中國尋找某種藉口。」〔註38〕

三、出於對婦女的同情而誤讀

《詩經》中有大量反映民間夫妻、戀人間的眞摯愛情的詩歌，「一夫一妻制的痕跡」很明顯，但理雅各關注不夠，雖然他也承認「《詩經》字裏行間可能充滿令人羨慕的、和諧的夫妻關係的描述」。

《詩經》中反映的婚戀觀有很多方面至今看來也仍是合理的，如聯姻不

〔註36〕James Legge, *The Chinese Classics*, Vol. IV, Taipei：SMC Publishing Inc., 1994.（Prolegomena，第140頁）

〔註37〕James Legge, *The Chinese Classics*, Vol. IV, Taipei：SMC Publishing Inc., 1994.（Prolegomena，第72頁）

〔註38〕姜燕：《理雅各《詩經》英譯本所繪夏商周三代社會圖景》，齊魯學刊，2009年第6期。

記名利地位，唯據人品；夫妻關係宜長久、不輕易離異等。

　　葛蘭言（MarcelGranet，1884～1940）指出：「在中國的注釋家認為是放縱的歌謠中，外國人發現了古代道德勝於現代道德的形跡，在中國古代農民忠誠的愛情誓約中可以確認出古代一夫一妻制的痕跡。事實上，他們在和親的祭禮上結合以後就決不再分離，從而他們的憂愁和苦惱便被信賴和心靈的安慰所取代了。」〔註39〕

　　《詩經》裏有大量涉及自由婚戀的詩篇，愛情詩集中的區域如鄭（河南鄭縣一帶）、衛（河南安陽汲縣一帶），原是殷商國家的繁庶地帶，商民族聚居區。如鄭完全是個商業國家，商業所到之處，是統治階級的現有秩序首先遭到破壞的地方，貴族們由於貪求享樂而流於荒淫墮落，人民由於自由交易的刺激而開始自我覺醒。對舊禮俗的束縛敢於大膽反抗。故出現市民情歌，談情說愛的地點大多在城市周圍，表現出來的又大多是「背德違禮」的個人情調。

　　所謂「鄭衛之音」，實際上就是保留了商民族音樂傳統的「前朝遺聲」。由於它表達感情的奔放、熱烈和大膽，也內含著某種團聚意識，因而使獨宗「雅樂」的周王室及其維護者常常加以排斥和否定。精通音樂的魏文侯（前446～前396）在位，對孔子門徒子夏說了下面一段話：「吾端冕而聽古樂，則唯恐臥；聽鄭衛之音，則不知倦。敢問古樂之如彼，何也？新樂之如此，何也？」較魏文侯稍晚的齊宣王（前320～前302）在位，則說得更坦率：「寡人今日聽鄭衛之音，嘔吟感傷，揚激楚之遺風」，「寡人非能好先王之樂也，直好世俗之樂耳。」維護並力求恢復雅樂的儒家代表人物孔子則「惡鄭聲之亂雅樂也」〔註40〕。系統反映儒家音樂思想的《樂記》裏也說：「鄭衛之音，亂世之音也。」

　　被看作「亡國之音」，是周代的所謂「亂世之音」。（見《論語・衛靈公》《論語・陽貨》《樂記》《初學記》卷十五引劉向《五經通義》殘文）

　　方漢文先生從比較文學跨學科研究的視角，認為造成這一狀況的根本原因是春秋之際社會語言的巨大變革。與雅言相對立的鄭衛之音以其口語性、俗語性特徵，代表著當時社會的新興力量。它是對於傳統禮樂和雅言的精神叛逆，

〔註39〕　〔法〕葛蘭言著、張銘遠譯：《中國古代的祭禮與歌謠》，上海：上海文藝出
　　　　　版社，1989年版，第131頁。
〔註40〕　《論語・陽貨第十七》。

它構成了一種新的社會話語。孔子對於這種話語是持排斥態度的，他對鄭衛之音的貶抑不僅僅是道德倫理意義的，而且是從文化相對論的立場出發的。是對「郁郁乎文哉」的商周雅言文化特別是其意識形態的尊崇，必然也是對鄭衛之聲的「狂歡節」精神的強烈反對。指出：「由「樂」「且」一類含諧隱語詞的話語，觸動歷史積澱的生殖崇拜與民間風俗，有了與雅聲的疏離和叛逆，「鄭風」被目為淫詩。即劉勰《文心雕龍·諧隱》所謂「又蠶蟹鄙諺，狸首淫哇，苟可箴戒，載於禮典」。士大夫改造過的這些諧隱尚且如此，來自民間匹夫販卒，曠夫怨婦的諧隱用於男女相悅，類似於後世的「東邊日頭西邊雨，道是無晴卻有晴（情）」之類的諧隱，歇後語的用法，更不堪入耳了。

鄭詩 21 篇中有 19 篇愛情詩；鄭詩中不見悲劇因素：

有《有女同車》的奇遇、訪求不見的惆悵（《東門之墠》）；與所愛之人無意中邂逅相遇、相愛而結為連理（《野有蔓草》）。偶然疏遠的失悔（《豐》）；廢寢忘食的思念（《狡童》）、《子衿》；不得已而提出的警告（《褰裳》）；見面時的戲謔（《山有扶蘇》）；最後會合時的歡欣（《風雨》）。在愛情受到外來干涉時的強烈反抗情緒——鄭風《將仲子》；或描寫美滿的婚姻生活，如《女曰雞鳴》寫夫婦二人日常的恩愛生活：「女曰雞鳴，士曰昧旦。子興視夜，明星有爛。將翱將翔，弋鳧與雁。弋言加之，與子宜之。宜言飲酒，與子偕老。琴瑟在御，莫不靜好。知子之來之，雜佩以贈之。知子之順之，雜佩以問之。知子之好之，雜佩以報之。」

衛國，紂的亡國都市，宣公夷姜、宣姜、公子頑等，縱情淫亂，貴族間傾軋，政治不安，外族入侵，戰爭頻繁。在這樣的情況下衛詩中很多是描寫愛情的悲劇下面所產生的種種痛苦。

《衛風·伯兮》，即寫一位婦女由於思念遠戍的丈夫而痛苦不堪，女為悅己者容，「自伯之東，首如飛蓬。豈無膏沐，誰適為容？」所愛的人不在面前，梳妝打扮還有什麼意義呢？她讚美他、懷念他，表達了她對愛情的忠貞。

《鄭風·子衿》則寫女子對男子的思念，這個女子在城闕等待情人，終未見來，便獨自踟躕徘徊，「一日不見，如三秋兮」的詠歎，把相思之苦表現得如怨如訴，深摯纏綿。

《鄭風·出其東門》中，則由男子直接說出：「出其東門，有女如雲。雖則如雲，匪我思存。縞衣綦巾，聊樂我員。」儘管在東門之外，有眾多的美女，詩人卻並不動心，想到的仍是自己所愛的那個素衣女子。

其它涉及婚姻愛情的詩歌也一樣表達著男女主人翁對愛情的執著專一，如：

《王風・君子于役》也以思婦的口吻抒發了對役政的不滿。黃昏時候，牛羊等禽畜都按時回家，而自己的丈夫卻不能回來，即景生情，因情寓意，在田園牧歌式的農村小景中，滲透了思婦的無盡相思和悲哀。

《邶風・靜女》描寫男女幽會：「靜女其姝，俟我於城隅。愛而不見，搔首踟躕。靜女其孌，貽我彤管。彤管有煒，說懌女美。自牧歸荑，洵美且異。匪女之為美，美人之貽。」一個男子在城之一隅等待情人，心情竟至急躁而搔首徘徊。情人既來，並以彤管、茅荑相贈，他珍惜玩摩，愛不釋手，並不是這禮物有什麼特別，而是因為美人所贈。主人公的感情表現得細膩真摯。

出於教徒的普世愛心和西方尊崇婦女、「女士優先」等優雅的貴族浪漫風度，理雅各還經常曲解詩意。

如《鄘風・柏舟》寫一位少女已有心上人，但姑娘的選擇未能得到母親的同意，所以她滿腔怨恨，發誓要和母親對抗到底，並表示對愛情的忠貞：「髧彼兩髦，實維我儀，之死矢靡它！」

舊說多將這首詩與《邶風》中同名之作混為一談，認為是共姜自誓之作。或以為衛世子共伯早死，其妻守節，父母欲奪而嫁之，誓而弗許，作此詩（《毛詩序》）；或認為是共伯被弒，共姜不嫁自誓，作此詩（三家詩）。古人稱喪夫為「柏舟之痛」，夫死不嫁為「柏舟之節」，皆源於舊說。理雅各誤信膠柱鼓瑟的舊說，稱讚詩歌女主人翁夫死守節的是「中國真正的女中豪傑」，她甚至違抗父母之命寧願繼續守寡。理雅各認為，婦女守寡如果是出於對亡夫的真摯情感，那是可以理解和應予尊重的，問題在於社會輿論要求的卻是女子「從一而終」「不事二夫」的道德束縛，而不牽涉情感問題，由此可見女性的社會地位何其低下。〔註41〕「從一而終」「不事二夫」為宋明道學家所鼓吹，並不是《詩經》時代的社會風尚。

《召南・雀巢》是一首描寫婚禮的詩。《毛詩序》說：「《鵲巢》，夫人之德也。國君積行累功以致爵位，夫人起家而居有之，德如鳲鳩乃可以配焉。」以此詩為國君之婚禮。朱熹《詩集傳》說：「南國諸侯被文王之化，其女子亦被后妃之化，故嫁於諸侯，而其家人美之。」

〔註41〕 James Legge, *The Chinese Classics*, Vol. IV, Taipei：SMC Publishing Inc., 1994.（Prolegomena，第 90 頁）

方玉潤說：「鵲巢自喻他人成室耳，鳩乃取譬新昏人也；鳩則性慈而多子。《曹》之詩曰：『鳲鳩在桑，其子七兮。』凡娶婦者，未有不祝其多男，而又冀其肯堂肯構也。當時之人，必有依人大廈以成昏者，故詩人詠之，後竟以爲典要耳。」（《詩經原始》）理雅各對詩中的新娘被喻爲「鳩」很不理解，他覺得是對新娘的褻瀆，「新娘的美德常由呆滯愚笨的鳩來體現」，而其它國家則因鳩的愚笨絕對沒有這種比喻〔註42〕。

小　結

通過上述理雅各對政治制度、婚姻制度及宗教信仰的分析，我們看到，由於中西文化的差異，理雅各雖然竭力避免理解上的差錯，但作爲虔誠的基督教徒和忠誠的傳教士，理雅各傳播上帝福音與追求譯本對原本的「忠實」之間難免產生矛盾；理雅各自覺不自覺地按照自身的文化傳統、思維方式和自己所熟悉的一切去解讀另一種文化。另外，礙於理雅各原有的「視域」和個人稟賦及修養，決定了他的「不見」和「洞見」，從而產生對異質文化理解上的差異。

〔註42〕James Legge, *The Chinese Classics*, Vol. IV, Taipei：SMC Publishing Inc., 1994.（Prolegomena，第21頁）

第四章　理雅各《詩經》譯介的
　　　　文學闡釋

　　西方漢學研究最終將細分為文學研究，在中西融合的理論背景下，中國文學與西方文學的融通，首先表現在詩歌美學與「中詩西譯」上。

　　對中國文學，理雅各有很高的評價。1876 年 10 月 27 日理雅各在牛津大學漢學教授就職演講時說：「自遠古時，中國就具備了高度文明，擁有豐富多樣的文學作品、健全有力的社會制度和道德標準。因此，中國歷史很值得學習和研究。」他說，「沒有中國，我們就無法瞭解人性，而這是我們應該也是必須瞭解的」，從最早開始，中國文學就「具有真和信的特點，這是其它古代文學所沒有的，在悠久的歷史長河中，中國人民創造了無比豐富的文學作品，尤其是有關道德和社會利益方面的知識，即使對歐洲也是大有裨益的」。

　　《詩經》作為中國文學的光輝源頭，理雅各對其文學評價卻不高。他認為，詩集主要吸引人之處在於其濃鬱的世俗風情，但很少有詩篇能使我們引起共鳴去欣賞其悲愴的描述和天然情感的流露，與大衛的讚美詩更是無法相提並論。他還認為，雖然上帝作為正義的統治力量經常在詩中出現，但從未作為主題，也沒有被提升為統治世界的至高無上的概念。當有人將《詩經》與《聖經》中詩篇進行比較，理雅各從維護宗教尊嚴的立場出發曾斥之為不倫不類。

　　在 1879 年《詩經》節譯本裏理雅各提到《詩經》的「詩」字的構字部件的意義、主題和韻律，並指出《詩經》與宗教有關的內容主要是頌。認為《詩經》的內容主要是一些是民謠，一些是歌曲，一些是讚美詩。因此他主要還是基於西方傳教士的立場，所以，對《詩經》的文學性估計不足。不過，在

對《詩經》的解題、注解和翻譯時也從《詩經》中看到了文學意象的運用、賦比興的表現手法以及詩歌所特有的韻文形式等。西方學者研究《聖經》，有從釋經學到聖經文學的過渡，理雅各《詩經》譯介也經歷著從經學到文學的過渡。

第一節　對「賦、比、興」概念的闡釋

理雅各《詩經》英譯詳細介紹了《詩經》藝術表現手法賦、比、興的含義、特點、西方讀者對它們理解上的困惑和應採用的理解方法。

在此基礎上，理雅各在 1876 年版《詩經》韻譯本的題解中，根據表現手法分為 narrative（陳述性的）、allusive（暗指性的）、metaphorical（隱喻性的）或者兼具這幾種特性等幾類。在某種程度上，陳述性、隱喻性和暗指性似乎可以與《詩經》藝術特徵的重要標誌「賦、比、興」三種藝術表現手法大體對應起來，還有一些兼類的詩篇，表述得很細緻。

一、「賦、比、興」的概念闡釋

理雅各在 1871 年版《詩經》英譯本的緒言中將《詩大序》中的「賦、比、興」Narrative, metaphorical; allusive 的概念翻譯為：「descriptive pieces, metaphorical pieces, allusive pieces.」

「賦」詮釋為「平鋪直敘（It is descriptive of a narrative piece, in which the poet says what he has to say right out, writing it down in a simple straightforward manner，without any hidden object.）」

在 1879 版緒言裏則直接使用了「narrative」的概念：「The Fu may be described as Narrative pieces.」

基本採用了朱熹《詩集傳》對「賦」的解釋：「敷陳其事而直言之」。即詩人把思想感情及其有關的事物平鋪直敘地表達出來。

1871 年版緒言中對「比」的詮釋主要是引用了朱熹的「比是以一物比一物，而所指之事，常在言外」；比也就是比喻之意，手法富於變化。詩人借一個事物來比喻本事物或情感。

「興」則詮釋為「以兩句一組開始，經常在詩節裏重複出現，成為一種詩歌的疊句或副歌。（The Hing, or allusive piece, commences with a couple of lines, which are repeated often through all the stanzas, as a sort of refrain.）」

在 1879 年版緒言中進一步說明「比」與「興」的不同是：「前者著手陳述他腦海裏的主題，而後者則沒有這樣的暗示（but the difference between an allusive ans a metaphorical piece is this, -- that in the former the writer proceeds to state the theme which his mind is occupied with, while no such intimation is given in the latter.）」理雅各同時引用朱熹的「興是借彼一物以引起此事，而其事常在下句」（The difference ...that in the lines following the allusive lines the author states directly the theme he is occupied with, whereas the lines of the metaphorical piece are all of the same character.）來佐證，並指出也有「興之兼比者」「興之不兼比者」等。興，用朱熹的解釋，是「先言他物以引起所詠之辭」，也就是借助其它事物為所詠之內容作鋪墊，觸物興詞，客觀事物觸發了詩人的情感，引起詩人歌唱，所以大多在詩歌的發端。「興」又兼有了比喻、象徵、烘託等較有實在意義的用法。

運用情況比較複雜，有的只是在開頭起調節韻律、喚起情緒的作用，興句與下文在內容上的聯繫並不明顯。與本意無關，只在詩歌開頭協調音韻，引起下文的起興，是《詩經》興句中較簡單的一種。「興」字的本義是「起」，大約最原始的「興」，只是一種發端，是借助其它事物為所詠之內容作鋪墊。它往往用於一首詩或一章詩的開頭。同下文並無意義上的關係。例如《秦風·黃鳥》開頭這樣寫道：「交交黃鳥，止於棘」與後面的「誰從穆公？子車奄息」沒什麼太大的關聯。《小雅·鹿鳴》的開頭是：「呦呦鹿鳴，食野之萍」，與緊隨的嘉賓笙瑟的場面截然不同。

《詩經》中更多的興句，與下文有著委婉隱約的內在聯繫。或烘託渲染環境氣氛，或比附象徵中心題旨，構成詩歌藝術境界不可或缺的部份。詩人觸物起興，興句與所詠之詞通過藝術聯想前後相承，是一種象徵暗示的關係。比和興都是以間接的形象表達感情的方式，後世往往比興合稱。

理雅各企圖辨析「興」與「比」的不同，他說：「在興後面的詩句，作者直接陳述他所要表達的主題，而比則都是同樣的漢字。（But the difference between an allusive and a metaphorical piece is, that in the lines following the allusive lines the author states directly the theme he is occupied with，whereas the lines of the metaphorical piece are all of the same character.）」

對於賦比興的解釋，歷代學者各呈己見，莫衷一是。漢儒解釋未脫「詩教」

觀念，魏晉六朝，由於文學意識的覺醒，劉勰、鍾嶸始用文學觀點來闡釋；唐人基本從漢儒；至宋代學者，方獨闢蹊徑，對賦、比、興作出新的探索。

朱熹著眼於文學表現方法本身來解讀，且用語精警、通俗，故諸家樂於採用。實際上，朱熹的解釋也有很大的局限性和不周密處，特別在分析具體詩篇時，看法也不一致。

由於各家對賦、比、興的解釋不同，《詩經》中關於賦、比、興手法運用比例的統計也不同。如《毛傳》只注興，凡 116 條，不注賦、比；朱熹《詩集傳》注明賦 727 條、比 111 條，興 274 條，兼類 27 條。明謝榛《四溟詩話》統計「賦 720，興 370，比 110」，似乎比較接近朱熹。〔註1〕

二、賦、比、興比例統計

根據理雅各 1876 年版《詩經》韻譯本的分析，在 305 篇《詩經》中，賦比興手法分別占如下比例：

藝術手法	篇　　數	比　　例
Narrative（陳述性的）——賦	169	55.4%
Allusive（暗指性的）——興	55	18%
A and N	27	8%
Metaphorical（隱喻性的）——比	17	5.5%
N 和 A	8	2.6%
M 和 A	6	1.9%
M 和 N	4	1.3%
M，N 和 A	4	1.3%
N（包含部份 A）	3	0.9%
A 和 M	3	0.9%
A，N 和 M	2	0.65%
N，A 和 M	2	0.65%
A 或者 M	2	0.65%
N 和 M	1	0.32%
A 或者 N	1	0.32%
N（包含部份 M）	1	0.32%

〔註 1〕冼焜虹：《詩經述論》，山西人民出版社，1986 年版，第 204 頁。

從以上數據可見，理雅各認為，陳述性的詩篇佔了半數以上，為 55.4%；其次是暗指性的佔了 18%；第三是兼具暗指性和敘述性的詩篇為 8%；第四才是隱喻性的詩篇，為 5.5%，其它是兼具幾類的詩篇，所佔比例也越來越小了。與中國學者的統計雖不一致，但從比例上看，相當於「賦」的「陳述性」詩篇還是占絕大多數，這與中國學者的認識基本一致。

第二節　賦、比、興的文本解讀

一、純用賦體

理雅各採用朱熹關於「賦」的解釋，包括一般陳述和鋪排陳述兩種情況。實際上，在具體闡釋詩篇表現手法時對於「陳述性」的解讀內容也很寬泛，《國風》中賦體的運用較少，大、小《雅》中，尤其是史詩，鋪陳的場面較多。

如《大雅·生民》：是周人紀錄關於他們的始祖后稷的傳說，歌詠其功德和靈蹟的詩。理雅各認為是：「陳述性的；后稷的史詩：他的理念；他的出生；他嬰兒期間的冒險；他男孩時期農業的習慣；他隨後教人從事農業，建立祭祀，周朝給予他祭祀的榮譽。」（The Min Lao; narrative. In a time of disorder and suffering, some officer of distinction calls upon his colleagues to join with him to effect a reformation in the capital, and put away the parties，especially flattering parasites, who were the cause of the prevailing misery.）如第一章寫姜嫄履跡感孕的神異，全用鋪敘：「厥初生民，時維姜嫄。生民如何？克禋克祀，以弗無子。履帝武敏歆，攸介攸止。載震載夙，載生載育，時維后稷。」

關於「賦」的解釋，清人李重華《貞一齋詩說》攻朱熹說：「賦為敷陳其事而直言之，尚是淺解。須知化工妙處，全在隨物賦形。」

今人冼焜虹（1986）先生總結「賦」的運用有如下幾種：（1）隨物賦形，隨彩設色；（2）取動摹形，刻畫神態；（3）寓言寫物、敘物言情。並說：「《詩經》裏的詩篇，絕大多數是一意貫通，因而以『賦』來『敘物以言情』，具有整體性，創造出一個完整的意象。」

再看下面幾首詩「賦」手法的表述：

《大雅·文王有聲》，理雅各題解稱是陳述性的。全詩共八章，前四章寫周文王遷豐，有「既伐于崇，作邑于豐」「築城伊淢，作豐伊匹」「王公伊濯，維豐之垣」等詩句；後四章寫周武王營建鎬京。有「豐水東注，維禹之績」「鎬

京闢廱，自西自東，自南自北，無思不服」「考卜維王，宅是鎬京；維龜正之，武王成之」等詩句。以抒情詩為主流的《詩經》，即使在敘事中也寓強烈的抒情色彩，本詩每章五句的最後一句皆以單句贊詞煞尾，讚美周文王是「文王烝哉」「文王烝哉」「王后烝哉」「王后烝哉」，讚美周武王是「皇王烝哉」「皇王烝哉」「武王烝哉」「武王烝哉」，感情更為濃烈，有別於西方所稱的「敘事」，屬於追憶性質的抒情方式，但表現手法上基本為「賦體」。

《大雅・瞻卬》和《大雅・召旻》，內容有關聯，《毛詩序》均為「凡伯刺幽王大壞也」：周幽王寵幸褒姒，斥逐忠良，致使國家瀕於滅亡，所以詩人作《瞻卬》一詩刺之；周幽王又任用奸佞，敗壞朝綱，這與寵幸褒姒一樣對國家造成極大危害，所以詩人再作《召旻》一詩刺之。都是以陳述性的賦體，揭露控訴，「瞻卬昊天，則不我惠」，仰望茫茫上空，慨歎老天沒有恩情；《召旻》首兩句是「昊天疾威，天篤降喪」，悲呼老天暴虐難當，不斷降下災禍。呼天搶地，悲愴感人，同樣是用賦體抒情。

《大雅・抑》是陳述性的，除了第9節是暗指性的：「荏染柔木，言緡之絲。」為詩中惟一用興法的兩句，興又兼比，拿有韌性的木料才能製作好琴，而上等的製琴木料還應配上柔順的絲絃作比方，說明「溫溫恭人，維德之基」的道理，可謂語重心長。第八章的「投我以桃，報之以李」，也是比喻中的形象，而「彼童而角，實虹小子」以無角公羊自誇有角的巧喻刺平王之昏聵，尤為神來之筆。

對《大雅・靈臺》，《毛詩序》說：「《靈臺》，民始附也。文王受命，而民樂其有靈德以及鳥獸昆蟲焉。」似乎是借百姓為周王建造靈臺、闢廱來說明文王有德使人民樂於歸附。《孟子・梁惠王》云：「文王以民力為臺為沼，而民歡樂之，謂其臺曰靈臺，謂其沼曰靈沼，樂其有麋鹿魚鱉。古之人與民偕樂，故能樂也。」實際上，如今人程俊英《詩經譯注》「這是一首記述周文王建成靈臺和遊賞奏樂的詩。」

理雅各題解：「陳述性的；在文王統治下富饒和有尊嚴的生活的人民的喜悅。」（The Ling T'ai; narrative. The joy of the people in the growing opulence and dignity of King Wên.）

首寫「經始靈臺，經之營之。庶民攻之，不日成之。經始勿亟，庶民子來。」通過「經之」「營之」「攻之」「成之」連用動詞帶同一代詞賓語的鋪陳句式：接著鋪寫靈囿、靈沼，「王在靈囿，麀鹿攸伏。麀鹿濯濯，白鳥翯翯。王在靈沼，於牣魚躍。」都用鋪陳。

《大雅‧民勞》:「民亦勞止,汔可小康。惠此中國,以綏四方。無縱詭隨,以謹無良。式遏寇虐,憯不畏明。柔遠能邇,以定我王。」人民實在太勞苦,但求可以稍安康。愛護京城老百姓,安撫諸侯定四方。詭詐欺騙莫縱任,謹防小人行不良。掠奪暴行應制止,不怕壞人手段強。遠近人民都愛護,安我國家保我王。諷諫周厲王的詩歌。老百姓已經勞苦不堪,現在該是君王醒悟的時候了,不要再親近那些讒佞小人了,要趕快改變政策,穩定民心。西周貴族告誡統治者要安民防奸。用整齊的句式、謹嚴的結構,反覆申說,下面還連用「以為民述」「以綏四國」「俾民憂泄」「國無有殘」與「以謹惛怓」「以謹罔極」「以謹醜厲」「以謹繾綣」,也是圍繞恤民、保京、防奸、止亂幾個方面不惜重言之。

理雅各認為其表現手法是「陳述性的」,內容為「在混亂和苦難的時代,一些傑出的官員號召他的同事與他一起在首都改革,取消黨派之爭,特別是那些引起目前不行的寄生蟲。」基本符合詩意。

二、比興兼用

理雅各用「隱喻性」和「暗指性」來指稱「比」和「興」,實際上「隱喻性」和「暗指性」往往兼而用之。賦、比、興的藝術手法開啓了我國古代詩歌創作的最基本的表現手法,運用最為廣泛。

《詩經》中比的運用十分廣泛,袁行霈主編的《中國文學史》舉出很多例子:

「整首都以擬物手法表達感情的比體詩,如《豳風‧鴟鴞》《魏風‧碩鼠》《小雅‧鶴鳴》,獨具特色;而一首詩中部份運用比的手法,更是豐富多彩。《衛風‧碩人》,描繪莊姜之美,用了一連串的比:『手如柔荑,膚如凝脂,領如蝤蠐,齒如瓠犀,螓首蛾眉。』分別以柔嫩的白茅芽、凍結的油脂、白色長身的天牛幼蟲、白而整齊的瓠子、寬額的螓蟲、蠶蛾的觸鬚來比喻美人的手指、肌膚、脖頸、牙齒、額頭、眉毛,形象細緻。『巧笑倩兮,美目盼兮』,兩句動態描寫,又把這幅美人圖變得生動鮮活。《召南‧野有死麕》則不從局部比喻,而以『有女如玉』作比,使人由少女的美貌溫柔聯想到美玉的潔白、溫潤。以具體的動作和事物來比擬難言的情感和獨具特徵的事物,在《詩經》中也很常見。『中心如醉』『中心如噎』(《王風‧黍離》),以『醉』『噎』比喻難以形容的憂思;『巧言如簧』(《小雅‧巧言》)、『其甘如

薺』（《邶風‧谷風》），『巧言』『甘』這些不易描摹的情態，表現爲形象具體的『簧』『薺』。」〔註2〕

也許「比喻」一般西方讀者比較容易理解，理雅各特別指出的比較少見，偶而也用「隱喻性」指稱《詩經》具體篇章，如《大雅‧召旻》第六（章）節是隱喻性的：「池之竭矣，不云自頻。泉之竭矣，不云自中。溥斯害矣，職兄斯弘，不裁我躬。」（池水枯竭非一天，豈不開始在邊沿？泉水枯竭源頭斷，豈不開始在中間？這場禍害太普遍，這種情況在發展，難道我不受災難？）陳奐《詩毛氏傳疏》以爲「池竭喻王政之亂由外無賢臣，泉竭喻王政之亂由內無賢妃」。本詩第四章「如彼歲旱，草不潰茂；如彼棲苴，草不潰茂」，也可視爲比喻，以天災喻人禍。

理雅各所舉比興連用的例子較豐富。有時具體的一章是比興。如《大雅‧文王有聲》（The Chio Kung; allusive，narrative，and metaphorical.Against the king's cold treatment of his relatives by consanguinity and affinity; the extensive and baneful influence of his example; the encouragement given by him to calumniators.）最後一段理雅各稱是暗指性的，即具有「興」意：「豐水有芑，武王豈不仕？詒厥孫謀，以燕翼子。武王烝哉！」（豐水邊上杞柳壯，武王任重豈不忙？留下治國好策略，庇蔭子孫把福享。武王眞個是明王！）以豐水岸邊杞柳之繁茂象徵周武王能培植人才、使用人才。確實屬於「興」的範疇。但並不局限於此，如第四章「王公伊濯，維豐之垣；四方攸同，王后維翰」四句，也是以豐邑城垣之堅固象徵周文王的屏障之牢固，同樣是比興手法的運用。

《大雅‧瞻卬》也是最後一節被指是暗指性的：「觱沸檻泉，維其深矣。心之憂矣，寧自今矣？不自我先，不自我後。藐藐昊天，無不克鞏。無忝皇祖，式救爾後。」（泉水沸騰湧出地，計度泉水有多深。心之憂傷由來久，難道只是始於今？禍亂不生於我前，禍亂不生於我後。美好廣大無際天，無不能使人恐懼。不要愧對光明祖，效法祖先救子孫。）是暗指性的一種比興。此詩也有直接用比喻的，如將褒姒比作「蟊賊蟊疾」「爲梟爲鴟」，既貼切又生動，又蘊涵強烈的厭惡之情。

有的整首詩歌的表現手法爲比興。如《曹風‧蜉蝣》寫看到一種壽命極短的蟲，產生曇花一現、浮生如夢的感覺。理雅各認爲「蜉蝣」爲人生短促

〔註2〕袁行霈主編：《中國文學史》，高等教育出版社，1999年版，第73頁。

的比喻，所以是「隱喻性的；反對國家的一些政黨，充滿輕浮愚蠢的追求而忽視重要的事情」（The Fou Yu; metaphorical. Against some parties in the state，occupied with frivolous pursuits, and oblivious of important matters.）全詩三章，每章首兩句：「蜉蝣之羽，衣裳楚楚」「蜉蝣之翼，楚楚衣服」「蜉蝣掘閱，麻衣如雪」，都以「蜉蝣」起興，所以是比喻兼興。

　　《小雅·沔水》描寫在國家動亂，政事日非，謠言四起的背景下，表達了詩人對國家的擔擾，和對友人的告誡。理雅各以「暗指性的」（allusive）概括此詩的寫作手法，並說：「因時代的混亂和漠不關心而悲愁，追蹤那些被權威者指使的造謠中傷者。」（Bewailing the disorder of the times and the general indifference to it, and tracing it to the slanderers encouraged by men in authority.）重在「興」，也兼「比」。一二兩章開頭四句連用兩組比興句：「沔彼流水，朝宗於海。鴥彼飛隼，載飛載止」以流水朝宗於海，飛鳥有所止息起興，實際暗喻詩人的處境不如水和鳥，是興也是比喻。次章以流水浩蕩、鳥飛不止寫詩人憂心忡忡而坐立不安：「沔彼流水，其流湯湯。鴥彼飛隼，載飛載揚。」。末章「鴥彼飛隼，率彼中陵」，以飛鳥沿丘陵高下飛翔寫詩人不如飛鳥自由。

　　《曹風·候人》，候人，杜預注以候為迎送賓客之官。這是一首對好人沉下僚，庸才居高位的現實進行譏刺的歌詩。理雅各指出表現手法是「暗指性的和隱喻性的」，「悲歎曹的宮廷對無用官員的喜愛而阻止好人。」（The Hou Jên; allusive and metaphorical. Lament over the favor shown to worthless officers at the court of Ts'ao. And the discountenance of good men.）也就是比興手法兼用。

　　第一章是用賦的手法：「彼候人兮，何戈與祋。彼其之子，三百赤芾。」「候人」扛著戈扛著祋，在道路上辛苦執勤；「彼子」佩戴著三百赤芾。官位高、排場大、生活奢靡。將「候人」和「彼子」兩種不同的人的際遇進行了對比。

　　第二、三章改用「比」法，「維鵜在梁，不濡其翼。彼其之子，不稱其服」，鵜鶘站在魚梁上，只須頸一伸、喙一啄就可以吃到魚，不必入水，不必沾濕翅膀。所以然者，是由於地位特殊，近水魚梁乃可不勞而獲。後兩句直指「彼子」，言其「不稱其服」。服者，官階的標誌也。身服高品赤芾，享受種種特權，但無才無能，無功受祿，無勞顯榮，與鵜鶘站在魚梁上伸脖子吃魚相類。第三章再深一層：「維鵜在梁，不濡其咮。彼其之子，不遂其媾。」說鵜鶘不

僅不沾濕翅膀，甚至連喙也可以不沾濕就可以吃到魚。因為有的魚有時會躍出水面，有的魚會跳到壩上。這樣站在壩上的鵜鵬就可連喙都不濕，輕易地攫取到魚兒。而後兩句寫到「彼子」也深一層，不僅不勞而獲，無功受祿，在男女婚姻上也毫不負責，違背社會公認的倫理準則，任意拋棄他的妻妾。

三、賦、比、興兼備

賦、比、興兼備的詩歌，理雅各在題解中有時明確指出，如《小雅·角弓》理雅各說：「暗指性的、陳述性的和隱喻性的」。

「兄弟昏姻，無胥遠矣」，為全詩主題句，下面以此為本，多方申述，是為賦體。

首章「騂騂角弓，翩其反矣」，是用角弓不可鬆弛暗喻兄弟之間不可疏遠。是起興兼比喻。「老馬反為駒，不顧其後」，取譬新奇，以物喻人，指責小人不知憂老而顛倒常情的乖戾荒唐，一個「反」字凸現出強烈的感情色彩。「如食宜饇，如酌孔取」，正面教導養老之道。第六章更是新意新語競出。「毋教猱升木，如塗塗附」；用猿猴不用教也會上樹，泥巴塗在泥上自然黏牢比喻小人本性無德，善於攀附，如果上行不正，其行必有過之。後兩句「君子有徽猷，小人與屬」，又是正面勸誡，如果周王有美德，小民也會改變惡習，相親為善的。全詩取喻多奇，因而給人「光怪陸離，眩人耳目」的感覺。

詩的最後兩章首兩句「雨雪瀌瀌，見晛日消」「雨雪浮浮，見晛日流」，是起興也是比，即以雪花見日而消融，反喻小人之驕橫而無所節制和不可理喻。

《大雅·桑柔》是對厲王的諷刺詩。厲王用小人、行暴政。《毛詩序》云：「芮伯刺厲王也。」見之記載，《史記·周本紀》載厲王事云：「厲王即位三十年，好利，近榮夷公，芮良夫諫，厲王不聽，卒用榮公為卿士用事。王行暴虐侈傲，三十四年王益嚴，國人莫敢言，道路以目。三年，乃相與畔襲厲王，王出奔彘。」

漢王符《潛夫論·遏利篇》引魯詩說云：「昔周厲王好專利，芮良夫諫而不入，退賦《桑柔》之詩以諷，言是大風也，必將有遂，是貪民也，必將敗其類。王又不悟，故遂流王於彘。」

理雅各從之，「隱喻性的、陳述性的和暗指性的」「周大夫芮良夫（The earl of Jui）哀歎時代的混亂和不幸，對厲王政治腐敗的看法，尤其是他的壓迫和

聽信小人。」（The Sang Jou; metaphorical, narrative, and allusive. The earl of Jui mourns over the disorder and misery of the times, with a view to reprehend the misgovernment of King Li, —especially his oppressions and listening to bad counselors.）

這首長詩，首章以桑爲比：「菀彼桑柔，其下侯旬，捋采其劉，瘼此下民。」桑本茂密，蔭蔽甚廣，因摘採至盡而剝落稀疏。比喻百姓下民，受剝奪之深，不勝其苦，故詩人哀民困已深，呼天而訴曰：「倬彼昊天，寧不我矜。」意謂：高明在上的蒼天啊，怎麼不給我百姓以憐憫呢！詩意嚴肅，爲全詩之主旨。比喻有借喻、暗喻，「如彼溯風，亦孔之僾」，是說國王爲政，不得人心，人民就如向著逆風，感到窒息喪氣；有用反詰、襯托、誇張、對比、反比等，如「瞻彼中林，甡甡其鹿。朋友已譖，不胥以穀。人亦有言：進退維谷」，鹿之爲物，性喜群居，相親相善。「甡甡」，意同「莘莘」，眾多之貌，今同僚朋友，反而相譖，不能以善道相助，是不如中林之鹿。故詩人感慨「上無明君，下有惡俗」〔註3〕，而有「進退維谷」之歎。詩人感歎：「嗟爾朋友，予豈不知而作，如彼飛蟲，時亦弋獲。」意思是說：可歎你們這些同僚，我難道不知你們的所作所爲？你們對國家有極大的危害，好比那些飛鳥，有時候也會被人捕獲，國家動亂危亡，你們也不會有好的下場。

也有賦體兼用比興的，如《大雅·卷阿》理雅各視爲是陳述性的，帶有暗指性的部份。此詩是周王出遊卷阿，詩人所陳讚美之歌。朱熹《詩集傳》認爲是「（召康）公從成王遊歌於卷阿之上，因王之歌而作此以爲戒」。

第一章發端總敘，以領起全詩。第二、三、四章，稱頌周室版圖廣大，疆域遼闊，周王恩澤，遍於海內，周王膺受天命，既長且久，福祿安康，樣樣齊備，因而能夠盡情娛遊，閑暇自得。第五、六章，稱頌周王有賢才良士盡心輔佐，因而能夠威望卓著，聲名遠揚，成爲天下四方的準則與楷模。第七、八、九章，以鳳凰比周王，以百鳥比賢臣。詩人以鳳凰展翅高飛，百鳥緊緊相隨，比喻賢臣對周王的擁戴，即所謂「媚於天子」。然後又以高岡梧桐郁郁蒼蒼，朝陽鳴鳳宛轉悠揚，渲染出一種君臣相得的和諧氣氛。方玉潤評得好：「蓋自鳳鳴於岐，而周才日盛。即此一遊，一時扈從賢臣，無非才德具備，與吉光瑞羽，互相輝映，故物瑞人材，雙美並詠，君顧之而君樂，民望之而民喜，有不期然而然者。故又曰『媚於天子』『媚於庶人』也。然猶未足

〔註3〕朱熹：《詩集傳》卷七。

以形容其盛也。第九章復即鳳凰之集於梧桐，向朝陽而鳴高者虛寫一番。則『萋萋菶菶』『雝雝喈喈』之象，自足以想見其『蹌蹌濟濟』之盛焉。」（方玉潤：《詩經原始》）第十章回過頭來，描寫出遊時車馬，仍扣緊君臣相得之意。末二句寫群臣獻詩，盛況空前，與首章之「來遊來歌，以矢其音」呼應作結。

全篇規模宏大，結構完整，賦筆之外，兼用比興。此詩還有直接用喻體的，如以「如圭如璋」比賢臣之「顒顒卬卬」，以鳳凰百鳥比喻「王多吉士」「王多吉人」，都很貼切自然，給讀者留下了鮮明的印象，同時也對後世產生了廣泛的影響。

賦、比、興的運用，增強了詩歌的形象性，既是《詩經》藝術特徵的重要標誌，也開啟了我國古代詩歌創作的基本手法，對後代詩歌藝術有重大的影響。

第三節　詩歌文學性的回歸

理雅各三種《詩經》英譯本對《詩經》文學形式的重視有很大的不同：

1871 年《中國經典》的《詩經》散譯本是厚重翻譯法的傑作，繼承了先前新教傳教士的翻譯傳統，受原著權威的制約，對準確性的苛求勝過對審美的關注，並將中國傳統注評置於權威地位。是理雅各對傳統儒家《詩經》闡釋學的批判性改寫。在緒言裏明確表示他翻譯的目的不是為了詩歌的詩學價值，而是作為一個傳教士以一種無需重視的和粗略的方式把中國文學介紹給歐洲。「我的目的是把原來的意思表達出來，而不值得用詩來表達」，〔註4〕並指出腳註（footnotes）的重要性，而不認為詩集整體是值得韻譯。1892 年他為《中國經典》第一卷重版所作的序中寫道「譯者曾欲以簡潔活潑之文體重譯此書。惟鑒於本人翻譯之目的素為忠於原作，而非崇尚文采，乃決定維持原譯此並非否定雅致地道譯語之價值，而是相信現譯仍可兼顧翻譯之正確性與文體之可讀性也。」理雅各認為，以詩譯詩，固然很好，但很難傳達原文原意，他主張譯作盡可能貼近原作的字面，「不增譯，不意釋」〔註5〕。乃至被辜鴻銘譏為缺乏「文學感受性」、僅「乃一博大漢學家而已」。林語堂也指出，

〔註 4〕理雅各：1871 年《中國經典》《詩經》譯本，第 116 頁。
〔註 5〕理雅各：1871 年《中國經典》《詩經》譯本理氏緒論，第 216 頁。

理雅各「因過份依字直譯而使人讀來費力」。

1879 年出版的《東方聖書》選譯本，理雅各受穆勒比較宗教理論的影響，以比較宗教的寬闊視野，把包括《詩經》在內的中國古代儒家經典視為真正的聖書，中國的聖書表明了儒教的歷史發展進程，認為書中的禮儀、孝道具有重要的道德、社會、宗教意義，但選取的僅僅是《詩經》中一小部份他認為帶有宗教文化意味的詩歌片段，沒能反映出《詩經》的全貌，更不可能考慮《詩經》的文學性，旨在向西方讀者介紹《詩經》反映的所謂宗教感情。

1871 年版緒言中，理雅各已經承認「經常有幾篇值得去翻譯的；如果他有多餘的時間，他會去做。」直至 1874 年春天他收到侄子建議出整本書的韻譯版的信，時常閃過他腦海的「韻譯《詩經》」的想法才得以落實，那就是 1876 年版《詩經》韻譯本，該韻體《詩經》譯本減少了注評，且注評中沒有了漢字，漢語原文也被刪去，正如他在前言裏所說的：「目前出版的這一卷，讀者會發現，英語表象下面是中國詩歌本身，並不是其它人的釋義。」理雅各出版韻體版的目的之一是：展現中國詩歌的靈魂和音韻，要把《詩經》譯成好詩而不是只譯成《詩經》本身。

相對於 1871 年譯本，理雅各完全拋棄了之前的翻譯理念，在語言和形式上都做出向文學性回歸的努力。

一、西歐詩歌和《詩經》的語言藝術

詩歌在英國文學史上佔有極其重要的地位，而最具傳統特徵的就是韻體詩。傳統的英語詩歌的定義是：「詩歌是有節奏、有韻律並富於想像的一種語言藝術形式（poet is a type of discourse that achieves its effects by rhythm, sound patterns and imagery）。」

英語中關於詩歌的定義強調了兩點，一是「有節奏、有韻律」；二是「富於想像」。其實這是中西詩歌的共同點。

西歐文學是以想像虛構為其發端的，憑藉幻想而虛構出超越人間世界，內容不是凡人的日常世界。西歐的詩歌由古希臘的荷馬（Homer）、薩福（Sappho）和古羅馬的維爾吉（Virgil）、賀拉斯（Quintus Horatius Flaccus）等詩人開啓創作之源，而歐洲人的詩歌用韻開始於意大利，法國中世紀的許多敘事詩都是押韻的。文藝復興以後，歐洲詩人向古希臘學習，押韻又不那麼流行了，但十七世紀以後押韻的風氣再度盛行，直至二十世紀自由詩的興起。

因此，西方傳統詩歌多有對節奏、韻律的強調。美國詩人愛倫·坡（Edgar Allan Poe）在《詩的原理》（1848）一文中說「在作詩時，決不能忽略音韻之美。但是這一點，我們所有的作詩法論述中不知爲什麼都避而不談。」又說：「音樂通過它的格律、節奏與韻的種種方式，成爲詩中的如此重大的契機，以致拒絕了它，便不明智」，文學的詩可說是「美的，有韻律的創造」。

中國古典詩歌自濫觴之時的原始歌謠開始，就具有集體性的口頭創作、詩歌、音樂、舞蹈三位一體的特點，富有節奏韻律，形成中國上古時代文學的基本特徵。以抒情詩爲主流的《詩經》，雖然少有超越人世間的想像，但語言清新自然、生動活潑，節奏優美。我國美學一代宗師朱光潛也說：「詩是一種有韻律的純文學。」所以，音韻美應是詩歌的一大特點。

理雅各自己曾說：「《詩經》第一眼就能吸引讀者的是詩行的簡潔以及幾乎所有詩篇都是韻體。」〔註6〕《詩經》的句式以四言爲基本定格，但並不拘泥，它是富於變化的，許多詩歌常常根據內容和表達感情的需要而靈活多變，衝破四言定格，一、二、三、五、六、七、八乃至九言的不同句式都有。大量使用雙聲、疊韻、疊字的語彙，《國風》中重章複沓形式，是詩歌、音樂、舞蹈合一的遺痕，體現了歌唱文學的特色。聯章複沓、反覆詠唱的形式，不僅便於記憶和傳誦，而且增強了詩歌的抒情性，造成迴旋跌宕的藝術效果。

《詩經》中已經出現了多種押韻方式，表明詩歌形式的成熟，純任天眞，「動乎天機，不費雕刻」（明代陳第《讀詩拙言》），是人們在歌詠時自然形成的，尚未形成固定的格律。後人總結其用韻方式常用的有三種：隔句用韻，如周南《關雎》首章、周南《卷耳》；句句押韻，如魏風《十畝之間》；交錯押韻，如鄭風《溱洧》。後世歷代詩歌的押韻規律，《詩經》中基本具備。

具體考察《詩經》三百篇，每句字數的多寡、句式語助詞的有無、章節的排列，不但種類多，而且風雅頌三體中，各有不同。從用韻來看，《周頌》、二雅到國風在逐步進展中。

《周頌》的最大的特色是不分章節，沒有語氣助詞，用韻不完全，句子不整齊。說明當時的語言技巧上有局限，還不能剪裁字句，使趨於整齊；不能熟練地用韻，以增加和諧；不能利用語助，來區別語氣；不知劃分章節來構成體段等。《詩經》中偶有不押韻者，這類情況理雅各也有論及：「我們可能會認爲這種不押韻的詩節是中國詩歌在向無韻體發展，但中國古代詩歌中

〔註6〕James Legge, *The Chinese Classics*, Vol. IV, Prolegomena, p.96.

所有不規則的形式都會有人傚仿，而這種無韻的形式卻不受歡迎。」

雅詩句子整齊，章節分明，用韻規律。語助詞不多。說明雅詩技巧成熟，彌補了頌詩的缺陷，但因過於要求整齊變化，顯得人爲的地方太多，缺乏自然生動之美。

風詩語助詞增多，句子參差，章節重疊；用韻整齊變化無所不有，顯得自然活潑，優美動聽。技巧最成熟。長短句是曲調的自由，用韻不拘一格是節奏的變化。章節有反覆重疊之美；善於用語助詞，使讀者能體會出作者說話時的神情。

風雅頌所配的音樂也不同，雅頌詩用古樂，「進旅退旅，和正以廣」，整齊舒緩，是一種拖音法。風詩用的是今樂，「進俯退俯，奸聲以濫」，曲折繁複，是轉腔法。孔子及其門徒子夏等所追求的古樂，即王朝雅頌；他們反對的今樂，即風詩。鄭衛之音最受大眾歡迎，孔子及其門徒也最反對。

美國著名傳教士漢學家衛三畏（Samuel Wells Williams）在《中國總論》中對《詩經》就有較高的評價。他指出，「很難估價這些詩給中國後代學者灌輸了多少力量，如果沒有提高他們的想像力，也不至於貶低他們的道德。如果說其中沒有達到荷馬的壯麗，或是維吉爾與品達的甜美，卻避免了莫斯科斯、奧維德等的鬆散放蕩。」〔註7〕他還引用了稗優對《詩經》的讚美：「巴黎的稗優 1843 年在《亞洲雜誌》發表了《詩經》研究的論文，稱《詩經》令人沉思、令人安詳地觀察中國早期社會的原始狀態，發現它與歐洲、西亞多麼不同。」

衛三畏把《國風·靜女其妹》稱爲小夜曲，並指出這樣的詩篇在《詩經》中並不罕見。〔註8〕

衛三畏還評價：「《四書五經》應當被看做中國古代文獻中的珍寶，對如此眾多的人們心中灌注了不可比擬的影響，從這一點來說，除了《聖經》外，任何書籍都不會有這樣的好處。……中國經典有一種補充功能，它排除了放蕩不潔的描寫，以及任何沾污心靈的隱喻，這是不應忽視的。……在他們受到了最高獎賞的著作中極少或根本找不到經不起任何國家的任何人加以細讀的內容。」〔註9〕

〔註7〕〔美〕衛三畏：《中國總論》（上），第 44 頁。
〔註8〕〔美〕衛三畏：《中國總論》（上），第 443 頁。
〔註9〕〔美〕衛三畏：《中國總論》（上），第 442 頁。

　　法國漢學家韓國英（Pierre Machal Cibot）等人也竭力讚美：「《詩經》的篇什如此美妙，如此和諧總領全集的可愛而崇高的古代情調，如此連貫一致，詩集裏的風俗畫面則又如此樸素，如此細緻。所有這些特點足以證明這部詩集的眞實性。」〔註10〕

二、1876 年版譯本的用韻

　　便於記憶和傳誦的韻體詩歌，特別適合普通讀者，而以厚重翻譯法譯出的文本往往富有濃重的學術氣氛，只能供喜歡或從事學術探討和研究、并受過良好教育的人士閱讀，並不太適合普通的大眾讀者。

　　《詩經》押韻的篇章，譯文如無韻腳，就失去了口頭誦讀的音韻形式美，嚴格地說這首翻譯詩，已經不是詩了，就很難有流傳的生命力。翟理斯認爲「無韻的歌詠詩則是一種畸形物」，他「以詩譯詩」〔註11〕韻譯中國詩，英國評論家評爲「新奇、美麗、迷人」「堪稱再現了中國詩的憂鬱、沉思和『言有盡而意無窮』的含蓄之美，從而表達了中國詩的神韻」，「在世界文學史上佔有獨一無二的地位」〔註12〕。

　　理雅各深諳此道，他是爲眞實性而不惜犧牲文學性的。對《詩經》的韻律、漢字的古音和詩歌的詩學價值，理雅各在1871年版散體譯本緒言第三章討論過。

　　《詩經》的譯文佳作，應該形式與內容並重，德國著名詩人、翻譯家學者史淘思用德語翻譯了《詩經》，題目是《詩經中國經典式的詩集》，於1844年在海登堡出版。他根據原文推敲韻律，譯得既信且雅，博得了一致的好評。顧維廉說，德國人對《詩經》特別喜愛，就是因爲史氏那種「不可超越的翻譯，成了我們最完美的翻譯文學中的寶藏」〔註13〕。其影響還不止於德國，英國學者詹寧斯說，「顯然歐洲最佳的《詩經》韻譯，出自史淘思之手」，並且希望他的譯作亦如史譯，奉獻給英語讀者。〔註14〕這可能也是傾向散譯的

〔註10〕　〔法〕韓國英等人合撰：《中國回憶錄》，轉引自理雅各1871年版《詩經》英
　　　　　譯本「導論」。
〔註11〕　石民：《詩經楚辭古詩唐詩選》，香港：中流出版社有限公司，1982年版，第
　　　　　1頁。
〔註12〕　見香港三聯《中詩英譯比錄》，第33頁。
〔註13〕　顧維廉：《中國文學史》，斯圖加特，1909年版，第47頁。
〔註14〕　〔英〕詹寧斯：《詩經》韻譯倫敦、紐約1891年，「導論」，第21頁。

理雅各嘗試以詩譯《詩》的原因之一。

　　音步、韻律、詩行、詩節等——這些都是英語詩歌的形式，每一首詩都有一定的形式。從詩體來講，自由詩（Free verse），格律詩（Metrical verse），無韻體（Blank verse）等都是詩的不同形式；從詩的結構來講，組成一首詩最大的形式單位是「詩節」（stanza），次之是詩行（verse line），再小一點就是音步（metrical foot），單詞的音節（syllable）是最小的單位。

　　英詩中的傳統詩節很複雜，每一種傳統詩節都有一定的格律和韻式，不同詩節還有不同的傳統名稱，不同的使用價值。各種不同的傳統詩節也常被詩人參合使用在同一首詩中，以達到某種目的，是詩人表達感情思想的藝術手段之一。

　　英語的傳統詩節有兩行詩節（couplets，「對偶句」），三行詩節（triplets），四行詩節（quatrains），五行詩節（limerick，又稱「五行打油詩」），七行詩節（rhyme royal，又稱「王韻」），八行詩節（ottava rima），九行詩節（Spenserian stanza，又稱「斯賓塞詩節」）和十四行詩節（sonnets，即「十四行詩」）等。

　　英詩中傳統的三行詩節（Triplets），其詩行長短並沒有統一的規定，但都是押韻的，其中又可分爲「三連韻」（Tercet）和「連鎖韻」（terza rima）。「三連韻」詩節是每三行押同一韻，韻律是 aaa，接下去是 bbb，ccc 等等。三行詩節中連鎖韻（Terza rima）的韻律是 aba bcb cdc ded，編者稱之爲「連鎖韻」，因爲其詩節與詩節之間，韻律有聯繫，而且前後連環相扣。

　　七行詩節即王韻是一種中世紀流行的詩節，每節七行，每行抑揚格五音步（iambic pentameter），韻律是 ababbcc。之所以叫做「王韻」，據說可能是因爲 15 世紀蘇格蘭的國王詹姆斯一世 James I of Scotland，1406～1437）在他的長篇愛情詩《國王的詩書》（The King's Quair）中用過這種詩節。

　　八行詩節，每節 8 行，格律是五步抑揚格（iambic pentameter），韻律是abababcc。這種詩節最初是 14 世紀意大利詩人蒲伽丘（Giovanni Boccaccio，1313～1375）使用的，十五世紀才傳到英國。

　　斯賓塞在他的《仙後》（The Faerie Queen）這首長詩中採用的是九行詩節，稱之爲斯賓塞詩節（Spenserian stanza），韻律是 ababbcbcc，詩節的前 8 行是五音步抑揚格，最後一行是六音步（hexameter），這六音步詩行又有一個名稱叫做亞歷山大詩行（alexandrine line）。

　　十四行詩是英語詩歌中最長的傳統詩節，但也是格律最嚴格的一種詩體。通常有兩種形式：一種稱爲皮特拉克體十四行詩（Petrarchan sonnet）或意大利體十四行詩（Italian Sonnet），另一種稱爲英國十四行詩（English sonnet）或莎士比亞體十四行詩（Shakespearian sonnet）。

　　皮特拉克體十四行詩全詩爲由前 8 行（octave）和後 6 行（sestet）兩部份組成，前 8 行的韻律是 abba abba；後 6 行的韻律有變化，可以有兩個韻或三個韻，一般不超過三韻。

　　費樂仁（Pfister Lauren F.）在《理雅各的〈詩經〉韻體翻譯》（「Dr. Legge's Metrical Shiking」一文指出，在 1876 年的版本中，理雅各使用了多種不同的音步詩節形式。〔註15〕

　　以下爲 1876 年版《詩經》韻體詩的音步和用韻特點：

（一）詩行中不同的音步變化

《詩經·周頌·我將》

My offerings here are given,

A ram, a bull.

Accept them, mighty Heaven,

All-bountiful.

Thy statutes, O great king,

I keep, I love;

So on the realm to bring

Peace from above.

From Wên comes blessing rich;

Now on the right

He owns those gifts to which

Him I invite.

Do I not night and day

Revere great Heaven,

That thus its favor may

〔註15〕Pfister, Lauren. *James Legge's metrical Book of Poetry* [A]. School of Oriental and African Studies[C]. University of London, 1997, p.l.

To Chou be given?

（二）《詩經》國風中出現的不同詩節形式和押韻方式

（1）兩行詩節（對偶句）押 aa 韻

《詩經‧齊風‧盧令》

Ling-ling go the hounds; ling-ling the hounds go.

Their master is kindly and good, as we know.

（2）三行詩節

a. 押 aaa 韻（三連韻）

《詩經‧齊風‧著》

1He waited' tween the gate and screen,

With ear-plug strings of white silk seen.

The plugs themselves had hua stones' sheen.

b.一、二行押 aa 韻

《詩經‧周南‧麟之趾》

As the feet of the lin, which avoid each living thing,

So our prince's noble sons no harm to men will bring.

They are the lin!

c. 一、三行押 aa 韻

《詩經‧王風‧采葛》

He's there, the dolichos among!

Only one day from sight away,

To me it seems as three months long!

（3）四行詩節

a.隔句押 aa 韻

《詩經‧周南‧螽斯》

Ye locusts, wingèd tribes,

Gather in concord fine;

Well your descendants may

In numerous bright hosts shine!

b.押 aabb 韻

《詩經‧周南‧兔罝》

Careful he sets his rabbit nets all round;

Clang, clang his blows upon the pegs resound.

Stalwart the man and bold! his bearing all

Shows he might be his prince's shield and wall.

c.押 abab 韻

《詩經·召南·野有死麕》

In the wild lies an antelope dead,

Wrapt up in a mat of white grass.

With her thoughts of the spring comes a maid,

Whom a treacherous fop watches pass.

d.押 abba 韻

《詩經·王風·丘中有麻》

Where the hemp grows on the mound,

There some one keeps Tsǔ-chieh;

There some one keeps Tsǔ-chieh：

Why comes not he to me with a bound?

e.押 aaab 韻

《詩經·陳風·防有鵲巢》

The magpies' nests are on the bank;

On heights the lovely pea grows rank;

While withered my heart is and blank.

Who wiled my love away?

（4）五行詩節

a.二、五行押 aa 韻, 三四行押 bb 韻

《詩經·召南·甘棠》

fell not that sweet pear tree!

See how its branches spread.

Spoil not its shade,

For Shao's chief laid

Beneath it his weary head.

b.押 abbac 韻

《詩經·鄭風·清人》

1The men of Ch'ing in Peng all idle lie.

The general's chariot with its mail-clad team

Moves restlessly, and, rising from it, gleam

The tasseled spears, one bove the other high.

So aimless roam the troops about the Ho!

（5）六行詩節

a.押 aabbcc 韻

　《詩經・周南・雎鳩》

Hark! from the islet in the stream the voice

Of the fish hawks that o'er their nest rejoice!

From them our thoughts to that young lady go,

Modest and virtuous, loth herself to show.

Where could be found, to share our prince's state

So fair, so virtuous, and so fit a mate?

b.押 aabccb 韻

　《詩經・周南・樛木》

In the south are the trees whose branches are bent,

And droop in such fashion that o'er their extent

All the dolichos' creepers fast cling.

See our princely lady, from whom we have got

Rejoicing that's endless! May her happy lot

And her honors repose ever bring!

c.二、四行押 aa 韻；五六行押 bb 韻

　《詩經・召南・殷其雷》

Grand in the south the thunder rolls,

Beyond that lofty hill.

Why must he go, nor dare to stay

Brief space at rest and still?

Absent my noble lord I mourn,

May he return! May he return!

d.押 abbacc 韻

《詩經‧召南‧小星》

Behold those starlets small,

How three or five the east illume!

Swiftly we came when fell the gloom,

And now at dawn the hall

Of the harêm we leave, nor dare gainsay

Our lot which grants us here no longer stay.

e.押 ababcc 韻

《詩經‧邶風‧燕燕》

With wings, not level, spread,

About the swallows stir.

Homeward the lady sped,

And I escorted her.

And when away from sight she passed,

Like rain, my tears came falling fast.

f.押 aabaab 韻

《詩經‧唐風‧椒聊》

What clusters so rare

The pepper plants bear!

A measure, luxuriant and large, they would fill.

As much without peer

Is this hero here!

Sing hey for the shoots of the pepper plant still!

g.隔句押 aaa 韻

《詩經‧檜風‧羔裘》

In lamb's-fur robe you lounge about,

Hold court in fox fur clad.

Such habits wake my anxious thought；—

My weary heart is sad.

When thus you slight each rule of dress,

Must not your rule be bad?

（6）七行詩節

a.一、三、七行押 a 韻

《詩經·召南·草蟲》

Shrill chirp the insects in the grass;

All about the hoppers spring.

While I my husband do not see,

Sorrow must my bosom wring.

O to meet him!

O to greet him!

Then my heart would rest and sing.

b.一、三行押 aa 韻+五、六、七行押 bbb 韻

《詩經·鄭風·緇衣》

The black robes well your form befit;

When they are worn we'll make you new.

Now for your court! oh! there we'll sit,

And watch how you your duties do.

And when we to our homes repair,

We'll send to you our richest fare,

Such is the love to you we bear!

c.押 aabbcdd 韻

《詩經·鄭風·野有蔓草》

On the moor, where thickly grew

Creeping grass, bent down with dew,

There a handsome man drew nigh,

'Neath whose forehead, broad and high,

Gleamed his clear and piercing eye.

'Twas by accident we met;

Glad was I my wish to get.

（7）八行詩節

a.隔句押 aabb 韻

《詩經・周南・漢廣》

High and compressed, the southern trees

No shelter from the sun afford.

The girls free ramble by the Han,

But will not hear enticing word.

Like the broad Han are they,

Through which one cannot dive;

And like the Kiang's long stream,

Wherewith no raft can strive.

b.押 aabbcdcd 韻

《詩經・邶風・北風》

As when the north winds keenly blow, .

And all around fast falls the snow,

The source of pain and suffering great,

So now it is in Wei's poor state.

Let us join hands and haste away,

'Tis not a time will brook delay;

Things for prompt action call.

c.押 ababcddc 韻

《詩經・鄘風・桑中》

The gold thread to gather I'm going,

Where in Wei it spreads over the tree;

But my thoughts forever are flowing

To the beauty who captive holds me,

To the eldest Chiang. Yes, it is she!

Freely did she agree in Sang-chung,

She would come to me here in Shang-kung,

And then company keep with me on to the Ch'i.

d.押 aabbccdd 韻

《詩經・鄘風・定之方中》

At dusk the Ting star passed on to the west,

And field work for the year was laid to rest.

At Ch'u the duke his palace took in hand,

And by the sun fixed how its walls should stand.

All round about he planted many a tree,

Hazels and chestnuts, tung and tzŭ, and i,

And varnish trees. The grove would yield erelong

Abundant wood for lutes, to aid the voice of song.

f.押 ababccdd 韻

《詩經·王風·葛藟》

Around the creepers thickly spread,

On the borders of the Ho.

My native soil no more I tread;

Into exile forth I go.

Far removed from kindred all,

Father I a stranger call.

Though so called, he does not brook,

Kindly upon me to look.

g.二、四、六、八行押 aa 韻，三、七行押 bb 韻

《詩經·齊風·敝笱》

Rent is the basket at the dam,

Where bream and kuan abound;

As useless is the prince of Lu,

In vigor wanting found.

Ch'i's daughter now to Chi comes back,

Her followers as a cloud;

Her son should hold her fast in Lu,

Her wickedness to shroud.

h.押 aabccbdd 韻

《詩經·魏風·汾沮洳》

Where near the Fên damp is the ground,

The sorrel gatherers are found,

To eke their scanty food.

Such arts that officer displays,

（Whose elegance exceeds all praise;）

In him they are not good.

Charged with the cars of state, we look to find

His conduct show a higher style of mind.

I.押 aabbccdd 韻

《詩經·陳風·澤陂》

There where its shores the marsh surround,

Rushes and lotus plants abound.

Their loveliness brings to my mind

The lovelier one that I would find.

In vain I try to ease the smart

Of wounded love that wrings my heart.

In waking thought and likely dreams,

From every pore the water streams.

（8）九行詩節

a.押 ababbcbcc 韻

《詩經·鄘風·柏舟》

It floats about, that boat of cypress wood,

Now here, now there, as by the current borne.

Nor rest nor sleep comes in my troubled mood;

I suffer as when painful wound has torn

The shrinking body. Thus I dwell forlorn,

And aimless muse, my thoughts of sorrow full.

I might with wine refresh my spirit worn;

I might go forth, and, sauntering try to cool

The fever of my heart; but grief holds sullen rule.

b.押 aabccbddb 韻

《詩經·鄭風·揚之水》

Fretted its waters seem,

Yet gently flows the stream：

A bundle of thorns 'twill not bear.

Our brethren are so few;

There are but I and you：

Let nothing our friendship impair.

People's words don't believe;

They are meant to deceive：

Their purpose is but to ensnare.

c.押 aabccbddc 韻

《詩經・王風・揚之水》

Fretted the waters seem,

Yet gently flows the stream;

Unable a fagot to bear.

Guarding Shin here we roam,

Wives and children at home,

All absent our toils who should share.

We think of them ever;

Thought parts from them never;

What month shall we homeward repair?

d.押 aaabbccdd 韻

《詩經・唐風・鴇羽》

The wild geese fly the bushy oaks around,

With clamor loud. Su-su their wings resound,

As for their feet poor resting place is found.

The king's affairs admit of no delay;

Our millets still unsown, we haste away.

No food is left our parents to supply;

When we are gone, on whom can they rely?

O azure Heaven, that shinest there afar,

When shall our homes receive us from the war?

（9）十行詩節（隔句押韻）

《詩經‧魏風‧碩鼠》

Large rats, large rats, let us entreat

That you our millet will not eat.

But the large rats we mean are you,

With whom three years we've had to do,

And all that time have never known

One look of kindness on us thrown.

We take our leave of Wei and you;

That happier land we long to view.

O happy land! O happy land!

There in our proper place we'll stand.

（10）十一行詩節

a.押 ababccdeeed 韻

《詩經‧衛風‧淇奧》

How rich the clumps of green bamboo,

Around each cove of Ch'i!

They lead my thoughts to our Duke Wu;

Of winning grace is he!

As knife and file make smooth the bone,

As jade by chisel wrought and stone,

Is stamp upon him set.

Grave and of dignity serene;

With force of will as plainly seen;

Accomplished, elegant in mien;

Him we can ne'er forget.

b.押 aabbccddeee 韻

《詩經‧王風‧兔爰》

Caught is the pheasant in the net,

That vainly for the hare is set.

So those who duty promptly do

Find cause their loyal zeal to rue,

While one whose ends are base and mean

Contrives from harm himself to screen.

When I was in my youthful prime,

Without commotion passed the time;

But since those happy days were o'er,

Numerous the ills that press us sore：

I would that I might sleep, and rise no more!

（11）十二行詩節，隔句押韻

《詩經・秦風・小戎》

Before my mind's eye stands my lord's short car,

In which he dares the risks of savage war：

Its pole, whose end turns upward, curving round,

And in five places shines, with leather bound;

The slip rings and the side straps; the masked place,

Where gilt rings to the front unite the trace;

The mat of tiger's skin; the naves so long;

The steeds, with left legs white, and piebalds, strong.

Such my lord's car! He rises in my mind,

Lovely and bland, like jade of richest kind;

Yet there he lives, in his log hut apart：

The very thought confuses all my heart.

（12）十二詩節（押 ababcdcefgfg 韻）

《詩經・豳風・東山》

To the hills of the east we went,

And long had we there to remain.

When the word of recall was sent,

Thick and fast came the drizzling rain.

When told our return we should take,

Our hearts in the west were and sore;

But there did they clothes for us make：

−141−

They knew our hard service was o'er.

On the mulberry grounds in our sight

The large caterpillars were creeping;

Lonely and still we passed the night,

All under our carriages sleeping.

（13）十三行詩節

a.押 aabbccdeeffgg

《詩經·王風·黍離》

Where the palaces rose grand,

When Chou nobly ruled the land,

Millets, some with drooping head,

Some, just coming into blade,

All around abundant grew.

Slow the fields I wandered through,

Moved in heart such sight to view.

Friends who knew me understood.

What induced my saddened mood.

Those who did not know me said,

There I search for something made.

O thou azure Heaven, remote,

Who this desolation wrought?

b.押 ababccddeefff 韻

《詩經·鄭風·溱洧》

Of the Chên and the Wei

Onward the broad stream pours.

Women and men go by,

With valerian flowers.

To gentleman a lady says,

"Have you been there to see the plays?"

"I've been, " he says, and she replies,

"Let's go again, and feast our eyes.

The ground beyond the Wei you'll find

Large, and for pleasure well designed."

So gentlemen and ladies wend

Their way, in sport the day to spend,

And to each other oft small peonies extend.

（14）十四行詩節（隔句押韻）

《詩經・衛風・氓》

Of the Chên and the Wei

A simple-looking lad you seemed,

When first you met my eye,

By most a traveling merchant deemed,

Raw silk for cloth to buy.

But your true aim was to propose

That I should go with you;

And through the Ch'i I went quite free,

Until we reached Tun-ch'iu.

'Twas then I said, "It is not I,

Who would the time delay;

Your go-between I have not seen,

I must not run away.

I pray, sir, do not angry be;

In autumn be the day."

（15）十六行詩節（二、四行押韻，三、六行押韻，十、十二行押韻，
　　　十三、十五行押韻，十四、十六行押韻）

《詩經・魏風・園有桃》

A fruit, small as the garden peach,

May still be used for food.

A state, though poor as ours, might thrive,

If but its rule were good.

Our rule is bad, our state is sad,

With mournful heart I grieve.

All can from instrument and voice

My mood of mind perceive.

Who know me not, with scornful thought,

Deem me a scholar proud.

"Those men are right, " they fiercely say,

"What mean your words so loud?"

Deep in my heart my sorrows lie,

And none the cause may know.

How should they know, who never try

To learn whence comes our woe?

（16）二十行詩節（隔句押韻）

《詩經·魏風·伐檀》

K'an-k'an upon the sandal trees

The woodman's strokes resound.

Then on the bank he lays the trunks

His ax brings to the ground;

The while the stream goes rippling by,

Its waters cool and clear.

You work not so, O Wei's great men,

From me the truth now hear.

You sow no seed; no harvest tasks

Your soft hands take in charge;

And yet each boasts three hundred farms,

And stores the produce large.

You never join the hunt's halloo,

Nor dare to share its toils;

Yet lo! your wide courtyards are seen

Hung round with badgers' spoils.

I must conclude that woodman rude

A man of higher style.

To eat the bread of idleness

He feels would stamp him vile.

（三）同一首詩中出現的混合詩節形式

（1）三行詩節（押 aaa 韻）和六行詩節（ababcc 韻），如《詩經‧鄭風‧豐》；

（2）四行詩節（押 aaaa 韻）和六行詩節（二、四行押 aa 韻；五六行押 bb 韻），如《詩經‧召南‧行露》；

（3）四行詩節（押 aabb 韻）和六行詩節（押 aabbcc 韻），如《詩經‧秦風‧車鄰》；

（4）四行詩節（隔句押 aa 韻）和六行詩節（隔句押 aaa 韻），如《詩經‧齊風‧甫田》；

（5）六行詩節（押 ababcc 韻）和八行詩節（押 aabbccdd 韻），如《詩經‧鄘風‧載馳》；

（6）六行詩節（一、三、四段詩節押 ababcc 韻）＋八行詩節（第二段詩節押 abababcc 韻），如《詩經‧齊風‧南山》；

（7）十行詩節（1～8 行隔句押韻，9～10 行押韻）和五行詩節（三、四行押韻，二、五行押韻），如《詩經‧唐風‧揚之水》；

（8）十行詩節（押 aabbcccdcd 韻）和十一行詩節（押 aabbcccdede 韻），如《詩經‧鄭風‧將仲子》；

（9）十二行詩節、十三行詩節和十五行詩節（隔句押韻），如《詩經‧豳風‧揚七月》；

（10）十五行詩節（押 aabbcddeecffggc 韻）和十三行詩節（押 aabbcddceeffc 韻），如《詩經‧鄭風‧叔于田》。

以上詩節形式中四行詩節是較為常見的詩節形式，另外，還出現了英詩裏不常見的六行、八行、十行、十二行，以及十六行和二十行詩節，這些偶數詩行的詩節形式也體現出理雅各對於異質文化的漢詩翻譯時的一種異化策略。偶數詩行更貼近中國人的傳統審美習慣和中國古典詩歌對稱、均衡的詩歌美學。正如葉公超對格律美本質的理解：「均衡原則是任何藝術中最基本的條件，而包含對偶成分的均衡尤其有效力。重複律一方面增加元素的總量，一方面產生一種期待的感覺。使你對於緊跟著的東西發生一種希望，但是趁

你希望的時候卻又使你失望。韻腳的功用往往如此。西洋詩裏也有均衡與對偶的原則」，「均衡與對偶的原則可以產生無窮的變化，它並不是一個刻板的東西。」〔註16〕既有句（行）的均衡，也有全詩的「均衡」，既有「意」的「均衡」，更有「聲」的「均衡」。

三、1876年版譯本的文學翻譯策略

　　理雅各1876年版譯本的語言相對於1871年版譯本而言，語言較通俗易懂，形式也更為多樣，從而避免枯燥乏味，更能面向普通讀者。

（一）翻譯中英語方言的使用

　　《王風·君子于役》、《王風·君子陽陽》和《女曰雞鳴》等譯為蘇格蘭方言，與標準英語的風格迥然不同。例如：

君子于役，不知其期，易至哉跡

雞棲於樹，日之夕矣，羊牛下來。

君子于役，如之何勿思！

君子于役，不日不月，易其有話？

雞棲於架，日之夕矣，羊牛下括。

君子于役，苟無饑渴！

1The gudeman's awa, for to fecht wi' the stranger,

An' when he'll be back, oh! my hert canna tell.

The hens gae to reist, an' the beests to their manger,

As hameward they wend frae their park on the hill.

But hoo can I, thus left alane,

Help thinking o' my man that's game?

2The gudeman's awa, for to fecht wi' the stranger,

An' lang will it be ere he see his fireside.

The hens gae to reist, an' the beests to their manger,

As the slantin' sunbeams throu the forest trees glide,

Heaven kens the lanesome things I think.

Heaven sen' my man his meat an' drink!

〔註16〕葉公超：論新詩，《文學雜誌》創刊號，1937年版。

原文表達了農婦盼征夫歸來的渴望之情，夕陽西下，家裏養的雞都回了雞舍，牛羊都進了圈，但丈夫服役在千里之外，夫妻不能團聚，令人黯然神傷。譯文以蘇格蘭方言譯出，別具風味，這種濃鬱的鄉土氣息更能顯出原文情感的質樸與眞切，讓讀者似乎看到一位勞累了一天的蘇格蘭妻子憂心忡忡地盼望服役的丈夫早日歸來。不同國度，相同的境遇、相同的愁苦，歸圈的牛羊，寂寥的農舍，夕陽、樹木、山川、無盡的思念。以蘇格蘭方言所做的這一翻譯嘗試應該是成功的。

（二）多語種對比

《王風・揚之水》《陳風・防有雀巢》《小雅・鹿鳴・皇皇者華》和《周頌・清廟・維天之命》等詩由 William Meneer 譯爲拉丁語分別附在英譯文後面；《唐風・葛生》《秦風・黃鳥》和《周頌・閔予小子・小毖》分別譯爲兩種英文形式。

（三）細化詩歌的言外之意

與 1871 年版譯本通過破折號的使用將原詩主人公的渴望和焦慮表現出來不同，在 1876 年版譯本中，《小雅・菀柳》通過大量的附加想像翻譯了詩行之外的隱喻和暗喻，從而把主人公的情感充分表達出來，還使用 rest 和 blessed，show 和 undone 兩組押韻詞來呈現現實與理想之間的差距。

又如《陳風・東門之枌》，1876 年譯本中這首詩翻譯得語言活潑生動、詼諧有趣：

1The white elms by the east gate grow,

And clumps of oaks crown Yüan Ch'iu's head;

There Tzŭ-chung's daughter oft we see,

Dancing about beneath their shade.

2On a bright morning they have fixed,

To seek the plain that southward lies.

Then from her task of twisting hemp,

See! dancing through the mart she hies.

3The morning fair, young men and girls

Together go. You hear a youth

Say to his mate, "O sunflower bright,

Pledge me with pepper stalk your truth!"

（四）在翻譯中使用副歌疊唱形式，使詩節內韻腳發生變化，更為跌宕起伏，貼近詩意，富於文學表現力。

例如《唐風‧綢繆》：

1 Round and round the fagots I've bound,

And the Heart in heaven shines clear.

Oh! that I such an evening have found!

That this good man should be here!

O me! O me!

With a husband like this I have nothing to fear.

2 Round and round the grass we have bound;

And the corner shines the Heart.

Strange that we such an evening have found!

Thus to meet and never to part!

O joy! O joy!

That this meeting should come without scheming or art!

3 Round and round the thorns I have bound;

From the door the Heart I see.

Oh! that I such an evening have found!

That this Beauty is come to me!

O me! O me!

That this lady so lovely mine only should be!

因使用副歌疊唱形式，第一段和第二段詩節的韻腳爲押 ababcb 韻，而第三段詩節的韻律格式則變爲押 ababbb 韻。

（五）對話形式的翻譯

對話形式的翻譯使詩歌更有畫面感和生活氣息，如《魯頌‧有駜》最後一段詩節翻譯爲對話形式：

At last their prayer they thus express：一

"May fruitful years our marquis bless!

His goodness may he still maintain,

And leave to sons in lengthening chain!"

May such rejoicing long remain!

　　根據費樂仁（Lauren F. Pfister）和中國學者姜燕的考證，理雅各的韻體譯本，無論是在翻譯的準確度、對原詩意境表現的忠實度上，還是在韻律的考究與優美程度上都較 19、20 世紀的其它韻體譯本優秀（這其中包括了理雅各所參考的兩個德譯本，以及湛約翰、詹寧斯、艾倫、顧賽芬、韋利的譯本），可以說是現今《詩經》韻體翻譯的最佳譯本。

小　結

　　本章我們從理雅各《詩經》譯介中賦、比、興藝術表現手法的運用、《詩經》韻譯本的用韻以及生動活潑等語言技巧諸方面，探討了理雅各《詩經》英譯本對《詩經》文學性回歸所做的努力。

　　當然，要真正還原《詩經》的文學性，就得如錢鍾書先生所說的「涵泳本文」，以「莫逆冥契」的詩心文心評賞《詩》中意象，善於將細膩的情感體驗，施之於對《詩》的解讀上。明萬時華《詩經偶箋・序》曰：「今之君子知《詩》之為經，而不知《詩》之為詩，一蔽也。」經生治《詩》，往往猶如士卒之遵奉將令、臣下而親聆聖諭，唯命是從，不敢與「經」有半毫差池；且又不解藝事，免不了妄加附會臆測，遂致解詩如白日夢囈、醉中昏語耳！

　　學貫中西的錢鍾書認為，《詩》既為文學，屬於「藝」，是藝術創作，「亦且自持情性，使喜怒哀樂，合度中節，異乎探喉肆口，直吐快心」，雖說長歌當哭，「而歌非哭也，哭者情感之天然發泄，而歌者情感之藝術表現也。『發』而能『止』，『之』而能『持』，則抒情通乎造藝，而非徒以宣泄為快有如西人所嘲『靈魂只便溺』矣」〔註17〕。藝術創作並不等同於生理發泄，「哭」是自然情感的發泄，而「歌」是自然情感經過審美本體的過濾和醇化的文學形態。錢鍾書先生主張「化書卷見聞作吾性靈，與古今中外無町畦」〔註18〕，藝術不分國界，文學本身具有的特有規律也是不分國界的，人類社會具有共有的

〔註17〕　錢鍾書：《管錐編》，中華書局，1979 年版，第 57～58 頁。

〔註18〕　錢鍾書：《錢鍾書集・寫在人生邊上的邊上》，北京三聯書店，2001 年版，第 188 頁。

心理學特徵，可以穿時空、跨國界、超學科，冶中外古今於一爐。

　　囿於理雅各更多側重於知《詩》之爲經，不能以詩解《詩》，對《詩經》文學價值的認識與《詩經》獨具的輝煌的文學成就還有相當的距離，甚至還沒有達到耶穌會教士和同時代歐洲學者的高度，因此，理雅各的《詩經》英譯本對《詩經》文學性的解讀還是比較籠統和膚淺的。

第五章　理雅各《詩經》譯介的意象闡釋

　　本章主要就理雅各《詩經》英譯本中文學意象的捕捉作一詳細分析。自劉勰在《文心雕龍》中首次將「意象」二字融爲一詞並用於文學批評之後，它就成了中國古典美學及詩學批評中一個很重要的範疇：「玄解之宰，尋聲律而定墨：獨照之匠，窺意象而運斤：此蓋馭文之首術，謀篇之大端。」這裡的意象，已是「意」中之「象」，含有「心」與「物」之二者合也。因此，意象是指具體、單個的以語詞爲載體的詩意形象，它是外物形象的知覺審美形式與其象徵意蘊的有機統一。〔註1〕幾乎每部《詩經》研究專著都包含著關於三百篇意象的賞析。所謂文學意象，就是客觀物象經過創作主體獨特的情感活動而創造出來的一種藝術形象。簡單地說，意象就是寓「意」之「象」。

　　朱光潛〔註2〕在關注意象的功能與《詩經》比興手法的關係時認爲，《詩經》中的意象，是通過比興來象徵。他說，「《詩經》中比興兩類是有意要拿意象來象徵情趣，但是通常很少完全做到象徵的地步，因爲比興只是一種引子，而本來要說的話終須直率說出」。朱光潛的這個說法是將比和興並稱的。他舉「關關唯鳩，在河之洲」這一意象，認爲只是爲了引起「窈窕淑女，君子好逑」。舉「昔我往矣，楊柳依依；今我來思，雨雪霏霏」說明「情趣恰隱寓於意象，可謂達到象徵妙境」。但此例主要是比喻，「楊柳依依」暗喻的是

〔註1〕王雙：新時期《詩經》意象研究述評，《河北大學學報（哲學社會科學版）》，
　　　　2009 年第 2 期。
〔註2〕朱光潛：《詩論》，重慶國民圖書出版社，1942 年版。

「昔我往矣」，「雨雪霏霏」暗喻的是「今我來思」。《詩經》裏也有用興來象徵的，朱光潛在理論上提出了這一點。他在分析《蒹葭》時認爲「有時偏重情趣，所引事物與所詠事物在情趣上有暗合默契處，可以由所引事物引起所詠事物的情趣」。

　　意象研究是現代西方普遍流行的一種詩歌賞析方法，西方學術界歷來非常重視詩歌的意象描寫，認爲「用意象描寫，這本身就是詩歌的頂峰和生命」〔註3〕。漢英詩歌意象的背後因不同的文化背景和審美情趣而隱含著深邃的文化意義鏈，或「文化語境」。這個語境包含了自然環境、風俗民情、歷史文化、神話傳說、宗教信仰、倫理取向、文化心態和審美取向等複雜的交互關係，這種關係賦予詩歌意象獨特的民族文化內涵。因此，漢詩英譯中的詩歌意象研究應是開放型的和跨文化的，因爲構築其詩歌意象體系的因子是複雜的。

第一節　理雅各《詩經》英譯的意象系統

　　對於《詩經》這樣一部久被經學浸潤的詩歌總集，其豐富而瑰麗的意象系統研究卻未被重視。以下以理雅各獨立闡釋能力日益增強的1876年版《詩經》英譯本爲底本，考察其對《詩經》自然意象、動物意象和植物意象等的詮釋。

一、自然意象

（1）季節意象

　　張德明指出意象選擇的人文地理性，不同的自然環境對於人們的意象構成能力（image making capabilities）起著潛移默化的影響。而中國是大陸－農業型的文化生態環境，使中國人對與農事安排直接有關的季節和物候的變化特別敏感。〔註4〕

　　例如《豳風·七月》是《詩經》中最典型的農業生活詩。是西周初期豳地未淪陷時的作品。《七月》非一時之作，它的胚胎出於西周農奴之手，而最後定型則完成於春秋時期周王朝的樂官，使《七月》既保留了西周初期農業生產生活的歷史原貌，又具有春秋時期的藝術特徵。理雅各準確地將「七

〔註3〕引自劉易斯著：《詩歌意象》，牛津出版社，1958年版，第20頁。
〔註4〕張德明：《詩歌意象的跨文化比較》，《中國比較文學》，1997年第2期。

月流火」翻譯爲「The seventh month sees the Ho down westward go; 七月火星偏西方）」；「一之日觱發」翻譯爲「Our first month's days, the wind blows cold and shrill（十一月北風呼呼吹）」；「二之日栗烈」翻譯爲「Our second's days, winds hushed, the air is chill（十二月寒氣刺骨涼）」。由於季節變化與農業社會中人們最基本的生存方式密切相關，所以也體現出《詩經·豳風·七月》中對季節和物候變化的特別關注。

（2）氣候意象

《邶風·谷風》的「習習谷風，維風及雨」，理雅各譯爲「Gently and soft the east wind blows, And then there falls the pelting rain.」「雨」的意象被詮釋爲「暴雨」，形象地比喻了其夫陰鬱暴躁的性格。

《邶風·北風》的「北風其涼，雨雪其雱（páng）」，理雅各譯爲「As when the north winds keenly blow, And all around fast falls the snow」。北面來的風最爲寒冷。雱（páng）：雪盛貌。寒風、大雪和大雨共同營造了亂世的悲慘氣象。

《鄭風·風雨》的「風雨淒淒，雞鳴喈喈」，理雅各譯爲「Cold is the wind, fast falls the rain, The cock aye shrilly crows.」風雨交加的淒涼清冷更凸顯了見到意中人的驚喜。

《邶風·終風》的「終風且暴，顧我則笑」，理雅各譯爲「Fierce is the wind and cold; And such is he. Smiling he looks, and bold Speaks mockingly.」「Fierce」準確地展示出狂風猛烈的心悸畫面，襯托出女主人公悲慘的命運，因比而興，有強烈的藝術震撼力。

《邶風·凱風》「凱風自南，吹彼棘心」的英譯「On that jujube tree the wind, From the south, blows soft and kind, 」卻詮釋出了「凱風」這一意象所蘊含的如母親般「soft and kind（溫柔而仁慈）」的象徵義。

《鄘風·蝃蝀》「蝃蝀在東，莫之敢指」的英譯「A rainbow in the east invites the gaze, But none a finger to it dares to raise.」用於起興，這裡的蝃蝀（dìdōng）即彩虹具有愛情與婚姻的象徵義。

（3）山水意象

《邶風·簡兮》「山有榛，隰有苓」的英譯「Hazels on hills; the ling in meadow damp」用於起興。詩歌用「山有榛，隰有苓」託興，根據《詩經》中其它七處「山有……」「隰有……」對舉句式的理解，此處是以樹隱喻男子，以草隱喻女子，託興男女情思。

《召南‧草蟲》「陟彼南山，言采其蕨。」「Ascending high that southern hill, Turtle ferns I strove to get.」用來起興，詩人借「陟彼南山」和「言采其蕨」的外在活動表現內心「未見君子」的憂傷。用「南山」和「蕨」的復合意象表現出婦人懷想遠行丈夫的思念。

《齊風‧南山》「南山崔崔，雄狐綏綏。」「There where the south hill rises high and great, A male fox sits，suspicious and alone.」「南山」與「狐狸」構成復合意象。「南山」借指齊襄公的國君高位，而「雄狐」卻指代其不端行為，造成意象的失衡感。

《召南‧殷其雷》「殷其雷，在南山之陽。」「Grand in the south the thunder rolls, Beyond that lofty hill.」據朱熹此詩為起興，因南山的雷聲殷殷而興起思念丈夫之情。「殷其雷」是越過「南山」這一遙遠距離之阻隔形象聯繫起婦人與丈夫思念的象徵。

《邶風‧泉水》的「毖彼泉水，亦流於淇」，理雅各譯為「As the stream let from its spring Flows into the river Ch'i」，用泉水流入淇水起興，委婉道出詩人歸寧的思鄉念頭。

（4）天文意象

《召南‧小星》「嘒彼小星，三五在東」的英譯「Behold those starlets small, How three or five the east illume!」用於起興，「小星」意象作比「生活在社會下層的小官吏」。

《唐風‧綢繆》「綢繆束薪，三星在天」，理雅各英譯為「Round and round the fagots I've bound, And the Heart in heaven shines clear.」「三星」有多說，毛傳認為指參宿三星，鄭箋則認為指心宿三星，近代天文學家朱文鑫考證認為三段中的三星分別指參宿三星、心宿三星、河鼓三星（《天文考古錄》）。「綢繆」纏繞、纏綿義。「束薪」比喻夫婦同心，情意纏綿。詩借「束薪」作象徵，用「三星」作背景，描寫新婚之夜的纏綿與喜悅。理雅各意譯「三星」為「天上的心」，擬人化了夜的過程，時光的流動，更具詩意和切近主旨。

《邶風‧日月》「日居月諸，照臨下土」的英譯「O sun so bright, O moon so fair, This lower earth that light」用於起興，毛傳：「日乎月乎，照臨之也。」也即是日月每天都照耀著我們的土地之意。

《秦風‧月出》「月出皎兮，佼人僚兮」的英譯「The moon comes forth, bright in the sky; A lovelier sight to draw my eye Is she, that lady fair.」柔美月色

用於起興，同時興中有比，又以月光的美來比喻所愛人之美。「月」也成為中國古典詩歌中引發某種固定情緒和習慣性聯想的程序化意象。

這種程序化意象已是一種表示特定情緒和意味的藝術符號，代表了特定文化圈中人們共同的情感心理定勢和習慣思路，並進入詩歌意象體系，由歷代詩人承繼相因，「不是以它們的零散的直接存在的面貌而為人所認識，而是上升為觀念。觀念的功能就獲得一種絕對普遍存在的形式。」〔註5〕

二、動物意象

理雅各在 1871 年版《詩經》英譯本中提到的困難之一是對《詩經》裏的植物、鳥、四足動物、魚和蟲的翻譯。他為此咨詢了日本 Dr.J.C.Hepburn of Yokohama 和英國植物學家 Mr. Cramer。在《詩經》中出現了大量的動物意象，這些動物所包含的意蘊常常超過這些動物本身。

（1）作為生活中的平常事物出現的動物意象

「馬」通常作為一種交通工具出現在詩句當中，如《鄘風・載馳》中的「驅馬悠悠，言至於漕」還不乏美感；《秦風・車鄰》「有車鄰鄰，有馬白顛」中「白顛」兩個簡單的字就將馬的特徵描繪出來，可謂簡潔精妙。

「馬」在風中具體分佈篇目有：《周南・卷耳》（steed）、《鄭風・大叔于田》（horse）、《秦風・駟驖》（steed, horse）、《秦風・小戎》（steed, horse）、《鄘風・載馳》（steed, horse）、《衛風・碩人》（steed）、《秦風・車鄰》（steed）、《秦風・渭陽》（steed）、《陳風・株林》（colt，小馬）、《豳風・東山》（steed）、《周南・漢廣》（colt）、《邶風・擊鼓》（steed）、《鄘風・干旄》（steed）、《唐風・山有樞》（steed）、《鄘風・定之方中》（steed）、《齊風・載驅》（steed）。

在雅中的具體分佈篇目有：《小雅・皇皇者華》（steed, horse）、《小雅・六月》（steed, horse）、《小雅・四牡》（steed）、《小雅・車攻》（steed）、《小雅・白駒》（colt）、《小雅・節南山》（steed）、《小雅・十月之交》（stud，馬群）、《小雅・裳裳者華》（steed）、《小雅・采菽》（steed）、《小雅・角弓》（colt, horse）、《小雅・采芑》（steed, horse, piebald，花馬）、《大雅・大明》（steed）、《大雅・綿》（steed）、《大雅・崧高》（steed）、《大雅・烝民》（steed）、《大雅・抑》（steed）、《小雅・吉日》（steed）、《大雅・桑柔》（steed）、《大雅・韓奕》（steed）、《小

雅‧采薇》（steed）、《小雅‧鴛鴦》（steed）、《大雅‧雲漢》（horse）

在頌中的具體分佈篇目有：《周頌‧有客》（steed）、《魯頌‧駉》（stallion，種馬、公馬）、《魯頌‧有駜》（stallion）、《魯頌‧泮水》（horse）、《周頌‧有客》（steed）。

理雅各將「馬」的意象在風、雅、頌中翻譯爲 steed（駿馬，坐騎），horse（馬），colt（小馬），stud（馬群），piebald（花馬），stallion（種馬，公馬）等。

「羊」作爲農家飼養的牲畜及祭祀中經常用到的犧牲，是生活中經常接觸的事物，不免被提到很多次。「羊」在風中的具體分佈篇目有：《召南‧羔羊》（lamb or sheep）、《唐風，羔裘》（lambkin）、《豳風‧七月》（lamb, sheep）；在雅的具體分佈篇目爲：《小雅‧無羊》（sheep）、《大雅‧生民》（lamb）、《小雅‧楚茨》（sheep）；在頌中的具體分佈篇目爲：《周頌‧我將》（ram，公羊）、《周頌‧絲衣》（sheep）。

理雅各在風、雅、頌裏把「羊」翻譯爲 lamb（羔羊，小羊），sheep（羊，綿羊），ram（公羊）以及 lambkin（小羊）等。

借代的手法在描述動物時也時常被用到，也就是用動物來指代某種現象。例如雞鳴在《齊風‧雞鳴》「雞既鳴矣，朝既盈矣」及《鄭風‧女曰雞鳴》「女曰雞鳴」中被當作是太陽升起、開始新一天生活的標誌，這種習慣一直延續至今，成爲一種習俗。

「雞」在風中的具體分佈篇目有：《邶風‧雄雉》（pheasant，雉、野雞）、《邶風‧匏有苦葉》（pheasant）、《鄭風‧風雨》（cock，公雞）、《齊風‧雞鳴》（cock）、《王風‧君子于役》（hen，母雞）、《王風‧兔爰》（pheasant）、《鄭風‧女曰雞鳴》（cock）、《邶風‧簡兮》（pheasant）、《衛風‧碩人》（pheasant）；在雅中的具體分佈篇目爲：《小雅‧斯干》（pheasant）。

理雅各在風、雅、頌裏把「雞」翻譯爲 pheasant（雉、野雞），cock（公雞），hen（母雞）等。

（2）反諷作用的動物意象

在《詩經》中共有六篇文章提到鼠，其中有一篇是《鄘風‧相鼠》（rat），把統治者諷刺爲「人見人罵」的老鼠，被責罵成「無儀、無禮、無恥」，最後甚至落到被咒罵成「胡不遄死」的這樣的悲慘結局。另一篇是《魏風‧碩鼠》（rat），「黍」「麥」「苗」都是重要的農作物，卻不幸被「碩鼠」所食，詩人

把剝削者比爲「碩鼠」。還有《召南·行露》「誰謂鼠無牙，何以穿我墉？」（rat）和《小雅·斯干》（vermin，害獸）等。理雅各把「鼠」翻譯爲 rat（老鼠）和 vermin（害獸）等。《邶風·北風》「莫赤匪狐，莫黑匪烏。」狐爲狐狸 fox。周代尚赤，貴族統治者都穿大紅。比喻統治者如同兇狠狡猾的狐狸。烏爲烏鴉 crow。黑色的衣服稱作「緇衣」，是卿大夫居私朝之服。比喻統治者如同凶佞討厭的烏鴉。

（3）祥瑞象徵的動物意象

《周頌·潛》中有這樣一句話：「猗與漆沮，潛有多魚。有鱣有鮪，鰷鱨鰋鯉。以享以祀，以介景福。」漆水、沮水景色秀美，漁業資源豐富。鱣魚鮪魚不計其數，鰷鱨鰋鯉也群出其間。捕來眾魚恭敬奉祀，祈望祖先賜福綿延。由此可見，魚自古就有著吉祥如意的意蘊，六種不同類型的魚用來祭祀，表達了對未來幸福的強烈期望。

「魚」在風中的具體分佈篇目有：《齊風·敝笱》（bream，鯉科魚）、《陳風·衡門》（fish）、《檜風·匪風》（fish）、《豳風·九罭》（bream）、《周南·汝墳》（bream）、《邶風·新臺》（fish）、《衛風·碩人》（fisher，漁人）；在雅中的具體分佈篇目爲：《小雅·魚麗》（fish）、《小雅·南有嘉魚》（fisher）、《小雅·魚藻》（fish）、《小雅·鶴鳴》（fish）、《小雅·正月》（fish）、《大雅·旱麓》（fish）、《大雅·靈臺》（fish）、《大雅·韓奕》（bream，tench）、《小雅·四月》（sturgeon，鱏）、《小雅·采綠》（bream）；在頌中的具體分佈篇目爲：《周頌·潛》（mudfish, carp）、《魯頌·駉》（fish）。

理雅各在風、雅、頌裏把魚翻譯爲 fish（魚），bream（鯉科魚），tench（丁鯛），sturgeon（鱏魚），mudfish（泥魚），carp（鯉魚）等。

《小雅·鴛鴦》中寫到：「鴛鴦于飛，畢之羅之。君子萬年，福祿宜之。鴛鴦在梁，戢其左翼。君子萬年，宜其遐福。」這裡「鴛鴦」作爲一個白頭偕老、恩愛一生的意象出現在當時及其後幾千年的傳統文化之中，成爲對於戀人夫妻美好未來的希望和祝願。

《商頌·玄鳥》：「天命玄鳥，降而生商，宅殷土芒芒。古帝命武湯，正域彼四方。」傳說中，商之元祖母簡狄在家誤吞燕卵而生商祖契，正是美麗的玄鳥給人們帶來了吉祥和幸福。這首詩追述了殷商民族的始祖和開國君主成湯的功績，熱烈讚頌了殷商高宗武丁復興殷商的功績及其後國泰民安、四方來朝的治世景象，表現出熱烈莊重的祭祀氛圍和肅穆虔誠的祈福。

「鳥」在風中的具體分佈篇目有：《周南‧葛覃》（oriole，黃鸝）、《邶風‧燕燕》（swallow，燕子）、《邶風‧凱風》（bird）、《鄭風‧女曰雞鳴》（geese）、《秦風‧黃鳥》（bird）、《周南‧關雎》（fish hawk，魚鷹）、《召南‧行露》（sparrow，麻雀）、《陳風‧防有鵲巢》（magpie，喜鵲）、《召南‧鵲巢》（magpie，喜鵲）、《邶風‧新臺》（goose）、《邶風‧北風》（crow，烏鴉）、《鄘風‧鶉之奔奔》（magpie，喜鵲）、《衛風‧氓》（dove，鴿）、《唐風‧鴇羽》（geese）、《豳風‧東山》（oriole，黃鸝）、《豳風‧鴟鴞》（owl，貓頭鷹）、《曹風‧鳲鳩》（turtle dove，斑鳩）、《豳風‧九罭》（geese）、《邶風‧匏有苦葉》（goose）、《魏風‧伐檀》（quail，鵪鶉）、《秦風‧晨風》（falcon，獵鷹）、《陳風‧宛丘》（egret，白鷺）、《陳風‧墓門》（owl，鴞）、《曹風‧候人》（pelican，鵜鶘）、《豳風‧七月》（oriole, shrike 伯勞鳥）。

在雅中的具體分佈篇目有：《小雅‧伐木》（bird）、《小雅‧鴻雁》（wild greese）、《小雅‧黃鳥》（bird）、《小雅‧鴛鴦》（yellow ducks）、《小雅‧菀柳》（bird）、《小雅‧白華》（marabou，鸛；crane，鶴；yellow ducks，鴛鴦）、《小雅‧緜蠻》（oriole，黃鸝）、《大雅‧鳧鷖》（wild duck, widgeon，野鴨）、《大雅‧卷阿》（phoenix，鳳凰）、《大雅‧瞻卬》（owl）、《小雅‧鶴鳴》（crane）、《小雅‧斯干》（bird）、《小雅‧正月》（crow）、《小雅‧小弁》（crow）、《大雅‧旱麓》（hawk，鷹）、《大雅‧靈臺》（bird）、《小雅‧小宛》（dove）、《小雅‧出車》（falcon，獵鷹；oriole，黃鸝）、《小雅‧四月》（hawk，eagle，鷹）、《小雅‧四牡》（swift，雨燕）、《小雅‧南有嘉魚》（dove）、《小雅‧常棣》（wagtail，鶺鴒）、《小雅‧采芑》（swift，falcon）、《小雅‧沔水》（swift，falcon）、《大雅‧大明》（eagle）；在頌中的具體分佈篇目有：《商頌‧玄鳥》（swallow）、《魯頌‧有駜》（egret，白鷺）、《魯頌‧泮水》（owl，bird）、《周頌‧振鷺》（egret，白鷺）、《周頌‧小毖》（bird）。

理雅各在風、雅、頌裏把「鳥」翻譯為 bird（鳥），oriole（黃鸝），swallow（燕子），geese（鵝），fish hawk（魚鷹），sparrow（麻雀），magpie（喜鵲），crow（烏鴉），dove（鴿），owl（貓頭鷹），turtle dove（斑鳩），quail（鵪鶉），falcon（獵鷹），egret（白鷺），pelican（鵜鶘），shrike（伯勞鳥），yellow ducks（鴛鴦），widgeon（野鴨），phoenix（鳳凰），crane（鶴），hawk（鷹），marabou（鸛），eagle（鷹），swift（雨燕），wagtail（鶺鴒）等。

三、植物意象

孔子言：「詩，可以興，可以觀，可以群，可以怨。邇之事父，遠之事君；多識於鳥獸草木之名。」還有許多植物和動物往往被詩人人格化（personalization）而上升到倫理高度，進入詩歌意象體系，更由於歷代詩人承繼相因，而具有文化的原型性質。

（1）草本植物意象

《周南・關雎》「參差荇菜，左右流之」的英譯爲「See how the duckweed's stalks, or short or long, Sway left and right, as moves the current strong!」。荇菜，水生植物。圓葉細莖，根生水底，葉浮在水面，可供食用。趙國華《生殖崇拜文化論》（P236～238，中國社會科學出版社，1990 年）中說：「以荇菜象徵女子，以左右流之左右採之左右芼之象徵男兒對她的執著追求」，因爲「在母系社會晚期上古時期，象徵女性生殖器的花卉植物，演化出象徵女性的意義。這類象徵在《詩經》中比比皆是」。「以采得某種植物，作爲男女戀愛婚媾的象徵，成了《詩經》的一個重要表現手法。其中，花卉植物由單純象徵女性又進一步發展爲象徵男女情侶。」

《鄘風・桑中》「爰采唐矣，沫之鄉矣」的英譯爲「The gold thread to gather I'm going, Where in Wei it spreads over the tree」。唐：植物名。即菟絲子，寄生蔓草，秋初開小花，子實入藥。一說當讀爲「棠」，梨的一種。以「采唐」起興，在含蓄中有深情，形象中有蘊意。以采摘某種植物起興，這是上古時期吟詠愛情、婚嫁、求子等內容時常用的手法之一，也就是說，在上古時期，採摘植物與性有著某種神秘的或是象徵性的聯繫。

《周南・卷耳》「采采卷耳，不盈頃筐」的英譯爲「Though small my basket, all my toil Filled it with mouse-ears but in part.」卷耳：野菜名，又叫蒼耳。所謂「憂者之興」，即興在憂思，不在採集。採集乃是憂思之話題的一個「引言」。用於起興，思婦懷人。

《鄘風・牆有茨》「牆有茨，不可掃也」的英譯爲「As grows on wall the Tribulus, And 'gainst the brush retains its hold」。茨（音詞）：植物名，蒺藜。一年生草本植物，果實有刺。起興含有比意，以扒緊宮牆的蒺藜清掃不掉，暗示宮中醜事是掩蓋不住、抹煞不了的。

《衛風・木瓜》「投我以木瓜，報之以瓊琚」的英譯爲「A tree gourd they gave me in compliment, And I in return gave a lovely chü gem」。古代有一瓜果之

類為男女定情的信物的風俗。回報的東西價值要比受贈的東西大得多，這體現了一種人類的高尚情感（包括愛情，也包括友情）。理氏解為友情。

《王風·黍離》「彼黍離離，彼稷之苗」的英譯為「Where the palaces rose grand, When Chou nobly ruled the land，Millets, some with drooping head, Some, just coming into blade, All around abundant grew.」黍：一種農作物，即糜子，子實去皮後叫黃米，有黏性，可以釀酒、做糕等。「黍離」「彼黍離離」，是一種典型的比興修辭。表達了對國家昔盛今衰的痛惜傷感之情。毛詩序稱：「《黍離》，閔宗周也。周大夫行役至於宗周，過宗廟公室，盡為黍離。閔宗周之顛覆，彷徨不忍去而作是詩也。」這種解說在後代得到普遍接受，黍離之悲成為重要典故，用以指亡國之痛。

《王風·中谷有蓷》「中谷有蓷，暵其乾矣」的英譯為「The valleys show the motherwort, Now scorched in each dry spot.」蓷：益母草。以山谷中乾枯的益母草起興，既寫出了環境的貧瘠孤寂，暗示著棄婦面臨的生活遭遇和災荒的惡劣環境，又象徵了女子的憔悴。

《王風·葛藟》「綿綿葛藟，在河之滸」的英譯為「Around the creepers thickly spread, On the borders of the Ho.」葛藟又名葛、櫑鼄（《說文》），巨苽、蓲藟（陸璣《詩疏》），千歲藥、藥蕪（《別錄》），鳥蛙、千歲木、栽秧藤、割穀鐮藤、野葡萄。以葛藟起興，正在於申言這種傷懷與渴望的連綿不斷，悠長不盡。

《秦風·蒹葭》「蒹葭（jiān jiā）蒼蒼，白露為霜」的英譯為「Reed and rush are dark and green; As hoarfrost the white dew is seen.」蒹葭是一種植物，指蘆荻，蘆葦。蒹，沒有長穗的蘆葦。葭，初生的蘆葦。以蒹葭起興，展現河上清虛寂寥之中略帶淒涼哀婉色彩之境，對詩中所寫執著追求而可望難即的愛情，起到了很好的氣氛渲染和心境烘託作用。「古之寫相思，未有過之《蒹葭》者。」

（2）木本植物意象

《周南·樛木》「南有樛木，葛藟纍之」的英譯為「In the south are the trees whose branches are bent, And droop in such fashion that o'er their extent All the dolichos' creepers fast cling.」樛木：枝向下彎曲的樹。《詩經》中的「興」語往往兼有「比」義，《樛木》就是如此。以葛藟纏繞樛木，比喻女子嫁給丈夫。

《周南·桃夭》「桃之夭夭，灼灼其華」的英譯為「Graceful and young the peach tree stands; How rich its flowers, all gleaming bright!」桃，木名、華紅，實

可食。孔疏曰：「夭夭，言桃之少；灼灼，言華之盛。桃或少而不華，或華而不少，此詩夭夭灼灼並言之，則是少而有華者。故辨之言桃有華之盛者，由桃少故華盛，比喻此女少而色盛也。」因所見以起興，而歎其女子之賢，知其必有以宜其室家也。

《召南·甘棠》「蔽芾甘棠，勿剪勿伐，召伯所茇」的英譯為「fell not that sweet pear tree! See how its branches spread. Spoil not its shade，For Shao's chief laid Beneath it his weary head.」甘棠：棠梨，杜梨，高大的落葉喬木，春華秋實，花色白，果實圓而小，味澀可食。全詩由睹物到思人，由思人到愛物，人、物交融為一。

《衛風·淇奧》「瞻彼淇奧，綠竹猗猗」的英譯為「How rich the clumps of green bamboo, Around each cove of Ch'i!」以淇水彎曲幽深之處的綠竹起興，讓人似乎看到「君子」挺秀清朗的風姿，而聯想到「君子」內在的「虛心有幾節」，展示「君子」的品格、才華。

《鄭風·山有扶蘇》「山有扶蘇，隰有荷華」的英譯為「On mountain grows the mulberry tree; The lotus flower in meadow damp.」扶蘇：樹木名。一說桑樹。姚際恆在《詩經通論》中也說：「興者，但借物以起興，不必與正意相關也。」此詩的起興就屬於這種性質。高山上長的扶蘇樹，水窪裏盛開的荷花這些美好的形象，用以烘托詩的意境。

《唐風·椒聊》「椒聊之實，蕃衍盈升」的英譯為「What clusters so rare The pepper plants bear!」先以興的手法，抒寫景物之美。粗大虬曲的花椒樹，結著一串串鮮紅的花椒子。接著，以椒喻人，讚美人丁興旺，比喻新奇、妥貼，增強了詩歌的表現力和感染力。

（3）花

《召南·摽有梅》「摽有梅，其實七兮」的英譯為「Ripe, the plums fall from the bough; Only seven tenths left there now!」以梅子興比，建構了一種抒情模式：以花木盛衰比青春流逝，由感慨青春易逝而追求婚戀及時。

《衛風·芄蘭》「芄蘭之支，童子佩觿」的英譯為「Feeble as branch of sparrow gourd，this youth, Wears spike at girdle」。芄蘭是蘿藦科的一種多年生草質藤本植物。「芄蘭」枝葉的起興，不僅在於引起童子佩飾的描寫，或正在它的外露而不含蓄，隱寓童子的不成熟。

《秦風·澤陂》「彼澤之陂，有蒲與荷」的英譯為「There where its shores

the marsh surround, Rushes and lotus plants abound.」用生於水澤邊的植物香蒲、蘭草、蓮花起興，蓬蓬勃勃的植物，波光瀲灩的池水，呼喚著生命的旺盛發展。

四、其它意象

還有一些特別的意象，例如舟船意象。《邶風‧柏舟》「汎彼柏舟，亦汎其流。」理雅各英譯爲「It floats about, that boat of cypress wood, Now here, now there, as by the current borne.」「泛彼柏舟，亦泛其流」，以自喻，雖以喻國，以舟自喻，喻憂心之沉重而飄忽，以「舟喻國，泛泛然於水中流，其勢靡所底止，爲此而有隱憂，乃見仁人用心所在」（方玉潤《詩經原始》）。

《小雅‧魚藻》：「魚在在藻，有頒其首。王在在鎬，豈樂飲酒。魚在在藻，有莘其尾。王在在鎬，飲酒樂豈。魚在在藻，依於其蒲。」三個意象情態的相同之處令人回味無窮。「水藻叢中魚藏身，不見尾巴見大頭。周王住在鎬京城，逍遙快樂飲美酒。水藻叢中魚兒藏，長長尾巴左右搖。鎬京城中住周王，喝喝美酒樂陶陶。魚兒藏在水藻中，貼著蒲草岸邊遊。周王在鎬住王宮，居處安逸好享受」。

劉若愚在《中國詩學》中，把中國古典詩歌裏的意象分作「單純意象」和「復合意象」兩類，他說：「單純意象是喚起感觀知覺或者引起心象而不牽涉另一事物的語言表現；復合意象是牽涉兩種事物的並置和比較，或者一種事物與另一事物的替換，或者一種經驗轉移爲另一種經驗的詞語表現。」〔註6〕「單純意象」，由詩中只起描述作用的「草」「木」「蟲」「魚」「山」「河」「雨」「露」等詞語構成；復合意象比較複雜，包括並置意象（juxtaposing）、比擬意象（comparison）、替代意象（substitution）和轉移意象（transference）四種亞類。因此，理雅各《詩經》意象系統中既包含單純意象也包含復合意象。

第二節　理雅各意象系統中的象徵義

法國學者葛蘭言《詩經》譯本結論部份已經指出，《詩經》的意象不是單純的意象，它來自平常的自然現象或社會現象，而以比喻和象徵賦予道德的

〔註 6〕劉若愚：《中國詩學》，臺北：幼獅文化公司，1977 年版，第 152 頁。

意義。

　　劉若愚還對極易混淆的象徵與復合意象進行了辨析，認爲：第一，復合意象只有局限意義，而象徵具有普遍意義。不過，有時候某些復合意象、甚至單純意象，由於獲得了較寬泛的意義可以轉變爲象徵，因此很難在兩者之間劃出一條明確的界限；區分象徵與意象的目的只是在於分清藝術效果有所不同的兩種詩語表達的過程。〔註7〕

　　美籍華裔學者余寶琳女士在其探求中國詩歌奧義的理論著作《中國詩歌傳統中的意象讀法》中，辨析了「寓言」和「象徵」兩個術語的不同。她不同意西方學者把三百篇看作是寓言之作，而辨析它們應看作象徵。〔註8〕

一、男女戀愛婚媾的象徵義

　　《周南・關雎》的「參差荇菜，左右流之」：「以采得某種植物，作爲男女戀愛婚媾的象徵，成了《詩經》的一個重要表現手法。其中，花卉植物由單純象徵女性又進一步發展爲象徵男女情侶。」〔註9〕

　　《鄘風・桑中》「爰采唐矣，沬之鄉矣……」，郭沫若《甲骨文研究》云：「桑中即桑林所在之地，上宮即祀桑之祠，士女於此合歡。」又云：「其祀桑林時事，余以爲《鄘風》中之《桑中》所詠者，是也。」孫作雲亦有同樣的見解。鮑昌《風詩名篇新解》推衍郭氏之說，認爲上古蠻荒時期人們都奉祀農神、生殖神，「以爲人間的男女交合可以促進萬物的繁殖，因此在許多祀奉農神的祭典中，都伴隨有群婚性的男女歡會」，「鄭、衛之地仍存上古遺俗，凡仲春、夏祭、秋祭之際男女合歡，正是原始民族生殖崇拜之儀式」，「《桑中》詩所描寫的，正是古代此類風俗的子遺」，「決不能簡單斥之爲『淫亂』」。這種文化人類學的解釋，可以說是很中肯的。理雅各英譯「The gold thread to gather I'm going, Where in Wei it spreads over the tree」，「唐」爲菟絲子（dodder），理雅各意譯其爲「gold thread」，更具形態美、色彩美，從意義上來講更加傳神地把男女纏綿的情態表達出來了。

　　《邶風・簡兮》「山有榛，隰有苓」和《鄭風・山有扶蘇》「山有扶蘇，

〔註7〕劉若愚：《中國詩學》，臺北：幼獅文化公司，1977年版，第153～156頁。
〔註8〕余寶琳著，郝建國譯：《寓言、象徵和詩經》，載1993年第一屆《詩經國際學術研討會論文集》，河北大學出版社，1994年版。
〔註9〕趙國華：《生殖崇拜文化論》，中國社會科學出版社，1990年版，第236～238頁。

隰有荷華」等「山有……」「隰有……」的對舉句式，均是託興男女情思。而理雅各的翻譯卻受到了傳統經學的影響，詮釋爲地位卑微的下級官員的怨憤詩。「山有榛，隰有苓。云誰之思？西方美人。彼美人兮，西方之人兮！Hazels on hills; the ling in meadow damp;－Each has its place, while I'm a slighted scamp. My thoughts go back to th' early days of Chou, And muse upon its chiefs, not equaled now. O noble chiefs, who then the west adorned, Would ye have thus neglected me and scorned?」理雅各的題解爲：narrative and allusive. Half in scorn, half in sorrow, an officer of Wei tells of the mean services in which he was employed.（陳述性的和暗指性的；半是嘲諷半是悲傷，一個衛國官員說他職位的卑微）理雅各的翻譯顯然偏離了此詩男女愛情的主旨，也沒有譯出「西方美人」的意象。

《衛風・木瓜》「投我以木瓜……永以爲好也。」的英譯爲「A tree gourd they gave me in compliment……I wished to make lasting my friendship with them.」木瓜的英文應爲「pawpaw」，理雅各則誤譯爲了「tree gourd」。回報的東西價值要比受贈的東西大得多，這本身就體現出人類的高尚情感（包括愛情，也包括友情）。理雅各將其詮釋爲友情。

二、思鄉、懷人的象徵義

思鄉象徵較爲典型的詩篇是《詩經》中的《邶風・泉水》，以「泉水」意象流入淇水起興，道出詩人的思鄉主題。理雅各的題解爲「allusive and arrative. A daughter of the house of Wei, married in another state, expresses her longing to revisit Wei.」（暗指性的和陳述性的；一名衛國女子遠嫁他國，懷念故土。）。

《詩經》中的《召南・甘棠》「甘棠」成爲懷人的典型意象。理雅各的題解爲「narrative. The love of the people for the memory of the duke of Shao makes them love the trees beneath which he had rested.」（陳述性的；對召公的懷念通過甘棠來寄託。）顧廣譽《學詩詳說》說：「丕言愛其人，而言愛其所茇之樹，則其感戴者益深；不言當時之愛，而言事後之愛，則懷其思者尤遠。」陳震《讀詩識小錄》說：「突將愛慕意說在甘棠上，末將召伯一點，是運實於虛法。纏綿篤摯，隱躍言外。」因此，吳闓生《詩義會通》稱其爲「千古去思之祖」。

三、感時傷懷的象徵義

　　《詩經》中的「蟋蟀」意象包含感時傷懷的象徵義：《詩經・豳風・七月》「，……十月蟋蟀入我床下……」，為在野、在宇、在戶、在床下之蟋蟀，述時令推移也。《詩經・唐風・蟋蟀》「蟋蟀在堂，歲聿其莫。今我不樂，日月其除。」理雅各英譯為 The cricket appears in the hall, And towards its close draws the year. Then let us to-day to pleasure give way, Ere the days and months disappear. 此為在堂之蟋蟀，士人歲暮述懷也。

第三節　理雅各《詩經》英譯本意象的跨文化解讀

　　美國學者余寶琳提醒讀者注意中西詩歌意象的不同之點。她說，西方認為意象是一種摹仿之物，一種描述，或者一種裝飾物而在中國，意象是詩歌本身獨特性的標誌，讀《詩》如讀《易》，意象及其意義之間的聯繫，一開始就視為當然，這是一種同類相應的關係。因此，自古以來常從詩歌意象或整首詩引申出比喻意義、道德意義或歷史意義。中國學者張德明所說的中國詩歌對意象的選擇和闡釋基於一種泛倫理或泛道德型的文化心態和人文精神。如許多植物和動物往往被詩人人格化（personalization）而上升到倫理高度，進入詩歌意象體系，更由於歷代詩人承繼相因，而具有文化的原型性質。〔註10〕

一、異質文化翻譯的歸化

　　理雅各對《詩經》意象系統的詮釋在某些方面表現出異質文化翻譯的歸化策略，受中國傳統經學的影響顯著。

　　《邶風・簡兮》「山有榛，隰有苓」和《鄭風・山有扶蘇》「山有扶蘇，隰有荷華」等「山有……」「隰有……」的對舉句式本是託興男女情思。而理雅各的翻譯卻受到傳統經學的影響，詮釋為地位卑微的下級官員的怨憤詩，理雅各的翻譯不僅偏離了此詩男女愛情的主旨，也沒譯出「西方美人」的意象。

　　《鄭風・蘀兮》「蘀兮蘀兮，風其吹（漂）女……」的「蘀」即落葉本為感時傷懷的典型意象，從落葉中看到生命的流失以及隨後「叔兮伯兮，倡予

〔註10〕　張德明：《詩歌意象的跨文化比較》，《中國比較文學》，1997 年第 2 期。

和（要）女」所感喟的人生寂寞感。而理雅各的題解爲「metaphorical. An appeal from the inferior officers of Chêng to their superiors on the sad condition of the state.（隱喻性的；鄭國下級官員向上級提出的關於國家悲傷狀況的呼籲）以及對詩歌的翻譯「Ye withered leaves, ye withered. leaves，Blown by the wind away! So tossed is Chêng. My spirit grieves To see its sad decay. Ye uncles, nobles of the land, Reform the state; we'll by you stand!……」，詮釋成了從經學舊說的刺鄭說。

《周南‧螽斯》中的「螽斯」是《詩經》中「多子」象徵義的典型意象，理雅各的英譯爲「locust」，其題解爲「The Chung Ssŭ; metaphorical.The fruitfulness of the locust; supposed to celebrate Tai Ssŭ's freedom from jealousy.」（隱喻性的；像蚱蜢那樣多子多孫，應該是頌揚 T'ai Ssŭ'擺脫嫉妒。）理雅各的詮釋顯然遵從中國的傳統經學，理解爲后妃之德了。

二、異質文化翻譯中的誤讀

「誤讀」作爲一種理論的提倡，始於哈羅德‧布魯姆（Harold Bloom）。布魯姆在《影響的焦慮》（Anxiety of Influence）（1973）一書中將「誤讀」命名爲「克里納門」（clinamen），布魯姆使用了「克里納門」一詞來描述詩人爲了建立自己的文學地位而對其先輩的影響進行的「偏離」。「誤讀」作爲一種理論雖是西方學術話語，然而早在 1964 年，錢鍾書在《林紓的翻譯》一文中對翻譯中「訛」、失眞、走樣之必然性與意義進行了較爲深入的論述，此文可視爲國內較早論及翻譯與誤讀的文章。〔註 11〕國內從文化角度討論誤讀現象的書籍中，引用頻率最高的當屬樂黛雲、勒‧比雄主編的《獨角獸與龍》一書中關於「誤讀」的定義：「人們與他種文化接觸時，首先按照自己習慣的思維模式來對之加以選擇、切割，然後是解讀。這就產生了難以避免的文化之間的誤讀。」實際上與我們前面所講的文化接受主體的「前見」密切相關，當然也有基於傲慢與偏見，而這並非「難以避免」。

（一）宗教型文化心態

理雅各的傳教士身份必然給他的翻譯在詮釋他種文化——中國文化時產生無法避免的文化誤讀，以下考察其對《詩經》中「帝」的概念詮釋。

〔註11〕申迎麗：《理解與接受中意義的構建：文學翻譯中「誤讀」現象研究》，上海：上海譯文出版社，2008 年版，第 50 頁。

《小雅‧正月》有皇上帝，伊誰云憎？（And good is the Ruler supreme, the great God! He hates none of the children of men.）

《小雅‧菀柳》上帝甚蹈，無自暱焉。（And so to our great sovereign's court The feudal lords should oft resort, And feel supremely blessed.）

《大雅‧文王》文王陟降，在帝左右。（King Wên ruled well when earth he trod; Now moves his spirit near to God.）

《大雅‧大明》維此文王，小心翼翼，昭事上帝。（This our King Wên in all his way Did watchful reverence display, With clearest wisdom serving God，Who, pleased to see the course he trod, Him with great favor crowned.）

《大雅‧皇矣》皇矣上帝！（Oh! great is God.）

理雅各除了將《小雅‧菀柳》的「帝」的概念準確地詮釋爲「君主」外，其餘的「帝」的概念都譯爲「God」，是典型的以耶釋儒的宗教型文化心態下的文化誤讀。事實上，《詩經》中的「帝」的概念除了「君王」外，主要指的應該是「天帝」。

（二）科學型文化心態

斯賓格勒（Spengler）在《西方的沒落》中將西方文化稱之爲「浮士德型文化」。在這個文化生態環境中形成的 wonder 心態，是以主客對立爲宇宙觀，條分縷析爲思維方式，無限求索爲終極目標的。從根本上說，這是一種泛科學型的文化心態。特定的意象系統基本上是適應特定的文化生態背景的，正是後者給前者提供了它賴以生存的「文化語境」；反過來，特定的意象系統也強化了其起源和形成的文化生態環境的某些特徵。通過意象系統這個中介，主體與客體、人與環境達成了某種和諧，形成文化意義鏈。正是從這個意義上，我們才能更深刻地領悟荷爾德林（Hlderlin，Friedrich）的詩句：「人詩意地棲居在大地上」。而理雅各以跨文化學者的視角去詮釋《詩經》中的意象系統，折射出的是在其宗教型和科學型文化心態下的《詩經》意象系統。〔註12〕

小 結

許多文化學者都指出，中國大陸農業型文化生態環境，培育的是一種泛倫理或泛道德型的文化心態和人文精神。這種基本人格類型的價值取向是崇

〔註12〕張德明：《詩歌意象的跨文化比較》，《中國比較文學》，1997 年第 2 期。

尚德和善。中國詩人所選取之物，往往不只是詩人主觀生命的寄託象徵，而是顯示了深刻的人文意義和民族精神。

在不同的文化圈中，文化演進的速率、頻度和結構是不一樣的，因此意象流變的方式和結構也是有差異的。李大釗曾說過，「東方文明是靜的文明，西方文明是動的文明。」斯賓格勒說，西方文明是浮士德型文明，它總是處在不斷否定自己，揚棄自己的過程之中。

與此結構相適應，西方詩歌意象的流變也呈現出一種開放、多變、層層遞進的面貌。中國大陸農業型文化生態環境幾千年來幾乎沒有什麼大的文化變動，形成積澱深厚的文化「沖積層」。

生長於這塊「沖積層」上的詩歌意象系統也就隨之單調、封閉。中國古典詩歌常常從自身複製出自身，用已有的意象表達現有的思緒，形成一種偏心圓結構。用德里達的話來說，西方文化是「語音中心論」（phone-centrism）。但強烈的視覺性是漢詩的顯著特點，所以漢詩也可以說是「意象中心論」（image-centrism）的。從這個中心出發，我們可以把「套語」理論稍作修改，發展成「意象套語」（image formula），把它定義爲：運用相同或相似的意象，以表達一定的情緒和觀念的一組文字。用這種新的套語理論來觀照中國詩歌，即可發現中國詩歌意象系統的穩固性和封閉性。這方面最爲典型的一個例證就是從《詩經·大東》就開始的「月」的意象。然而，從文化演進的角度來考察，意象流變的相對穩定卻投射出大陸農業型內斂沈穩的民族文化心理。

當然，上古時代的中西人類，應該也保存具有母體思維性質的本根文化的融通性智慧，表現在文學意象的取捨上也還是有同一性的。

學貫中西的錢鍾書先生分析《詩經·蒹葭》「所謂伊人，在水一方：溯洄從之，道阻且長；溯游從之，宛在水中央」；《詩經·漢廣》：「漢有遊女，不可求思。漢之廣矣，不可泳思。江之永矣，不可方思」；二詩所賦，皆西洋浪漫主義所謂企慕（Sehnsucht）之情境也。

古羅馬詩人桓吉爾名句云：「望對岸而伸手向往」（Tendebantquemanus ripae ulterioris amore），後世會心者以爲善道可望難即，欲求不遂之致。德國古民歌詠好事多板障，每託興於深水中阻（SOsind zwei tiefe Wasser／Wohl zwischen dir und mir; Sie konntenzusammen nicht kommen,／Das Wasser war ZU tief）。但丁《神曲》亦寓微旨於美人隔河而笑（Ella ridea dall, altra riva dritta），相去三步（Tre passi ci facea il flume lontani），如阻滄海。

第六章　理雅各及其《詩經》英譯的影響

　　《詩經》雖然是世界上最古老的詩集之一，但在國外卻並不廣為人知。理雅各《詩經》英譯之前，出現過一些《詩經》的選譯本，如：

　　法國傳教士馬若瑟（Joseph de Prémare）於 1698 年來華，選譯了《詩經》中文王生平、帝王的訓示和反映士大夫階層的憂國憂民情懷八首詩歌，包括《天作》《皇矣》《蕩》《敬之》《抑》《板》《瞻卬》《正月》等。旨在從中國古代文獻中尋找與基督教文明互通之處，為基督教的傳教工作尋找思想基礎。譯文被法國傳教士、漢學家杜赫德（Du. Haldle）收入 1735 年在巴黎出版的《中華帝國全志》。這部書分別由 R.Brookes 在 1736 年、E.Cave 在 1738 年兩度英譯，英語讀者由此而接觸到了最早的《詩經》選譯。

　　18 世紀，英國第一個研究過漢學的威廉·瓊斯爵士（Sir William Jones, 1746～1794），他的研究目的是通過研究語言與語言學，發掘每個語言裏的寶藏——政治、歷史、風俗，尤其是詩。他閱讀了柏應理（Philippe Couplet）和殷鐸澤（Prospero Intorcetta）等人譯的拉丁文版的《大學》《中庸》《論語》，《大學》中引用的《詩經》中的若干詩篇後，於是把《詩經》的部份詩篇以散體和韻體形式譯成英語，於 1772 年在《亞洲詩集》（Poems, Chiefly Translations from Asiatick Languages, together with Two Essays on the Poetry of Eastern Nations and on the Arts commonly called Imitative）中發表。〔註1〕

〔註 1〕阿伯里（A.J.Aberry）（1946）：《亞洲學者：威廉·瓊斯爵士的生平與影響》，載范存忠《中國文化在啟蒙時期的英國》，上海外語教育出版社，1991 年版，第 35 頁。

開創《詩經》原文英譯先河的英國漢學家德庇時在其專著《漢文詩解》（On the Poetry of the Chinese）中的《詩經》選譯本等。

理雅各與其它漢學學者在闡釋理念上有所不同，在 1871 年譯文的注釋中，理雅各曾援引德庇時（John Francis Davis）《漢文詩解》（1829）一書中對《召南·鵲巢》詩的翻譯與論述，批判了德庇時由於忽視中國闡釋傳統而導致的荒謬誤讀。

第一節　英國漢學研究的理雅各時代

何謂「漢學」？閻純德是這樣解釋的：

> 從中國流出的文化，汲取了異國文化的智慧，形成既有中國文化的因子，又有外國文化思維的一種文化，這就是漢學。漢學是以中國文化爲原料，經過另一種文化精神的智慧加工而成的一種文化。所以，可以說漢學既是外國化了的中國文化，又是中國化了的外國文化；漢學，是中外文化交融的精魂。漢學可以與中國文化相近，也可以與中國文化相距很遠，總之，它是一門相當獨立的學問，是一個亟待投入人力進行研究與開拓的學科。〔註2〕

英國早期漢學形成於 17 世紀 20 年代，18 世紀得以進一步發展，在政府、商界、學術界等多個社會群體的協同努力下，英國漢學漸漸由早期漢學向專業化漢學研究演進。

一、英國漢學

西班牙奧斯定修會會士門多薩（Mendoza）1585 年在羅馬出版了《中華大帝國史》，其英譯本成爲當時在英國最具影響力的有關中國的論著。在《中華大帝國史》的影響下，英國進入了一種相對眞實的中國觀的構建階段，但還不具備研究中國文化的能力，只能對歐洲早期傳教士漢學進行大量轉譯，還沒有基於漢學譯著基礎上的獨立創作。轉譯歐洲早期的漢學著作使英國學者積累了豐富的中國知識，爲其創造性的研究打下了基礎，這個時期可統稱爲前漢學時期。

到 17 世紀中葉以後，由於同期的歐洲漢學已經形成體系，因此此時傳入

〔註 2〕閻純德：《〈國際漢學研究〉序》創刊號。

英國的漢學著作也給英國學者提供了深入研究漢學的捷徑。英國漢學者充分利用了這些便利條件，對英國社會中出現的中國文化現象進行了初步研究。逐漸地，英國人步入對中國語言文字、建築藝術、道德禮儀等方面的初步的專業性研究。

1688 年，葡萄牙籍耶穌會士安文思（Gabriel de Magalhāes）的《中國新志》出版發行，安文思摒棄了傳統的傳教士報告的寫作手法，採用了單純的專業漢學的研究方法，他對中國國名、語言文字、城市、地理、編年史、典籍等各個方面都進行了深入的研究。該著出版後第二年即被譯成英文，爲英國漢學者提供了漢學的研究模版。在安文思之後，法國耶穌會士的漢學著作成爲英國漢學者的主要參考書目，李明（Lecamet, Louis）的《中國現勢新志》、白晉（Joachim Bouvet）的《中國皇帝傳》、杜赫德（Jean-Baptiste Du Halde）的《中華帝國通志》等漢學著作成爲英國學者和媒體研究和報導中國時所徵引的主要資料庫。

此後，英國漢學因政治和商業等現實需求加快了向專業化現代漢學發展的步伐，以威廉‧瓊斯爵士（Sir William Jones, 1746～1794）爲代表的英國學者成立了孟加拉亞洲學會，將漢學作爲東方學的一脈分支進行研究，成爲專業化漢學團體的雛形。在瓊斯擔任亞洲學會會長期間，發表了一篇關於《詩經》的演講，演講中選有瓊斯根據《大學》翻譯的三節《詩經》中的詩，它們分別是：《淇奧》、《桃夭》和《節南山》。這三節詩，每節都有兩種翻譯，一是直譯，一是意譯。他特別欣賞《淇奧》第一節，曾譯爲拉丁語，現又翻譯爲英文，並附原文。

> 瞻彼淇奧，綠竹猗猗。有匪君子，如切如磋，如琢如磨。瑟兮
> 僩兮，赫兮咺兮。有匪君子，終不可諼兮。

翻譯時參考了柏應理的拉丁文譯本，他的譯文比之前的珀西的譯本準確多了。散文直譯之外的意譯（韻文譯本），基本上就是擬作（imitation）了。《淇奧》第一節原只有 9 句，瓊斯譯爲英國民歌體，一共 6 節，每節 4 行，例如第一節中的「瞻彼淇奧，綠竹猗猗。」譯爲漢語如下：

> 看呀，沿著含笑的山谷，
>
> 淌著碧綠的小溪，
>
> 蒼翠的岸上輕盈的蘆竹，
>
> 正在微風裏戲嬉。

他的英譯格律整齊，吐辭乾淨，卻是典型的 18 世紀的英國詩歌，沒有中國氣味，儘管他提到其中的「意象和比喻」，但對《淇奧》裏的「如切如磋，如琢如磨」等的翻譯沒有傳達出這種修辭手法。

馬戛爾尼使團 1793 年出使北京〔註3〕，喚起了英國大批政府官員、傳教士和商人對中國的興趣，使他們第一次開始出於自身職業的原因來研究中國，將其作為一種專業，並開始主導這一領域的研究。如錢鍾書所說：「自從馬戛爾尼勳爵使團訪華結束，漢學在英國已成為一個專門的學科，而專業化的弊端是在職業學者對其專業懂得越來越多的同時，普通民眾對它興趣卻越來越少。這個主題不再是人文、文化興趣的組成部份了。」〔註4〕

圖 6-1 馬戛爾尼單膝下跪呈送國書

圖 6-2 大臣見乾隆行三跪九叩之禮

英國新教傳教士羅伯特‧馬禮遜（Robert Morrison, 1782～1834）在 1807 年受英國倫敦會的派遣進入中國，成為第一個入華的新教傳教士。1808 年，馬

〔註 3〕圖 6-1 中，馬戛爾尼按英國禮儀「免冠、鞠躬、屈一膝」，但免去吻乾隆的手，向乾隆呈送國書，而不是行三跪九叩之禮，這就是歷史上著名的禮儀之爭。
〔註 4〕錢鍾書：《17 世紀英國文學裏的中國》，牛津大學 1940 年學位論文。

禮遜就開始翻譯聖經，編譯《華英字典》，並於 1825 年在馬六甲創立了「英華書院」，架起了中英文化直接交流的橋梁。從另一個側面說明了英國漢學步入了系統的專業化研究階段，具備了辦學水平，形成了專業漢學學術群體的人才更替與漢學知識的傳承體系。馬禮遜也標誌著英國傳教時期漢學的開始，同時新教也開始進入中國。1812 年，他用英文撰寫出版《大學》（Horsae Sinicae）一書，實際上包括《三字經》《大學》《三教源流》《搜神記》和《太上老君》等篇，廣泛涉及中國古代的思想、宗教、文學等各方面的內容，是當時英國介紹中國思想文化的最重要的書籍。馬禮遜 1819 年出版的《西遊地球聞見略傳》，是用中文寫的一部地理著作，這本 29 頁的著作介紹了一個四川省的旅行者西遊的經過。這是新教傳教士最早出版的向中國介紹世界地理的著作。

　　英國外交官威廉‧皮特‧阿美士德伯爵（William Pitt Amherst, 1st Earl Amherst, 1773 年 1 月 14 日～1857 年 3 月 13 日），於 1816 年代表英國率團訪華，然而清廷與英國雙方因為在禮節上各不相讓而發生衝突，結果使團未能謁見嘉慶帝，然而，這一時期的漢學卻並未因外交上的衝突而停滯，反而出現了一些真正的漢學大家。

圖 6-3 清嘉慶皇帝　　　　　　　　圖 6-4 阿美士德伯爵

　　與歐洲大陸漢學不同，英國在 17、18 世紀沒有傳教士入華，但是英國出於對遠東地區商業利益的關注，十分重視在華傳教士反饋回歐洲的有關中國的信息和資料。

　　英國是新教國家，出版業不受天主教的限制，大批歐洲傳教士的漢學著述在英國得到了自由的傳播和充分的利用。另外，英國漢學者對在華歐洲傳教士的傳教動機持懷疑態度，因此對傳教士的漢學著述帶著批判性的眼光，這也使近代英國的漢學研究獨具個性。

　　進入 19 世紀以後，英國漢學在 19 世紀發展非常迅速，不僅擁有了專業漢學的研究期刊，在大學中設立有漢學課程，從綜合性研究向專門性研究的轉變，漢學研究已在西方一些國家全面展開，並逐漸創立了專門的研究和教育機構。

　　1814 年法國的法蘭西學院首創漢學講座，之後巴黎東方現代語言學校也於 1843 年列入中文課目〔註5〕。此後許多高等學府，例如英國的牛津、劍橋大學和倫敦大學也開設了漢學講座，美國則在耶魯、加利福尼亞等大學設立了中文課程。法國在對漢學研究的基礎上還成立亞洲學會，刊行《亞細亞學報》。法國的這一做法，爲西方國家紛紛仿傚。英國從 1834 年起刊行《皇家亞細亞文匯報》，一直延續多年。美國在 1842 年正式成立了美國東方學會，先後出版了《美國東方學會雜誌》《美國東方學叢刊》和《美國東方學翻譯叢刊》等〔註6〕。這些刊物都刊載有關中國歷史和文化的報導和論文。此外，德國、意大利、荷蘭和比利時等歐洲國家也先後建起了漢學研究中心，並創辦一些專門刊物，從而推動了中國文化向更廣的範圍傳播。

二、理雅各與英國著名漢學家

　　以理雅各爲代表的「擁有實際生活經驗，能夠講中國語言，專門從事中國典籍翻譯和闡釋」的漢學時代到來了。

　　理雅各的出現不僅改變了英國漢學研究落後於歐洲大陸的局面，而且以對理雅各的學術活動和成就的展示爲出發點，使對 19 世紀下半期英國東方學研究和比較學科研究的歷史清理和分析介紹成爲可能。

　　理雅各的專業優勢在中國古代經典，尤其是儒家經典文獻，但他同時也被認爲是香港中英雙語教育體制的創立者。在牛津大學擔任中文教授時還捲入了英國高等教育世俗化的運動。理雅各雖找到了儒教傳統中與基督

〔註5〕李喜所主編：《五千年中外文化交流史》，世界知識出版社，2002 年版。
〔註6〕李喜所主編：《五千年中外文化交流史》，世界知識出版社，2002 年版。

教相通的普世宗教特性，但他採取了一個比較學者的立場，「既明確地贊同某些抽象的理想的統一，同時更根本地關注到 —— 就像歌德、洪堡、赫德爾、卡萊爾，以及繆勒一樣 —— 那些在發展過程中嵌入到其它語言、其它種族、其它宗教和其它文學之中的真正差異。」〔註 7〕

　　理雅各在香港度過了 50 年的傳教生涯，1873 年回到英國，同年，牛津大學打破常規，聘任理雅各為首任中國學〔註 8〕教授，繼續宣講、注釋儒學。成為牛津大學的第一任中文教授，從而進入專職中國學研究時期，開創了西方中國學的理雅各時代。前後二十餘年，他培養了一批儒學的研究者和傳播者，為儒學在西方的進一步傳播寫下了濃重的一筆。其後，英國的一批哲學家和思想家如威爾斯（Wells）、羅素（Bertrand Russell）、湯因比（Arnold Joseph Toynbee）等都在很大程度上受到了儒學的影響。〔註 9〕

圖 6-5 香港理雅各博士紀念封

　　理雅各的摯友翟理斯（Herbert Allen Giles, 1845～1935）是 19 世紀後期 20 世紀初的英國著名漢學家，與理雅各、韋利（Arthur Waley, 1888～1966）一起被譽為英國漢學三大星座，終生都在為廣泛傳播中國語言、文學和文化而努力。翟理斯曾歷任天津、寧波、漢口、廣州、汕頭、廈門、福州、

〔註 7〕 Girardot, J. Norman. *The Victorian's Translation of China：James Legge's Oriental Pilgrimage*, Berkeley：University of California Press, 2002.

〔註 8〕 據北京大學康士林（Nichofas Koss）教授觀點，「漢學」一詞至 1888 年才首次出現，之前並沒有此一說。

〔註 9〕 《儒家文化在英國》，見賈磊磊、楊朝明編：《第 4 屆世界儒學大會學術論文集》，文化藝術出版社，2012 年。王東波：理雅各與中國經典的譯介，《齊魯學刊》，2008 年第 2 期。

上海、淡水等地英國駐華領事館的翻譯、助理領事、代領事、副領事、領事等職，不同於理雅各的傳教士身份。

圖 6-6　翟理斯

　　1897 年，翟理斯全票當選爲劍橋大學第二任漢學教授。他勤於著述，研究範圍遍及中國文學、歷史、宗教、哲學、繪畫等諸多領域，同時還編寫了很多語言教材。撰寫了第一部英文中國文學史、第一部中國繪畫史、第一部英文中國人物傳記詞典，他所編撰的《華英字典》影響了幾代外國學生，經他修改和確立後的威妥瑪——翟理斯式拼音方案風行 80 餘年而不衰。

圖 6-7　1924 年翟理斯出版的《中國文學史》

　　他的翻譯涉及面非常之廣，從《三字經》到《洗冤錄》，從《佛國記》到《莊子》，均有涉獵。他所翻譯的《聊齋誌異》至今仍是最全的一個英文譯本，他的《古文選珍》第一次向英語讀者展示了中國數千年來散文和詩歌的魅力。他的譯筆以「優雅、鮮活、生機盎然」而著稱，他最大的成就在於使「漢學人性化了」。因此，翟理斯 1897 年和 1911 年兩度榮獲法蘭西學院儒蓮獎、1922 年皇家亞洲學會三年一度的金獎、1922 年中華民國政府

嘉禾章，1897 年獲阿伯丁大學榮譽法學博士學位、1924 年牛津大學榮譽文學博士學位，1885 年當選爲皇家亞洲學會北中國支會主席、1924 年法蘭西學院海外通訊院士。主要學術成果有 1876 年出版的《中國概要》、1882 年出版的《歷史上的中國及其概述》、1892 出版的《華英字典》、1901 出版的《中國文學史》、1911 年出版的《中國的文明》、1912 出版的《中國和滿人》和《中國與漢人》、1883 年出版的《中國文學精華》《聊齋誌異》《洗冤錄》《佛國記》等。

英國著名漢學家、詩人亞瑟・韋利亞瑟・韋利（（Arthur Waley, 1889～1966）是現代漢學時期（20 世紀下半葉至現在）的重要代表人物，他精通漢文、滿文、蒙文、梵文、日文和西班牙文等多種語種。以「沒有到過中國的『中國通』」著稱，《不列顛百科全書》介紹他的詞條說：「他是 20 世紀前半個世紀中的最傑出的東方學家，也是將東方文種譯爲英文的最傑出的翻譯家。……他是一位詩人和詩歌的創新者。由於他的譯作，使中國文學易於爲西方讀者接受了。」

亞瑟・韋利一生撰著和譯著共 200 多種，大部份都與中國文化有關，但亞瑟・韋利從未到過中國。40 年代，中國著名作家蕭乾訪問英國時曾問他爲何不去看看中國。他的回答是：「我想在心目中永遠保持中國唐代的形象。」反映了他對唐代中國的偏愛。他所翻譯的中國文學作品基本上都是唐詩，其中主要包括：《中國古詩選譯》《中國古詩一百七十首》《中國古詩選譯續集》《詩人李白》《中國古詩集》《白居易的生平及其時代》和《李白的詩歌與生平》等。《中國古詩選譯》包括李白的《烏棲曲》、杜甫的《石壕吏》、白居易的《衰病》和《廢琴》等英語譯文，僅 16 頁，於 1916 年自費印刷，供文學界的朋友們欣賞。《中國古詩一百七十首》於 1918 年 7 月由倫敦康斯特布爾出版有限公司出版，共 168 頁，後轉譯爲法語、德語等文字。內收從秦朝至明朝末年的詩歌 111 首，另有白居易的詩 59 首。《中國古詩選譯續集》於 1919 年 7 月在倫敦出版，內收李白、白居易、王維等詩人的詩作多首。《詩人李白》於 1919 年出版，書中附《導論》《李白的生平》及譯詩說明，收入李白的詩歌 23 首，如《蜀道難》《將進酒》《江上吟》《夏日山中》和《自遣》等。《中國古詩集》於 1946 年在倫敦出版，共 213 頁，收入 230 餘首詩歌的譯文，其中白居易的詩占 101 首。《白居易的生平及其時代》於 1949 年在倫敦出版，共 238 頁，是一部關於白居易的傳記，

內容主要是以白居易的詩文譯介串聯起來的。《李白的詩歌與生平》於 1951年在倫敦出版，共 123 頁。

理雅各等眞正的漢學大家，更是英國漢學傳承大師，他們分別在牛津、劍橋和倫敦大學任職漢學教授，培養並影響了後代英國漢學家，把近現代漢學推向縱深發展。

其中，英國有著名漢學家翟林奈（Lionel Giles）、霍克斯（David Hawks）、閔福德（John Minford）。美國比較著名的漢學家有深受韋利中國古詩翻譯影響、用美國民歌闡述《詩經》的美國詩人龐德，以及被譽爲「現代海外漢學第一人」的費正清（John King Fairbank）教授，他對理雅各及其中國古籍英譯有很深刻的研究。他們對中國典籍的翻譯也使大量中國學者開始投身中國典籍翻譯，探索翻譯理論與策略，著名的有辜鴻銘、許淵沖、劉重德、汪榕培等。同時使中國翻譯界對中國典籍的翻譯方法不斷地進行深入探討。

三、不斷問世的譯著

這一階段的漢學研究範圍漸次拓展到中國文化的各個層面，有關中國問題的各類著作和譯著不斷問世。在漢學著作中，有關中國的歷史、經典、宗教和習俗等類書籍佔了相當大的比例，除拉丁文翻譯外，普通語言（英、法、德、意等本國語言）的漢籍譯本也日益增多，如德國詩人呂克特（F.Ruckert）轉譯孫璋的《詩經》法譯本爲德譯本，就是一個很好的例證。

中國文學西譯開始呈現蓬勃發展的勢頭，各國都產生了一些名家名譯。又如法國著名學者沙畹（E.Chavannes）選譯的《史記》，精譯詳注，共達六卷，完成於 1895～1905 年間，是一項重大工程；還有德理文（De Saint-Denys）譯介的《離騷》《唐詩》和《中國古代白話小說》，巴贊（Antoine Bazain）譯介的《中國戲曲》等，也都受到人們的稱道。

對文學作品的研究，開始遠離神學內容，完成了向世俗學術的轉變。如衛列亞歷（Alexander Wylie）撰寫的《漢籍解題》，就是一個例子。關於中國語言的介紹也一直未停止過，一系列漢語詞典和文法類著作的先後出版，推動了漢語言文化的傳播。此外，不少西方學者還對中國生物學、農學和醫藥學進行了研究，拓展了漢學研究的深度和廣度，這必然對中西文化交流具有重要意義。西方漢學研究遂從綜合性文化研究，逐漸轉向對文學、歷史、哲學、倫理學的專門性研究，研究的層次進一步深入。

　　與歐洲大陸漢學相比，近代英國漢學帶有功利主義的色彩和出於對異國情調的關心，更注重英國本國人在中國沿海地區的考察報告和東印度公司反饋回的相關信息，即漢學所產生的直接的利益，因而其研究內容和研究方法與歐洲大陸漢學有所不同，顯示出不同於歐洲大陸漢學的差異。另外，英國漢學研究者大都是退役的在華軍人、外交官以及從中國歸來的傳教士，缺乏專業的人才培養和訓練，這在某種程度上影響了漢學研究的發展。

第二節　理雅各與西方詩經學

　　19 世紀中葉，理雅各將《毛詩序》譯成英文，拉開了中國文論西播的序幕。《毛詩序》提出了一些文學理論問題，諸如比較完整地論述了詩歌的特徵、社會作用以及表現手法等，是中國古代第一篇詩學專論，也是後人研究《詩經》的出發點之一，被明代郝敬譽爲「千餘年詩家領袖」，被歷代詩人奉爲圭臬。《詩經》的文化價值決定其西傳四百年的過程中形成詩經學——西方漢學的一個重要的分支學科。

一、西方詩經學的發展

　　18 世紀是西方詩經學的創始階段。它的主要特徵是與教會文化的密切聯繫。17 世紀西方傳教士學《詩》通《詩》，目的是利用儒家五經來弘揚基督教義，所以他們開始的研究具有教會學術的色彩。如利瑪竇《天主實文》引用《周頌》《商頌》和《大雅》的《文王》《大明》諸篇中的「天」「帝」等觀念，比附基督教的「天主」，這類教會學術帶有濃厚的宗教神學的色彩。在 17 世紀，西方的譯介是零散的、簡略的，呈現初級的形態。

　　18 世紀初葉，資本主義歐洲的注意力集中到東方，熱烈地要求認識古老文明的中國，傳教士、漢學家的譯介和研究，不能不滿足歐洲人瞭解中國總體文化的願望，從而比較客觀地闡述《詩經》本體的文學的和文獻的內涵及價值。當時的西譯全都附有評介的文字，前面舉出的在歐洲影響最大的《中華帝國全志》（1737）收進馬若瑟選譯的《詩經》八首，編者漢學家杜哈德（LPDuhalde）的序文把《詩經》作爲文學作品分爲五類（人的讚歌、王朝風俗詩、比興詩、高尚事物頌歌、不合孔子教義的詩），是初步的文學研究。下半葉巴黎相繼出版前期漢學巨著多卷本《北京耶穌會士札記》，收有《詩經》

選譯，同時收入法國漢學家希伯神父（LePFibot）的長論《古代中國文化論》，闡述《詩經》的文化歷史價值。在漢學興起的歐洲社會歷史背景上，漢學家明確了《詩經》的文學性質和文化價值，從而展開的理論性研究，使教會學術黯然失色。儘管 18 世紀漢學家的論析還處於初級階段，但它已經抓住了《詩經》的文學性和歷史文化價值，開拓性地為詩經學的繁榮和深入發展提出了許多重大的課題。

　　19 世紀是西方詩經學發展成熟的階段，它的主要特徵是以譯介為主，譯介和研究相互促進，向深度和廣度發展，在質和量提高的過程中擺脫了教會學術的影響。19 世紀興起的「漢學熱」和《詩經》譯介的繁盛，推動了學術研究。譯介與研究是相輔相成的，如關於韻譯和散譯的討論，韻律派要求注意《詩經》的文學性而譯為具有欣賞價值的詩篇，散譯派認為必須貼近原作句意，不增譯、不意譯。二者固然各有利弊，但共同點都要求盡可能透徹瞭解原作的內容、語言、藝術風格，並具有廣博的學識。理雅各《詩經》的散譯本和韻譯本正體現了這一時期的主要特徵。顧賽芬（Seraphin Cogverur，1835～1919）的法譯本，是中文、法文、拉丁文三種文字對照本，他在長篇導論中除了對《詩經》的總體介紹，還把它作為從中吸取古老東方知識的百科全書，並對三百篇作了具體的歸納分析。前面舉出的史淘思的韻譯也有六十頁之長的序言，對《詩經》的藝術性作了深刻的探索。聖德尼侯爵（Saint-Denys，1823～1892）則將《詩經》與荷馬史詩進行比較研究。

　　20 世紀是西方詩經學研究深化的階段。它的主要特徵是藝術分析、思想內涵、文化底蘊的探討的深化和新方法論的運用，並在下半葉轉向以研究為主。前半期幾部里程碑性質的西譯本，如阿瑟韋理的英譯、高本漢的英譯，都具有研究的理論深度。1960 年理雅各譯本重版，卷首附上理雅各、顧賽芬、阿瑟、韋理、葛蘭言、高本漢及影印阮刻《十三經注疏》的詩篇頁碼索引，表明西譯已經具有權威性的譯本，學者的注意力轉向《詩經》基本問題和深層次的理論研究。

　　當下半葉西方漢學從法國中心轉移至北美之後，西論中用的全面展開促使西方詩經學進入了深化研究的第三階段。在此階段，詩經學與詩經學史兩方面都取得了豐碩的成果。詩經學研究的第一個方面——詩體研究主要有：美國學者金守拙（G.A.Kennedy）的《詩經裏的失律現象》，美籍華裔學者陳世驤的《詩經在中國文學史上和中國詩學裏的文類意義》，新加坡學者容世誠的

《〈詩經〉的抒情性與主觀性初探》，戴維・劉（David Jason Liu）的《〈詩經〉：中國詩歌經典的平行結構》，蘇瑟（H Saussy）的《〈詩經〉的重複、韻律與置換》，皮肯（L.Picken）《詩經詩篇的形式及其音樂含義》；第二個方面——文化人類學研究主要有：法國學者葛蘭言（Marchel Granet）的英譯本《中國古代的節日與歌謠》，美籍華裔學者王靖獻（C.H.Wang）的《鐘與鼓》和《從禮儀到諷喻：中國早期詩歌七論》，美國學者宇文所安（Stephen Owen）的《〈詩經〉中的繁殖與再生》；第三個方面——語言學研究主要有：瑞典學者高本漢（Bernhard Karlgren）的《〈詩經〉注釋》，加拿大學者多布森（W・A・C・H・Doboson）的《〈詩經〉的語言》和《語言學證據和〈詩經〉創作年代》，金守拙的《小雅・賓之初筵》；第四個方面——意象研究主要有：美國學者麥克諾頓（William McNaughton）的《詩經的綜合映象》，美籍華裔學者余寶琳（Pauline Yu）的《中國詩歌傳統中的意象讀法》和《寓言、象徵和〈詩經〉》。

　　詩經學史研究方面主要有：美國學者海陶韋（James R Hight-ower）的《韓詩外傳：韓嬰對〈詩經〉教化性應用的範說》和《〈韓詩外傳〉與三家詩》，美國學者左伊倫（S.V.Zoeren）的《詩歌與人格：中國傳統的讀解、注疏和闡釋學》，美籍華裔蔡任眞（Tsai Yen-zen）的《經與傳：漢代儒家經典的界定》，美國學者登波（L.S.Dembo）的《艾茲拉・龐德的〈孔子頌詩集〉》，宇文所安的《詩大序》。

二、《詩經》的西方社會民俗學研究

　　理雅各1871年版《詩經》散譯本附錄中，附有法國漢學家愛德華・比奧（M・Edouard Biot）的論文《根據〈詩經〉探討古代中國人的風俗民情》。比奧認爲，《詩經》是「東亞傳給我們最出色的風俗畫之一，同時也是一部眞實性無可爭辯的文獻」，「這些藝術形式保存了它們那個時代的特徵」，倡導從社會民俗學角度來研究《詩經》。

　　法國漢學家希伯神父（LePFibot）在他的長論《古代中國文化論》中認爲《風》詩的收集是爲了國王瞭解民情，如同法國各省的公、侯、伯、子爵將民間歌謠獻給皇帝一樣；《風》詩風格、樂調不同，也如同法國里昂人的歌不同於普羅斯旺人的歌。他說：「《詩經》的篇什如此優美和諧，貫串其中的是古老的高尙而親切的情調，表現的風俗畫面是如此純樸和獨特，足可與歷史

學家所提供的資料的眞實性相媲美。」〔註10〕

　　法國漢學家葛蘭言的民俗研究涉及創作緣起，他運用法國社會學和西方民俗學的研究方法，論證《國風》諸篇與中國古代節慶、歌舞、求愛、勞動生活的聯繫，描述了一幅中國古代人民的風俗畫。他吸取中國傳統傳注可取的闡釋，將中國西南少數民族和印支半島的歌謠與《國風》作比較研究，進而探討了遠古中國的社會結構、宗教信仰和生活習俗。法文版 1919 年出版，1932 年在倫敦、紐約同時出版英文版，其理論和方法產生了深遠的影響。它具有文學、社會學、民俗學、民族學、神話學等綜合研究的性質，是後來盛行的文化文類學的《詩經》研究的肇始；50 年代以後在日本影響很大。

　　他在《中國古代的節日和詩歌》〔註11〕一書中，指出「研究《詩經》，不僅是爲得到博物學的或關於古代國民的知識，人們能夠在象徵的樣式中發現事實之外的價值判斷」〔註12〕「以往的《詩經》研究者往往出於實際的目的，或者是歷史的或者是文學的。雖然也曾偶然收到一些成果，然而卻沒有發現《詩經》的原始意義。」〔註13〕因此，他「不甘於文學性的說明」，「不是要考察每個歌謠的文學價值」，而從文化人類學的角度切入，去「發現一類歌謠的本質要素」，關注詩的主題，「力圖探求歌謠的原始意義」。他認爲，《詩經》歌謠中最爲重要的是情歌，按照本質主題的分類，他將 72 首國風情歌分爲三類（三章）：田園的主題，村落的戀愛，山川的歌謠。並參照其它民族的口頭創作活動，認爲上述詩歌是古代歲時節慶中靈感來襲的產物：（1）這些詩歌源於一男一女的應答對唱；（2）對歌時，青年男女互相挑戰，或表示愛情，因即興歌唱的不同有不同的詩歌；（3）在節慶中，人們一邊舉行其它比賽，一邊進行情歌比賽；（4）歌賽在不同村莊的青年男女中進行。

　　「第一部份的歌謠，其主題以自然的簡單的敘述爲特色。」〔註14〕葛氏認爲，這種自然的象喻是一種傳統的做法，這些歌謠在歌詠樹木花草的時候

〔註10〕《吐魯蕃出土文書》，文物出版社；第一冊，1981 年，第二冊，1982。其中有古寫本《毛詩關雎序》、《毛詩鄭箋小雅殘卷》多篇。又見胡平生《吐魯蕃出土義熙寫本毛詩鄭箋小雅殘卷的復原與考證》，《河北師院學報》，1995 年第 3 期；《第二屆詩經國際學術研討會論文集》，語文出版社，1996 年版。

〔註11〕葛蘭言著，張銘遠譯：《中國古代的節日與歌謠》，中譯本譯爲《中國古代的祭禮和歌謠》，上海文藝出版社，1989 年版。

〔註12〕同上，第 13 頁。

〔註13〕同上，第 15 頁。

〔註14〕同上，第 27 頁。

將植物的生長與人類的心情相聯繫。但「根據中國學者的意見，這些田園的主題是『興』和『比』。就是說『興』與『比』是爲表達思想服務的文學技巧」。而「與文學所用相比，道德家們運用這個方法更爲多見」。

「因此，我們最初認爲是藝術意圖的存在，實際上都存在著道德的意圖。」〔註15〕葛氏指出，「中國人的傳承有模棱兩可的模糊特點。這種特點可以從以下事例明確看到：在《詩經》被作爲修辭學的練習課題之後，特別是成爲經典被作爲教訓題材之後，人們都能利用它（這種利用與當初詩所具有的功用不同）。進而人們便確信這個教育書的道德價值是與生俱來、天經地義的；歌謠一旦爲教訓服務，進而就被認爲就是爲了這個目的而創作的。詩一旦被用於勸善勸德，進而所有詩句都被認爲是爲了規勸而作；學者們爲了重新考察作者的創作意圖，爲了給作品加上道德的解釋，需要儘量使人感到作品寓意的巧妙，於是詩的手法也就被不斷地發現。這樣一來，學者們爲了教育目的而利用《詩經》最終便被確信爲本來就是宮廷學者的作品。」〔註16〕

「這些古歌謠確是一種道德的表現，但它們表現的是古老的道德，而不是後來的道德思想。《詩經》既不是道德家的述作，也不是深思反省的產物，更不是從鑒賞的文化環境產生的。」〔註17〕

《詩經》的文化人類學研究已經成爲一種特定的研究模式，並開闢出一個新的研究方向：文化溯源與詩歌發生論。這是葛蘭言所期望看到的，他說：「我相信這項工作使得有關中國人信仰的起源問題的某些方面趨於明確。它也會在有關文學樣式起源的問題上提供某些信息。它還將把存在於象徵主義與中國思想的某種指導概念二者之間的接觸點顯現出來。」〔註18〕

三、《詩經》的比較詩學研究

從闡釋學角度透視中國的文學理論，方能深層次地探究其文化根柢。北美著名漢學家林理彰（R.J.Lynn）認爲，要想把握「因時而變」「因人而異」的批評術語，必須注意如下關係：（1）某個批評家的著作系列；（2）他所屬流派或群體的價值觀或其它觀點；（3）他所在文學史上的時期和階段；（4）

<hr>

〔註15〕同上，第50頁。
〔註16〕葛蘭言著，張銘遠譯：《中國古代的節日與歌謠》，中譯本譯爲《中國古代的祭禮和歌謠》，上海文藝出版社，1989年版，第78頁。
〔註17〕同上，第82～83頁。
〔註18〕同上，第9頁。

當時學術話語的廣闊背景（包括哲學和宗教著作）；（5）到那時爲止的批評傳統。換言之，關於中國文論的內涵、外延和存在條件，均應納入學術視野。而這種探索理論背景的外向型研究，廣涉歷史觀念、宗教思想、言意之辨、文化風尙等因素，具有鮮明的文化研究的性質。顯然，在此必然會涉及中西詩學或中西文化的比較。

美籍華裔比較詩學研究家劉若愚提倡這種比較研究，他認爲，中西兩種詩學互相併置，可獲相得益彰、深入隱微之效，有利於突現兩種理論的特質，有利於明辨兩種傳統的潛理論和前理論，並能藉以「擺脫歐洲中心主義和中國中心主義的干擾」〔註19〕。在這一問題上，儘管有不少分歧意見，但中西比較詩學爲漢學研究開闢了一塊新天地。

美籍華裔學者陳世驤在《詩經在中國文學史上和中國詩學裏的文類意義》〔註20〕裏援引了楊樹達、聞一多、商承祚和郭沫若關於「詩」字和「興」字的溯源的意見，對中國的「詩」字和這一詩體的藝術本質有別樣的描述。「詩」之古字爲象形字，摹頓足擊節之狀，顯然與原始的舞蹈藝術有關通過舞蹈，音樂和詩歌結合了起來。從古人訓「頌」爲有舞容者的說法，從《宛丘》《東門之枌》《伐木》《賓之初筵》諸篇的描述，可以看到舞、樂、歌三者的合一。

「興」的古字，爲四手承盤之狀，中間那個形符描摹旋轉，與「般」「槃」「盤」同義。而金鑄之「興」字，尙有形符「口」嵌入，說明眾人舉物時口中發聲。「興」便是其擬音，屬「邪許」之類。由此可以想像，古人環列而舞，眾手擎物，舞到興濃時，便口出「興」聲，斷斷續續地呼喊。深刻揭示了抒情詩這類詩體的藝術特點。

陳氏說，在西方文學理論的創始期，柏拉圖只區分史詩中的「敘述」和戲劇中的「摹仿」兩種文學類型。亞里士多德基本上也作如是觀，儘管古希臘有大量抒情詩作品，他們卻未曾從文類意義上予以重視。站在世界文學的立場上看，《詩經》應該與古希臘的史詩、戲劇一起成鼎足之勢。〔註21〕

30年代梁宗岱〔註22〕在《象徵主義》一文中認爲象徵「和《詩經》裏的

〔註19〕劉若愚的學生林理彰整理出版的《語言·悖論·詩學：一種中國觀》（*Language Paradox Poetics：A Chinese Perspective*, 1988）。
〔註20〕陳世驤：《詩經在中國文學史上和中國詩學裏的文類意義》，原載臺灣期刊《中央研究院歷史語言研究所集刊》，1989年第39卷第1期。
〔註21〕周發祥：《詩經在西方的傳播與研究》，《文學評論》，1993年第6期。
〔註22〕梁宗岱：《象徵主義》，《文學季刊》，1934年第2期。

『興』頗近似」。他引用了《文心雕龍》的話「興者，起也；起情者依微以擬義」來發揮他的觀點：所謂「微」，便是兩物之間微妙的關係。表面看來，兩者似乎不相聯屬，實則是一而二，二而一。象徵底微妙，「依微擬義」這幾個字頗能道出。深刻的不在於梁宗岱把象徵借稱爲「興」，而在於對「興」的「依微擬義」之新解。這是梁宗岱對西方詩學與傳統詩學統一之新解。

第三節　理雅各與《詩經》復譯風潮

　　理雅各英譯的中華儒經成爲漢學界和翻譯史上紀念碑式的作品，翟理斯熱情地稱之爲「不朽的譯文」，是「英國的榮耀」，理雅各是「世界上最權威的漢學家」。

　　理雅各《詩經》英譯本的出現，適應了西方英語世界對《詩經》作爲經學經典翻譯的渴求，也爲以後的《詩經》的翻譯和深入研究奠定了紮實的基礎。

一、《詩經》復譯風潮

　　《中國經典》中理雅各兩個《詩經》譯本出版之後，引發了一股《詩經》復譯的風潮。大部份《詩經》復譯者都承認理雅各譯本對他們的影響，有些譯者甚至還以理氏譯本爲底本進行翻譯。如詹寧斯（William Jennings）譯本、艾倫（Clement Francis R. Allen）譯本、龐德（Ezra Pound）譯本等。

　　19 世紀，《詩經》迎來了翻譯的繁榮時期，以歐洲現代各民族語言進行翻譯的《詩經》譯本漸多，其中英語譯本就有 9 種，主要有：

　　湛約翰（J. Chalmers）的英文選譯本，v.w.x.的英文選譯本；

　　翟理斯（Herbert. A. Giles, 1845～1935）的《古文珍選》（Gems of Chinese Literature）中的《詩經》選譯；1898 年翟理斯在倫敦出版的《中詩英韻》中的《詩經》選譯；

　　德庇時（John E Davis）的英文選譯本；

　　艾倫（Clement Francis R. Allen）的英文全譯本等。

　　到了 20 世紀，1908 年倫敦出版了克拉默‧賓（Launcelot Alfred Cranmer-Byng）的韻體譯本（The Book of Odes, Shi-King：The Classics of Confucius）包括《詩經》在內的《中國詩選》，10 年之內重印 10 次，可謂暢銷。

1913 年在波士頓出版了海倫・華德爾（Helen　Wardell）的韻體《詩經》譯本，銷路也好，20 年內重印 6 次，但她刪節太多，而且重新組織譯文。

1871 年理雅各的《詩經》的散體英譯全譯本是《詩經》的第一部英文全譯本，在《詩經》英譯史上具有里程碑式的意義。

英國人詹寧斯（William Jennings）的《詩經》英譯全譯本（The Shi King：The Old Poetry Classic of the Chinese A Metrical Translation with Annotations）出版於 1891 年，創作性地整合了理雅各的兩個譯本，所以在詩行的簡潔性方面比理雅各的韻體譯本有所提高。他在譯本中大量徵引理雅各的觀點，僅在翻譯注釋中引用理雅各散體譯本的注釋前後就達十三次之多。他傾向於韻譯，譯詩採用民謠體的形式，隔行押韻，頗有英語傳統詩歌古色古香的韻味。

1891 年倫敦又出版了艾倫（Clement Francis Romilly Allen）的《詩經》韻體全譯本（The Book of Chinese Poetry：Being the Collection of Ballads, Sagas, Hymns, and Other Pieces Known as the Shih-Ching or Classic of Poetry），但譯文隨意改動原文，有增有刪，與其說是翻譯，不如說是改寫。

英譯本外，還有：

弗・律刻特（Friedrich Rickert）1833 年由拉丁文本轉譯的德文韻體本；

維克多・斯特勞斯（Viktor von StrauB）的 1880 年德文韻體譯本；

克拉默（John Cramer）的 1844 年德譯本；

哈伯倫茨（H.C.Von Gabelentz）1864 年根據滿文的德文轉譯本；

和鮑吉耶（M.G. Pauthier）的法文全譯本。

《詩經》的翻譯語言上還包括有拉丁文，如左托力（A. Zottoli）的拉丁文譯本和顧賽芬（Seraphin Couvreur）的法、漢、拉丁文對照譯本。〔註 23〕

總的來說，不同時期的《詩經》英譯本體現了不同的時代特點和翻譯風格，既有歷時的流變，也表現出了東西方文化交流的基本特性以及中西方詩學理論、詩歌創作的相互融合和影響。

這些譯本都普遍側重了《詩經》文學性內容的體現，即使個別譯者如詹寧斯、艾倫等借助了當時經學家的闡釋觀點，也多是採取偏離經旨、抹去美刺、以西方目光重新進行詮釋的翻譯策略。

〔註 23〕馬祖毅、任榮珍：《漢籍外譯史》，湖北教育出版社，1997 年版，第 46～53 頁。

19 世紀之前，《詩經》的翻譯相對零散，且譯本錯誤較多；而 19 世紀之後，因爲《詩經》的幾個重要譯本已經出現，《詩經》的西播就轉入以研究爲主的時期了。

二、《詩經》著名英譯本

美國著名詩人、翻譯家艾茲拉・龐德（Ezra Pound, 1885～1972）於 1917 年讀到威廉・詹寧斯《詩經》英譯本（The Shi King: The Old Poetry Classic of the Chinese）；1920 年讀孫璋（La Charme）19 世紀早期的拉丁文《詩經》譯本；1944 至 1945 年在聖伊麗莎白醫院仔細閱讀高本漢（Bernhard Karlgren）的《詩經》英譯本；1950 年得到理雅各的英漢對照《詩經》譯本，即 1871 年理譯本。對這些前譯的參考，使龐德決定不去效法其中任何一個譯本，而是用意象派詩歌的形式去翻譯《詩經》。龐德是在理雅各之後，第一個把《詩經》譯成自由體的詩人。他選譯了包括《詩經》在內的 19 首中國古詩，以《華夏集》（Cathay）爲名於 1915 年在劍橋出版。《華夏集》在翻譯上並不忠實於原文，很大程度上是作者的再創造。這種創造「給他探索自由詩結構以最大的自由。結果《華夏集》的語言在他所有譯文中最簡樸、最不受古語影響」，「保留了古風和異國情調」。龐德被艾略特稱爲「中國詩歌的發明人」，「在龐德之前，中國沒有與他的名字相稱的文學流行於說英語的國家」，《華夏集》成爲英美意象派詩歌的代表作。〔註24〕

1954 年龐德在哈佛大學出版社出版了他的《詩經》英譯本《詩經：孔子所審定的古典詩集》（Shih-Ching: The Classic Anthology Defined by Confucius）。與《華夏集》相比，四十年後的龐德已經基本通曉漢語，他的譯文不再是原詩的再創造，而是力求忠實於原文，傳達原詩的風格和韻味，但「誤譯」往往是硬性追求某種文藝理論的產物，從而透露出西方正在尋求一種新的「文化綜合」的信息。

亞瑟・韋利（Arthur Waley）是除了龐德以外另一個把《詩經》譯成自由詩的譯者，不僅超越了表面的形似，而且還體現了他追求一種傳達原文精神的神似之風格，他的詩歌翻譯比較貼近原文的風格和精神。他的全譯本（The

---

〔註24〕傑夫・特威切爾著、張子清譯：龐德的《華夏集》和意象派詩，《外國文學評論》，1992 年第 1 期。

Book of Songs: The Ancient Chinese Classic of Poetry）於 1937 年在倫敦出版。
更注重詩集的審美價值，他試圖用英語的一個重讀音節來對應原文的一個漢
字，並將這種格律與英詩的無韻體相比，以再現原文的韻律之美。之後，又
多次在美國紐約再版，影響廣泛。他譯詩不用韻，因為他認為「用英語不可
能再現原文的押韻效果」，並認為「用韻不可能不因聲損義」。他在 1937 年倫
敦出版的譯本序言《譯自中文》中說：「中國的舊詩句句都有一定的字數，必
須用韻，很像英國的傳統詩，而不像歐美今天的自由詩。」在翻譯時他刪去
了 15 首沒有多少文學趣味的政治哀怨詩。為了體現原著的思想性和藝術性，
將其餘作品打破原詩風、雅、頌的編排順序，按詩歌的主題重新編排，分為
求愛、婚姻、勇士和戰爭、農作、遊宴、歌舞等十七類。這樣便於幫助西方
普通民眾欣賞《詩經》作為詩歌本身的特點，從文學角度理解原詩的思想性
和藝術性。韋利的譯本可作為西譯追求「雅」的典型，把原著譯成優美的抒
情詩，「韋利所譯，作為文學作品來讀，十分雅致、生動、微妙。」在序言、
解題和注釋中，他把《詩經》同一些歐洲文學作品作比較研究，成為歐洲漢
學用比較文學的方法研究《詩經》的先聲。

　　勒菲弗爾（Andre Lefevere）指出「強調翻譯的『忠實』是不正確的，甚
至它不是語言層面的對等的問題。實際上，翻譯涉及由譯者在意識形態、詩
學、文化體系的層面上所決定的一個複雜的系統工程」〔註 25〕。這就從理論
上認可了韋利創意性翻譯和他所取得的成功。程章燦說：「此前，英譯漢詩數
量不多，其閱讀又基本局限於漢學圈內，社會影響有限。由魏理（即韋利）
開始，這些英譯的東方古典引起了廣大普通讀者的興趣，也為西方讀者開啟
了一扇眺望東方文學、文化以及社會的窗戶。」

　　第一，韋利的譯詩已經被認定為英國文學的一部份；第二，韋利的譯詩
已經深深地影響著英語詩壇。韋利對英國文學的貢獻是他從中國引入新的文
學形式、文學意象及文學觀念；而他的翻譯對於中國文學走出國門、走向世
界有著更加重大的意義。

　　瑞典漢學家高本漢（Bernhard Karlgren, 1889～1978）是語言學家，治學
態度嚴謹，他服膺「讀經必先識字」的成說，在訓詁、方言、古韻、古文獻

〔註 25〕Andre Lefevere. Universe of Discourse [A]. *Translation/History/Culture：A Sourcebook* [C]. Shanghai Foreign Language Education Press, 2004, p.35.

考證諸方面都傾注功力。在《詩經》研究上，他批評中國傳統學者常常妄生美刺，穿鑿附會，也批評西方學者不辨是非而襲用古人，致使譯文或注釋歪曲了詩篇的本義。主張不以《詩》爲經，不輕言「一聲之轉」。從 1942 年開始，高本漢陸續發表《國風》《小雅》《頌》的注釋，於 1946 年在斯德哥爾摩合集出版了《〈詩經〉注釋》。

《〈詩經〉注釋》一書，這本書代表了當時歐洲漢學界對《詩經》研究的最高水平。直到今天，仍是《詩經》英文注釋的經典。對於英語讀者瞭解中國先秦時代的政治制度、社會風尚、風土人情等歷史文化具有不可替代的作用。1950 年在斯德哥爾摩出版的《詩經》英譯本（The Book of Odes），精研字詞，在精確化方面達到了前所未有的高度，更忠實於原文，引起了強烈反響，成爲《詩經》西播史上的又一個里程碑，高本漢的譯本可作爲追求「信」的典型。

三、《詩經》英譯的發展軌跡

《詩經》英譯呈現了從選譯到全譯、從散譯到韻譯、自由體詩的發展軌跡。

17～19 世紀的《詩經》英譯本以選譯本爲主。但在 1876 年以前，英語世界對於《詩經》的翻譯，除了理雅各的譯本外，就只有 18 世紀栢西（Thomaspercy）、威廉‧瓊斯（William Jones）及 1829 年德庇時（Sir John Francis Davis）的幾首譯詩。一開始還是從法國傳教士馬若瑟的法語選譯中轉成英譯的。從其《詩經》選譯的篇目看，宗教因素遠遠大於文學因素。

從漢學家威廉‧瓊斯爵士把《詩經》部份詩篇以散體和韻體形式譯成英語在《亞洲詩集》中發表開始，文學因素尤其是東方詩歌的詩學特質得以發掘，他的譯本對英國 19 世紀詩人拜倫、雪萊、丁尼生等產生了巨大的影響，儘管在其英譯選譯本中並未很好地體現出「意象和比喻」等東方詩歌特有的修辭手法，但是表現出了一種試圖傳遞《詩經》和孔子內在精神內涵的可貴嘗試。

之後的英國漢學家德庇時和翟理斯也都從中西方詩學的角度對《詩經》進行了選譯。

從 19 世紀 60 世紀開始出現理雅各的《詩經》英譯全譯本開始，不同版本的《詩經》英譯全譯本漸次出現。

其翻譯手法也經歷了韻譯、散譯到自由體詩歌翻譯的歷時演變。

《詩經》的早期英譯者大部份用韻體〔註26〕，據統計，自1576年之後，在1577、1578、1579等年交錯出現了5個英譯本，均為韻體譯本。理雅各1871年英譯本是散體譯本的代表作。

自由體詩歌的翻譯首現於美國新詩運動領袖龐德1954年選譯本《孔子頌詩集典》。英國漢學家韋利則是又一個將《詩經》翻譯成自由體的詩人，並以比較文學的研究方法進一步去理解《詩經》的思想性與文學性。

可見，《詩經》英譯從最初的韻體翻譯到散體翻譯，再到自由體詩歌翻譯的線性流變，顯現了不同時期的譯者對《詩經》譯介的文學性、藝術性與思想性的回歸。不同譯者在《詩經》翻譯中尋找《詩經》的「詩」，儘管早期的傳教士譯者們翻譯的也許僅僅是《詩經》的「經」。

另外，從對《詩經》的文化價值認同上，也經歷了從經學經典到文學、文化和思想經典的過程。

被理雅各列入《中國經典》的《詩經》顯然是作為經學經典列入的，這也是最初《詩經》被西方傳教士作為源文本廣泛翻譯的主要原因，在《詩經》等中國經典中尋找西方基督教在中國傳教的思想基礎，以便「以耶釋儒」。

在1838年和1843年愛德華‧比奧（douard Boit）的《詩經》專論中則強調《詩經》是「東亞傳給我們的最出色的風俗畫之一」，「它以古樸的風格向我們展示了上古時期的風俗民情」。法國著名漢學家葛蘭言《中國古代的節慶與歌謠》對《詩經》的人類學解讀更是凸顯了《詩經》的文化經典地位。

翟理斯1901年用英文撰寫的第一部《中國文學史》在倫敦出版，這是世界上第一部用英文撰寫的中國文學史著作。在這本書中，《詩經》已作為文學經典專門論述，包括《詩經》的分類、詩篇主題、詩中名物等，解釋了中國傳統學者以史解《詩》的慣例，指出了《詩經》對後世的影響。

《詩經》從經學經典到文學、文化和思想經典體現了漢學家在《詩經》研究上運用比較宗教學、比較文學和文化人類學等多學科、多角度深入研究以及語文法、社會學等多種研究方法的嬗變。

誠如中國詩人戴望舒在1944年的《詩論零箚》中所論：「說『詩不能翻譯』是一個通常的錯誤，只有壞詩一經翻譯才失去一切。因為實際它並沒有

〔註26〕許淵沖：《汪譯詩經序》，《外語與外語教學（大連外國語學院學報）》，1995年第1期。

『詩』包涵在內，而只是字眼和聲音的炫弄，只是渣滓。眞正的詩在任何語言的翻譯裏都永遠保持它的價值。而這價值，不但是地域，就是時間也不能損壞的。翻譯可以說是詩的試金石，詩的濾羅。不用說，我是指並不歪曲原作的翻譯。」

小　結

　　理雅各中華經典的翻譯的 19 世紀的最後 25 年，被歐洲漢學和理雅各研究者公認爲是英國漢學的理雅各時代。理雅各《詩經》英譯本的出現，在英國和西歐掀起了復譯《詩經》的熱潮，隨著理雅各《毛詩序》的翻譯，中國文論的翻譯和研究也翻開了新的篇章。理雅各的諸種譯作與著述與英國漢學乃至整個西方漢學的發展都有著密切的關係。

　　中國文化經由理雅各等傳教士傳播到歐洲乃至全世界，對 19 世紀下半期的西方特別是英國大學中漢學課程的設立以及一批人文學科如比較宗教學、比較語言學、比較文學、比較神話學等學科的產生與發展起著至關重要的作用。

　　理雅各《詩經》譯介闡釋的跨文化傳播對中外詩學影響深遠，尤其是以龐德爲代表的西方意象派詩歌；同時也促進了西方詩經學的發展，在研究方法上也從傳統闡釋學到現代接受美學、文學本體論、語言學研究及文化人類學等，不斷向縱深發展。

結語——理雅各《詩經》譯介的經典闡釋

本書以理雅各的《詩經》譯介文本爲範例，從譯者文化心態到闡釋策略、譯介內容等方面，比較全面地考察了西方傳教士兼學者理雅各對中華經典《詩經》所進行的跨文化闡釋。理雅各耗其一生、研究中國經典並向西方世界譯介闡釋中國經典，成就了這位文化巨人的偉大一生，正如香港大公報《理雅各傳記兩種》所說，在那漫長的幾十年的跨文化環境中，理雅各以其理性、睿智和信仰，堅守的心靈所經歷並沉浸的一切，對於今天的讀者，不少應仍具啓示意義。

一、理雅各作爲跨文化學者的知識結構是譯介中華經典的首要條件

當代西班牙譯論家安東尼・皮姆（Antony Pym）提出「互文化性」（interculturality）和第三種文化的概念。互文化性是指不同文化交叉或重疊部份，既不完全屬於源語文化，也不完全屬於目的語文化，而是由譯者結合兩種不同文化創造出的第三種文化。〔註1〕這第三種文化是兩種文化衝突時互相妥協的結果，或者說，譯者本著第三方客觀公正的原則，爲兩種文化提供了交流與協商的平臺，這樣的「譯者」必須由具有「跨文化」知識背景的學者方能稱職。

〔註1〕Pym, Antony. *Method in Translation History* [M]. Beijing：Foreign Language Teaching and Research Press, 2007.

　　理雅各無疑是位優秀的「跨文化學者」（In Between Scholars），他具有全球視野和批判思維的能力以及超常的知識廣度，既具有西歐的知識文化背景，又深入地學習力圖理解中國文化，掌握了與東方對話的方式，能有效地將東方文化介紹給西方，取長補短。正是在這樣的前提下，理雅各譯介的《詩經》及其翻譯闡釋的其它中國經典的質量是空前的，至今還無人能夠超越。這固然有理雅各先天良好的個人稟賦，更多的是他畢生努力的結果。

　　理雅各系列儒經譯本《中國經典》不同於利瑪竇等傳教士的早期譯本，已經由單純的語言符號轉換上升到文化符號轉換，已經由介紹中國文化上升到評判中國文化。我們感受到的理雅各也不單純是一個譯者，而更多的是一個中國文化的研究者與傳播者。〔註2〕

二、尊重源語文化使中華經典譯介成爲一種跨文化交際

　　美國賓夕法尼亞州勒亥大學（Lehigh University，Pennsylvania，USA）的諾曼・吉拉多特（Norman Girardot）教授的專著《中國文獻的維多利亞式翻譯——理雅各東方朝聖之行》（The Victorian Translation of China：James Legge Oriental Pilgrimage）將理雅各入華傳教寫成對中華文化的「朝聖」，旨在突出理雅各對中華經典的敬畏之情。

　　對待中國文化，持有傲慢和偏見的新教傳教士們往往以「拯救者」的姿態，手持福音書，悲天憫人地出現在中國東南沿海大地。理雅各與他們不同，他能客觀、認眞而尊重，不隨波逐流，而是沉潛其中，儘量保持客觀公允的文化心態，儘管理雅各也沒有完全擺脫西方中心主義的牢籠，但他對中華經典的譯介，主要採用以承認並能客觀對待不同文化之間的差異爲前提的「異化」翻譯法，逐漸沉潛其中，不斷克服「前見」障礙，以平等、謙遜的態度、開放的心態，肯定眞理，敢於否定自己，獲得眞知，他的《詩經》譯介，已經不再是簡單的語言層面的字詞轉換，而成爲一種跨文化交際。因此，理雅各成爲研究與傳播中華文化的使者和吉拉多特所說的「偉大的翻譯家、原語文化的眞正的破譯與解碼者（decipher）、沉思者（mediator）、變革者transformer）和超越者（transgressor）。如嚴肅的翻譯史家 L Kelley 和 G.Steiner 所說，譯者是地道的文化講解員，是東西方文明發展的關鍵代表，儘管後一

〔註 2〕陸振慧：跨文化傳播語境下的理雅各《尚書》譯本研究，2010 年揚州大學博士論文。

點常被人忽視。」〔註3〕

　　理雅各長期生活工作在英國的殖民地香港，但隨著他對中國經學的研究越來越深，乃至精熟把握，他的傳教動機也越來越弱化，他對儒家文化和孔子態度的轉變是個極好的例證。

　　1871 年《中國經典》系列叢書的《詩經》譯本中，理雅各常把孔子當作批評指責的對象，引用孔子語錄也是作爲反面的材料來論證。1861 年理雅各出版其翻譯的《中國經典》第一卷緒論中這樣評價孔子：

　　　　我長期研究他的爲人和學說，但不能認爲他是偉人。他比同時代的官員和士子高明，但並未超前於他的時代。他沒能發明任何普世關心的問題，沒有推進宗教信仰，不同情進步。他發揮過很好的影響，但這影響就要減小。我認爲，這個國家對他的信仰很快就會大面積消失。

他批判儒教，認爲孔子宗教熱情淡漠。他在 1861 年版《中國經典》第一卷 113 頁提出：「我希望我對孔子不至於有所不恭，但研究其人其思好一段時間後，我已經不能再將他視爲聖人」，「他對引起全世界關注的任何問題都未能闡明。他沒有任何宗教熱情。他對進步很漠然。」「我認爲，這個國家的國民對他的信心將很快退去。」1876 年韻體版《詩經》中，理雅各對孔子的態度已有所緩和，但仍有大量批駁的論述。在 1879 年《東方聖書》第三卷中的《詩經》譯本中，已極少出現對孔子的直接批評。到 1893 年，該書修訂再版時，理雅格對孔子的評價則變爲：

　　　　對他的爲人和學說研究越久，我就越敬佩他。他非常偉大，對中國人的影響總體來說十分有益，他的教誨對於我們這些基督的門徒也不無裨益。〔註4〕

在三十多年後的《中國經典》的牛津修訂版卷一第 111 頁中，理雅各說：「我希望我對孔子不至於有所不恭，但研究其人其思時間越長，我越覺得他偉大。他是偉人，他的訓律對整個民族的影響總體來說是有益的，對我們基督教徒也是重要的一課。」「他是中國人中的中國人」「以最好的和最崇高的身份代

〔註3〕Girardot, J.Norman. *The Victorian's Translation of China：James Legge's Oriental Pilgrimage*, Berkeley：University of California Press, 2002.

〔註4〕James Legge, *The Chinese Classics*, Vol.1（Revised 2nd edition）, Hong Kong：Hong Kong University Press, 1960（1893）, p.111.

表著人類最美的理想。」〔註5〕

我贊同並且相信這樣一種說法，孔子——還有其它人，此處不列——是上帝（God）派遣來教導中國人民的。……上帝（God）眷顧他們，是要通過他們，讓數以百萬計的中國人保持對上帝（God）有所瞭解。〔註6〕

三、理雅各《詩經》譯介體現了傳統與創新相結合的闡釋思想

理雅各的《詩經》譯介，在形式和方法等方面借鑒中西傳統釋經的方法，廣羅自漢至清的中國傳統的《詩經》注釋本，尊重傳統，充分吸收諸家的研究成果。理雅各不像耶穌會傳教士那樣，出於傳教這一根本目的，將中國儒學經典牽強地去附會基督教教義，粗暴地刪減原文，任意發揮，甚至創造性地誤讀，有意識地曲解；理雅各在《中國經典》第三卷序言裏說：「譯者曾就少數幾處經文做出新的解釋，類似的情況本來會有很多，但他還是盡最大可能傳達中國學者的見解而非譯者的一己之見。」

理雅各更多倚重具有獨立批判意識的宋學，尤其是朱熹的闡釋，但參考而不迷信，力求創新，在新舊兩種批評的攻訐和交匯中開闢著自己的道路，形成一種冶文學、哲學、史學、自然科學於一爐的獨特的闡釋風格。在具體的譯介中，理雅各自覺不自覺地踐行著闡釋的循環，經常將《詩經》的傳統注釋羅列比較，再對其進行批判性改寫，體現他的獨立創新意識。他對朱熹闡釋的倚重和批判性改寫即為範例。

作為西方學者，理雅各在譯介儒學經典時，也會從西方的科學思維出發，提出自己的獨特見解，如提出孔子「子為父隱、父為子隱」「以直報怨」的觀點有違法律或基督精神，一針見血地看到問題的癥結；《詩經》一夫多妻帶來的男尊女卑等社會問題，他的見解無疑是反觀中國文化弊端的一面鏡子。

四、理雅各《詩經》譯介對中外詩學影響深遠

理雅各對《詩經》的譯介對在《詩經》西播史上有里程碑的意義，樹立了英譯漢詩的典範，對中外詩學影響深遠。中外詩學的融通，突出地表現在英譯漢詩上。以龐德（Ezra Pound）為代表的意象派新詩人便孜孜不倦地嘗試著東西詩歌的融合。他向中國的藝術寶庫——包括《詩經》在內的中國古典

〔註5〕同上，（卷一，第95頁）
〔註6〕Confucianism in Relation to Christianity, pp.10～11.

詩歌尋求樣板，在翻譯《詩經》三百篇的本身時就構建了一種詩學，體現了中西方詩歌創作的相互融合。在得到費諾羅薩（E.Fenollsa）的中詩譯注和漢詩研究的遺稿後，他一面整理發表中詩譯作《神州集》，一面積極宣傳漢字所代表的新詩學，並出版了《中國》一書，使意象派帶有明顯的中國詩歌的影響。儘管他常常曲解漢字的偏旁部首，但它畢竟取得了特殊的效果，明確無誤地傳達了譯者的詩歌美學和文化思想。〔註7〕

龐德把「意象」稱爲「是在一瞬間呈現思想和感情的複合體」，表現人們對具體事物色、聲、味、形等各種特質的直接感觸，而以最簡潔、精確的語言和最精細的音樂性韻律表達，實際上與《詩經》的意象不盡相同。他在美國《詩刊》上發表《內在形式的必要》一文說：「我們有兩種形式上的出路，如沿用傳統的拍子（metre），我們的情緒與思想必然要像拍子一般的模型，否則我們就要創造自己的形式。但是，創造自己的形式是更苦的事，因爲它必定要比傳統的形式更加嚴格，嚴格就是切近我們的情緒的性質。」

正如評論家格雷海姆 A.C.Graham 所說「英譯中國詩的藝術，是意象主義運動的副產品」〔註8〕。同時，意象派詩歌運動也加速了「中詩西播」的進程。

早在 18 世紀，被薩義德（Edward Waefie Said）稱爲東方學「無可爭議的奠基人」威廉‧瓊斯爵士閱讀了《詩經》中的若干詩篇後，就覺得東方的詩值得好好研究，可以提供新的意象、新的模型、新的園地，將其翻譯成英語。他在《論東方各國詩歌》的結尾說道：

> 我不得不認爲，我們歐洲的詩依靠同樣的意象，利用同樣的故事，陳陳相因，實在太久了。多少年來，我的任務在於灌輸這樣的一條真理：即如果把儲藏在我們圖書館裏的亞洲的主要著作設法出版，並加上注疏和解釋，又如果東方各國的語言在我們有名的學術機關裏得到研習（在那裏每門有用的知識都教得很好），那麼一個耐人思索的新鮮廣闊的領域將會開闢起來，我們對於人們思想的歷史將會看得比較深入；我們將有一套新鮮的意象和比喻；而許多美好

〔註7〕周發祥：《詩經在西方的傳播與研究》，《文學評論》，1993 年 06 期；王麗娜：《西方〈詩經〉學的形成與發展》，《河北師院學報（社會科學版）》，1996 年第 4 期。包延新、孟偉：《〈詩經〉英譯概述》，《遵義師範學院學報》，2003 年第 1 期。

〔註8〕引自《中國的翻譯》，轉引自何休《中華文化的西播和「二戰」前的西方漢學研究》（下）。

　　的作品將會出現，供未來的學者去解釋和未來的詩人去模仿。〔註9〕

　　美國學者麥克諾頓（W. McNaughton）在專論《詩經的綜合意象》〔註10〕裏論《干旄》和《揚之水》二詩疊句中換個別詞語組成的系列意象，有遞進關係和平行關係兩種類型，具有轉換時空、釋放情結和假託功能。他認爲，當一個意象與另一個意象互相關聯，而兩者的共體效果又與主旨關聯時，便產生了「併合意象」。《詩經》經常如此運用意象，使意象間的映帶關係產生如下的特殊效果與功能——轉換時空。併合意象具有積蓄感情，使之瞬間突發的效果，有如現代意象派筆下所寫。這正是中外詩學相互融合和影響的體現。

〔註 9〕阿伯里（A.J.Aberry）（1946）：《亞洲學者瓊斯：威廉‧瓊斯爵士的生平與影響》，載范存忠《中國文化在啓蒙時期的英國》，上海外語教育出版社，1991 年版，第 35 頁。

〔註10〕麥克諾頓這篇論文發表於 1966 年，1971 年出版他的《詩經》譯本附有這篇論文。

參考文獻

1. 埃科：《他們尋找獨角獸》，見樂黛雲、勒・比松主編：《獨角獸與龍》，北京：北京大學出版社，1997 年版。

2. 愛新覺羅・弘曆：《御製善樂堂全集定本》，四庫全書本。

3. 〔法〕安田樸、謝和耐等著，耿昇譯：《明清間入華耶士和中西文化交流》，成都：巴蜀書社，1993 年版。

4. 阿伯里：《亞洲學者：威廉・瓊斯爵士的生平與影響》（1946），轉引自范存忠《中國文化在啓蒙時代的英國》，上海：上海外語教育出版社，1991 年版。

5. 班固：《漢書》，北京：中華書局，1975 年版。

6. 彼得・李伯庚著、趙復三譯：《歐洲文化史》（上），上海：上海社會科學院出版社，2004 年版。

7. 巴克爾：《英國文明史》（篇二上），上海：南洋公學譯書院，1903 年版。

8. 蔡守湘：《歷代詩話論〈詩經〉〈楚辭〉》，武漢：武漢大學出版社，1991 年版。

9. 陳國安：清代詩經學研究，蘇州大學 2008 年博士論文。

10. 陳奐：《詩毛詩傳疏》，中國書店，1984 年版。

11. 陳啓源：《毛詩稽古編》，上海鴻寶齋，清光緒 17 年（1891）。

12. 陳銓：《中德文學研究》，北京：商務印書館，1936 年版。

13. 陳壽祺、陳喬樅：《三家詩遺説考》，皇清經解本。

14. 陳詠明：《儒學與中國宗教傳統》，北京：宗教文化出版社，2003 年版。

15. 陳義海：《明清之際：異質文化交流的一種範式》，南京：江蘇教育出版社，2007 年版。

16. 陳子展：《詩三百解題》，上海：復旦大學出版社，2001 年版。

17. 程俊英、蔣見元：《詩經注析》，北京：中華書局，1999 年版。

18. 程俊英：《詩經譯注》，上海：上海古籍出版社，2004 年版。

19. 曹林娣：《古籍整理概論》，北京：北京大學出版社，2007 年版。

20. 戴維：《詩經研究史》，長沙：湖南教育出版社，2001 年版。

21. 杜預：《春秋經傳集解》，上海：上海古籍出版社，1988 年版。

22. 段峰：《文化視野下文學翻譯主體性研究》，成都：四川大學出版社，2008 年版。

23. 〔英〕美衛·麥克里蘭著，孔兆政、蔣龍翔譯：《意識形態》（第 2 版），長春：吉林人民出版社，2005 年版。

24. 〔美〕鄧恩著，余三樂、石蓉譯：《從利瑪竇到湯若望：晚明的耶穌會傳教士》，上海：上海古籍出版社，2003 年版。

25. 范希增：《書目答問補正》，上海：上海古籍出版社，1986 年版。

26. 范存志：《中國文化在啓蒙時期的英國》，上海：上海外語教育出版社，1991 年版。

27. 方玉潤：《詩經原始》，李先耕點校，北京：中華書局，1986 年版。

28. 方漢文：《比較文明史》，上海：東方出版中心，2009 年版。

29. 方漢文：《比較文化學》，桂林：廣西師範大學出版社，2003 年版。

30. 方漢文：《東方文化史》，上海：上海外語教育出版社，2007 年版。

31. 方豪：《中西交通史》，長沙：嶽麓書社，1987 年版。

32. 費正清：《劍橋中華民國史》，上海：上海人民出版社，1992 年版。

33. 馮慶華：《文體翻譯論》，上海：上海外語教育出版社，2002 年版。

34. 〔法〕弗朗索瓦·於連（Francois）著，杜小眞譯：《迂迴與進入》，北京：北京三聯書店，1998 年版。

35. 郭沫若：《青銅時代》，北京：科學出版社，1960 年版。

36. 顧頡剛：《古史辨》，上海：上海古籍出版社，1982 年版。

37. 顧炎武：《日知錄》，黃汝成集釋，秦克誠點校，長沙：嶽麓書社，1996 年版。

38. 顧長聲：《叢馬禮遜到司徒雷登 —— 來華新教傳教士評傳》，上海：上海人民出版社，1985 年版。

39. 顧長聲：《傳教士與近代中國》，上海：上海人民出版社，1981 年版。

40. 顧衛民：《基督教與近代中國社會》，上海：上海人民出版社，1996 年版。

41. 顧維廉：《中國文學史》，德國萊比錫萊：比錫阿美郎出版社，1902 年版。

42. 郭紹虞：《中國歷代文論選》，上海：上海古籍出版社，1983 年版。

43. 〔法〕戈岱司編、耿昇譯：《希臘拉丁作家遠東古文獻輯錄》，北京：中

華書局，1987 年版。

44. 龔自珍著：《總論漢代今文古文名實》，《龔定庵全集類編・大誓問答第二十四》，北京：中國書店，1991 年版。

45. 葛蘭言著、張銘遠譯：《中國古代的祭禮與歌謠》，上海：上海文藝出版社，1989 年版。

46. 何丹：《〈詩經〉四言體起源探論》，北京：中國社會科學出版社，2001 年版。

47. 何海燕：《清代〈詩經〉學研究》，華中師範大學 2005 年博士論文。

48. 黑格爾：《美學》，《朱光潛全集》本，合肥：安徽教育出版社，1997 年版。

49. 洪湛侯：《詩經學史》，北京：中華書局，2002 年版。

50. 洪漢鼎：《理解的真理 —— 解讀伽達默爾〈真理與方法〉》，濟南：山東人民出版社，2001 年版。

51. 胡承珙：《毛詩後箋》，郭全芝點校，合肥：黃山書社，1999 年版。

52. 胡先媛：《先民的歌唱 —— 〈詩經〉》，昆明：雲南人民出版社，1999 年版。

53. 胡志宏：《西方中國古代史研究導論》，鄭州：大象出版社，2002 年版。

54. 何兆武、何高濟、李申譯：《利瑪竇中國札記》，北京：中華書局，1981 年版。

55. 惠周惕：《詩說》，「叢書集成」本，北京：商務印書館，1939 年版。

56. 黃興濤：《文化怪傑辜鴻銘》，北京：中華書局，1997 年版。

57. 〔英〕赫德遜著、王遵仲等譯，何兆武校：《歐洲與中國》，北京：中華書局，1995 年版。

58. 蔣見元、朱傑人：《詩經要籍解題》，上海：上海古籍出版社，1996 年版。

59. 焦循：《毛詩補疏》，皇清經解本。

60. 金濤：《科舉制度與中國文化》，上海：上海人民出版社，1990 年版。

61. 伽達默爾著，洪漢鼎譯：《真理與方法》，上海：上海譯文出版社，2004 年版。

62. 〔美〕吉瑞德，段懷清、周俐玲譯：《朝覲東方：理雅各評傳》，桂林：廣西師範大學出版社，2011 年版。

63. 寇淑慧：《二十世紀詩經研究文獻目錄》，北京：學苑出版社，2001 年版。

64. 〔德〕科奇溫：《十八世紀中國與歐洲文化的接觸》，上海：商務印書館，1962 年版。

65. 〔英〕理雅各・海倫（Helen Edith Legge）著，馬清河譯：《漢學家理雅各傳》，北京：學苑出版社，2011 年版。

66. 黎靖德：《朱子語類》，北京：中華書局，1994 年版。

67. 李慈銘：《越縵堂讀書記》，上海：上海書店出版社，2000 年版。

68. 李玉良：《〈詩經〉英譯研究》，濟南：齊魯書社，2007 年版。

69. 李瑞華：《英漢語文化對比研究》，上海：上海外語教育出版社，1996 年版。

70. 李伯庚著、趙復三譯：《歐洲文化史》（上），上海：上海社會科學院出版社，2004 年版。

71. 李勇：《歐洲的中國形象》，北京：人民出版社，2010 年版。

72. 李喜所主編：《五千年中外文化交流史》，北京：世界知識出版社，2002 年版。

73. 林岷：《中國文化史概述》，北京：中國科學技術出版社，2004 年版。

74. 魯洪生：《詩經學概論》，瀋陽：遼海出版社，1998 年版。

75. 張振鯤編譯：《「黃禍論」歷史資料選輯》，北京：中國社會科學出版社，1979 年版。

76. 梁啓超：《清代學術概論》，北京：東方出版社，1996 年版。

77. 劉冬穎：《〈詩經〉變風變雅考論》，北京：中國社會科學出版社，2005 年版。

78. 劉立志：《漢代〈詩經〉學史論》，北京：中華書局，2007 年版。

79. 劉師培：《經學教科書》，《民國叢書》本，上海：上海書店，1990 年版。

80. 劉毓慶：《從經學到文學——明代〈詩經〉學史論》，北京：商務印書館，2001 年版。

81. 劉若愚：《中國詩學》，臺北：幼獅文化公司，1977 年版。

82. 劉易斯著：《詩歌意象》，英國牛津：牛津出版社，1958 年版。

83. 拉里·A·薩默瓦、理查德·E·波特：《跨文化傳播》，北京：中國人民大學出版社，2004 年版。

84. 〔德〕利奇溫著、朱傑勤譯：《十八世紀中國與歐洲文化的接觸》，北京：商務印書館，1962 年版。

85. 林塞·萊德：《詹姆斯·理雅各生平》，轉引自《四書的英譯·前言》，中國文化復興協會，1980 年版。

86. 〔法〕羅貝爾·埃斯卡皮（Escarpit）著，王美華，於沛譯：《文學社會學》，合肥：安徽文藝出版社，1987 年版。

87. 〔英〕羅納德·S·蘇：《孫逸仙——他的政治和社會理論》，美國阿什維爾：北加里福尼亞大學出版社，1933 年版。

88. 利瑪竇：《利瑪竇中國箚紀》第 1 卷，北京：中華書局，1981 年版。

89. 馬瑞辰：《毛詩傳箋通釋》，北京：中華書局，1989 年版。

90. 馬宗霍：《中國經學史》，上海：上海書店，1984 年版。

91. 馬祖毅、任榮珍：《漢籍外譯史》，漢口：湖北教育出版社，1997 年版。

92. 馬祖毅：《中國翻譯簡史》，北京：中國對外翻譯出版公司，2004 年版。

93. 馬祖毅：《中國翻譯通史》，武漢：湖北教育出版社，2006 年版。

94. 馬克思、恩格斯著：《馬克思恩格斯通訊集》，北京：生活・讀書・新知三聯書店，1958 年版。

95. 〔意〕馬可波羅著、梁生智譯：《馬可波羅遊記》，北京：中國文史出版社，1998 年版。

96. 毛先舒：《詩辯坻》，《清詩話續編》本，上海：上海古籍出版社，1983 年版。

97. 〔西班牙〕門多薩：《大中華帝國志》，見周寧著/編注《大中華帝國》中國形象：西方的學說與傳說之二），北京：學苑出版社，2004 年版。

98. 〔法〕孟德斯鳩：《論法的精神》，上海：商務印書館，1990 年版。

99. 皮錫瑞：《經學概論》，北京：中華書局，1995 年版。

100. 皮錫瑞：《經學歷史》，北京：中華書局，1989 年版。

101. 〔法〕裴化行著、管震湖譯：《利瑪竇評傳》，北京：商務印書館，1993 年版。

102. 錢穆：《中國近三百年學術史》，北京：商務印書館，1997 年版。

103. 錢穆：《中國思想史》，臺北：臺灣學生書局，1983 年版。

104. 錢穆：《如何研究文化史》，見《中國歷史研究法》，臺北：東大圖書股份有限公司，1988 年版。

105. 錢穆：《中國文化史導論》，北京：商務印書館，1994 年版。

106. 錢穆：《國史大綱》，北京：商務印書館，1994 年版。

107. 錢鍾書：《17 世紀英國文學裏的中國》，牛津大學 1940 學位論文。

108. 錢鍾書：《談藝錄》，北京：中華書局，1993 年版。

109. 錢鍾書：《林紓的翻譯》，北京：商務印書館，1981 年版。

110. 錢鍾書：《管錐編》，北京：中華書局，1979 年版。

111. 錢鍾書：《錢鍾書集・寫在人生邊上的邊上》，北京：北京三聯書店，2001 年版。

112. 漆永祥：《乾嘉考據學研究》，北京：中國社會科學出版社，1998 年版。

113. 阮元：《揅經室集》，北京：中華書局，1993 年版。

114. 司馬遷：《史記》，北京：中華書局，1975 年版。

115. 孫藝風：《視角・闡釋・文化 —— 文學翻譯與翻譯理論》，北京：清華大

學出版社，2004 年版。

116. 邵志洪：《英漢語研究與對比》，上海：華東理工大學出版社，1997 年版。

117. 申迎麗：《理解與接受中意義的構建：文學翻譯中誤讀現象研究》，上海：上海譯文出版社，2008 年版。

118. 馬紅軍：《從文學翻譯到翻譯文學》，上海：上海譯文出版社，2006 年版。

119. 沈福偉等：《中西文化交流》，上海：上海人民出版社，1987 年版。

120. 孫中山：《五權憲法、民權初步》，北京：中國大百科全書出版社，1994 年版。

121. 石民：《詩經楚辭古詩唐詩選》，香港：中流出版社有限公司，1982 年版。

122. 〔英〕斯當東：《英使謁見乾隆記實》，上海：商務印書館，1963 年版。

123. 檀作文：《朱熹詩經學研究》，北京：學苑出版社，2004 年版。

124. 王懷宜：《〈毛傳〉本體研究》，上海：復旦大學出版社，2006 年版。

125. 王士禛：《池北偶談》，中華書局，1997 年版。

126. 王士禛：《帶經堂詩話》，北京：人民文學出版社，1963 年版。

127. 王靖獻著、謝謙譯：《鐘與鼓》，成都：四川人民出版社，1990 年版。

128. 王書楷：《天主教早期入中國史話》（內部讀物），湖北蒲圻市第一印刷廠印刷，1993 年版。

129. 王韜：《弢園文錄外編》，上海：上海書店出版社，2002 年版。

130. 王曉朝：《基督教與帝國文化》，北京：東方出版社，1997 年版，第 130 頁。

131. 王先謙、吳格點校：《詩三家義集疏》，北京：中華書局，1987 年版。

132. 王英志：《清人詩論研究》，南京：江蘇古籍出版社，1986 年版。

133. 王運熙、顧易生：《中國文學批評史》，上海：上海古籍出版社，1985 年版。

134. 王岳川：《發現東方》，北京：北京圖書館出版社，2003 年版。

135. 王克非：《翻譯文化史論》，上海：上海外語教育出版社，1997 年版。

136. 魏源：《詩古微》，長沙：嶽麓書社出版社，2004 年版。

137. 〔美〕威爾·杜蘭、幼獅文化公司譯：《世界文明史·東方的遺產》（上），北京：東方出版社，1999 年版。

138. 汪榕培：《比較與翻譯》，上海：上海外語教育出版社，1997 年版。

139. 聞一多：《聞一多全集》，武漢：湖北人民出版社，1993 年版。

140. 吳雁南、秦學順、李禹階：《中國經學史》，福州：福建人民出版社，2005 年版。

141. 吳結評：《英語世界裏的《詩經》研究》，成都：四川大學出版社，2008

年版。

142. 吳利明:《基督教與中國社會變遷》,香港:香港基督教文藝出版社,1981年版。

143. 〔法〕維吉爾‧畢諾著、耿昇譯:《中國對法國哲學思想形成的影響》,北京:商務印書館,2000年版。

144. 衛三畏著:《中國總論》,上海:上海古籍出版社,2005年版。

145. 夏傳才、董治安:《詩經要籍提要》,北京:學苑出版社,2003年版。

146. 夏傳才:《詩經研究史概要》,河南中州書畫社,1986年版。

147. 夏傳才:《詩經語言藝術》[M],北京:語文出版社,1985年版。

148. 許鈞:《翻譯論》,武漢:湖北教育出版社,2003年版。

149. 許淵沖:《翻譯的藝術》[M],北京:中國對外翻譯出版公司,1984年版。

150. 謝和耐著、耿昇譯:《中國與基督教》,上海:上海古籍出版社,1991年版。

151. 邢福義:《文化語言學》,武漢:湖北教育出版社,1990年版。

152. 冼焜虹:《詩經述論》,太原:山西人民出版社,1986年版。

153. 辛紅娟:《〈道德經〉在英語世界:文本旅行與世界想像》,上海:上海譯文出版社,2008年版。

154. 楊伯峻:《論語譯注》,北京:中華書局,1980年版。

155. 楊自儉、劉學雲:《翻譯新論》,武漢:湖北教育出版社,1996年版。

156. 楊宏聲:《本土與域外——超越的周易文化》,上海:上海社會科學出版社,1995年版。

157. 楊百揆:《西方文官系統》,成都:四川人民出版社,1985年版。

158. 姚興富:《耶儒對話與融合——〈教會新報〉(1868~1874)研究》,北京:宗教文化出版社,2005年版。

159. 姚際恒:《詩經通論》,續修四庫全書本。

160. 姚際恒:《儀禮通論》,陳祖武標點,北京:中國社會科學出版社,1998年版。

161. 永瑢等:《四庫全書總目》,上海:上海古籍出版社,「四部精要本」,1992年版。

162. 余嘉錫:《世說新語箋疏》,北京:中華書局,1983年版。

163. 于三樂:《早期西方傳教士與北京》,北京:北京出版社,2001年版。

164. 袁愈宗:《詩廣傳》詩學思想研究,山東師範大學2006年博士論文。

165. 袁行霈主編:《中國文學史》,北京:高等教育出版社,1999年版。

166. 宇文所安(Stephen Owen),田曉菲譯:《他山的石頭記》,南京:江蘇人

民出版社，2002 年版。

167. 岳峰：《架設東西方的橋梁 —— 英國漢學家理雅各研究》，福州：福建人民出版社，2004 年版。

168. 岳峰：《儒經西傳中的翻譯與文化意象的變化》，福州：福建人民出版社，2006 年版。

169. 樂黛雲、勒·比雄主編：《獨角獸與龍》，北京：北京大學出版社，1995 年版。

170. 樂黛雲等：《比較文學新編》，北京：北京大學出版社，1998 年版。

171. 張健：《清代詩學研究》，北京：北京大學出版社，1999 年版。

172. 張啓成：《詩經研究史論稿》，貴陽：貴州人民出版社，2003 年版。

173. 張國剛、吳莉葦：《啓蒙時代歐洲的中國觀 —— 一個歷史的巡禮與反思》，上海：上海古籍出版社，2006 年版。

174. 章學誠：《文史通義·易教上》，《章氏遺書》嘉業堂本。

175. 張岱年：《文化論》，石家莊：河北教育出版社，1996 年版。

176. 張岱年：《晚思集：張岱年自選集》，北京：新世界出版社，2002 年版。

177. 趙國華《生殖崇拜文化論》，北京：中國社會科學出版社，1990 年版。

178. 趙茂林：《兩漢三家〈詩〉研究》，成都：巴蜀書社，2006 年版。

179. 趙沛霖：《詩經研究反思》，天津：天津教育出版社，1989 年版。

180. 趙曉陽：《傳教士與中國國學的翻譯 —— 以〈四書〉〈五經〉爲中心》，《恒道》第二輯，長春：吉林文史出版社，2003 年版。

181. 周發祥：《西方文論與中國文學》，南京：江蘇教育出版社，1997 年版。

182. 中外關係史學會、復旦大學歷史系：《中外關係史》，上海：上海譯文出版社，1988 年版。

183. 朱光潛：《詩論》，重慶：重慶國民圖書出版社，1942 年版。

184. 朱維錚：《中國經學史十講》，上海：復旦大學出版社，2002 年版。

185. 朱熹：《詩集傳》，北京：中華書局，1958 年版。

186. 朱謙之：《中國哲學對歐洲的影響》，上海：上海人民出版社，2006 年版。

187. 祝朝偉：《構建與反思：龐德翻譯理論研究》，上海：上海譯文出版社，2005 年版。

188. 卓新平：《中華文化通志》第 9 典，上海：上海人民出版社，1998 年版。

徵引及參考論文

1. 畢甌：從《詩經》看古代中國的生活方式，《亞洲研究》，1843 年。

2. 包延新、孟偉：《詩經》英譯概述，《遵義師範學院學報》，2003 年第 1

期。

3. 曹克煜：詩歌譯者地位的闡釋學淺析——介評詩經《關雎》五個英譯版本，《阜陽師範學院學報（社會科學版）》，2009 年第 6 期。

4. 陳世驤：《詩經》在中國文學史上和中國詩學裏的文類意義，臺北《中央研究院歷史語言研究所集刊》，1989 年第 39 卷第 1 期。

5. 陳銓：東方文化對西方文化的影響，《文化先鋒》第 6 卷第 9.10 期合刊，1946 年 11 月 30 日。

6. 陳麗君：從理雅各對中國經典的翻譯看文化的互動與衝擊，《中華女子學院學報》，2010 年第 6 期。

7. 陳立傑：此「God」非彼「上帝」——從理雅各對中國儒學經典的翻譯看主體性研究，《中國科教創新導刊》，2008 年。

8. 陳國安：清代詩經學研究，蘇州大學博士論文，2008 年。

9. 陳國安：清代詩經學研究綜述，《蘇州大學學報（哲學社會科學版）》，2004 第 5 期。

10. 陳國安：清代「詩經學」流派述略，《南陽師範學院學報（社會科學版）》，2005 年第 11 期。

11. 陳可培、劉紅新：理雅各研究綜述，《上海翻譯》，2008 年第 2 期。

12. 陳登：宗教傳播與文化調適——關於佛教儒學化與基督教儒學化的比較研究，《常德師範學院學報（社會科學版）》，2001 年第 2 期。

13. 程裕禎：關於海外漢學研究，《中國文化研究》，1997 年夏之卷（總第 16 期）。

14. 程章燦：魏理眼中的中國詩歌史——一個英國漢學家與他的中國詩史研究，《魯迅研究月刊》，2005 年第 3 期。

15. 段懷清：理雅各與維多利亞時代的英國漢學——評吉瑞德教授的《維多利亞時代中國古代經典英譯：理雅各的東方朝聖之旅》，《國外社會科學》，2006 年第 1 期。

16. 段懷清：理雅各《中國經典》翻譯緣起及體例考略，《浙江大學學報（人文社會科學版）》，2005 年第 3 期。

17. 丁順茹：論西方傳教士在明清之際中西文化交流中的作用，《廣州師院學報（社會科學版）》，1997 年第 3 期。

18. 傅紅春：經濟的文化基因差異——十二位中國學者的中西比較，《上海市經濟學會學術年刊》，2007 年。

19. 方漢文：跨文化翻譯中的歷史闡釋，《重慶文理學院學報（社會科學版）》，2010 年第 1 期。

20. 方漢文：文明詩學：中華民族的理論創新，《蘇州市職業大學學報》，2006

年第 1 期。

21. 方漢文：文學翻譯中的文化差異與通約，《四川外語學院學報》，2003 年第 6 期。

22. 方漢文：中國傳統考據學與西方闡釋學，《安徽師範大學學報（人文社會科學版）》，2003 年第 4 期。

23. 方漢文：中國比較文學：學科定位與體系建構，《北方論叢》，2004 年第 6 期。

24. 葛雷：馬拉美與中國詩，《外國文學研究》，1986 年第 1 期。

25. 顧衛星：早期以英語爲媒介的中學西漸，《江南社會學院學報》，2003 年第 5 卷第 4 期。

26. 何兆武：中國儒家思想與西歐啓蒙運動，《文史知識》，1988 年第 6 期。

27. 胡寶平：論布魯姆「詩學誤讀」，《國外文學季刊》，1994 年第 4 期。

28. 胡壯麟：語境研究的多元化[J]，《外語教學與研究》，2002 年第 3 期，第 161 頁。

29. 何立芳：理雅各傳教士身份與翻譯家身份的交叉性解析，《樂山師範學院學報》，2010 年第 9 期。

30. 何立芳：理雅各英譯中國經典目的與策略研究，《國外理論動態》，2008 年第 8 期。

31. 賀文玄：緩解現代道德危機 孔夫子影響世界 400 年，《環球時報》，2007 年 2 月 16 日第 20 版。

32. 〔美〕韓大偉：傳統與尋眞──西方古典漢學史回顧，《世界漢學》，2005 年第 3 期。

33. 黃世相、李海燕：明清時期西方傳教士成爲中西文化交流載體原因再探討，《江西師範大學學報（哲學社會科學版）》，2006 年第 2 期。

34. 何休：中華文化的西播和「二戰」前的西方漢學研究，《民辦高等教育研究》，2008 年第 5 卷第 4 期。

35. 姜燕：理雅各《詩經》英譯本所繪夏商周三代社會圖景，《齊魯學刊》，2009 年第 6 期。

36. 姜燕：理雅各《詩經》英譯，山東大學博士論文，2010 年。

37. 傑夫·特威切爾著、張子清譯：龐德的《華夏集》和意象派詩，《外國文學評論》，1992 年第 1 期。

38. 〔日〕近藤一成著、胡健譯：英國中國學研究現狀，日本《中國──社會與文化》雜誌，1991 年第 6 期。

39. 蔣驍華：異化翻譯與文化傳播，《深圳大學學報（人文社會科學版）》，2003 年第 20 卷第 3 期。

40. 蔣方：魏晉時期的《詩經》解讀，《文學評論》，2000 年第 4 期。

41. 李濤、李群：最後的東學西漸——十九世紀中國科舉對西方文官考試制度的影響及反思，《海南師範學院學報（社會科學版）》，2003 年第 3 期。

42. 李玉良：理雅各《詩經》翻譯的經學特徵，《外語教學》，2005 年第 5 期。

43. 李玉良、王宏印：《詩經》英譯研究的歷史、現狀和反思，《西安外國語學院學報》，2006 年第 4 期。

44. 李慎明：堅持中國特色社會主義文化發展道路，《光明日報》，2011 年 11 月 25 日，第 1 版。

45. 李曉丹、王育林：17～18 世紀中西文化交流中的「中學西傳」，《昆明理工大學學報（社會科學版）》，2003 年第 3 卷第 3 期。

46. 梁永安：關於比較文學與比較文化研究課題的思考，《中國比較文學》，2006 年第 2 期。

47. 梁宗岱：《象徵主義》，《文學季刊》，1934 年第 2 期。

48. 陸耿：早期來華傳教士中國文化觀，《河北理工大學學報（社會科學版）》，2010 年第 10 卷第 3 期。

49. 劉保安：詩歌意象：文化心態及其審美取向，《山東師大外國語學院學報》，2000 年第 4 期。

50. 劉家和、邵東方：理雅各英譯《書經》及《竹書紀年》析論，臺北《中央研究院歷史語言所集刊》，1989 年第 3 期（第 71 卷）。

51. 劉瑋：從翻譯美學角度看《詩經》譯本的形美傳遞，《安徽農業大學學報（社會科學版）》，2009 年第 4 期。

52. 陸振慧：跨文化傳播語境下的理雅各《尚書》譯本研究，揚州大學博士論文，2010 年。

53. 盧漢超：中國何時開始落後於西方——論西方漢學中的「唱盛中國」流派，《清華大學學報（哲社版）》，2010 年第 1 期。

54. 馬祖毅：「四書」「五經」的英譯者理雅各，《翻譯通訊》，1983 年第 6 期。

55. 馬曉華：比較文學研究中的「誤讀」現象，《內蒙古社會科學（漢文版）》，2005 年第 26 卷第 2 期。

56. 繆崢：阿瑟·韋利與中國古典詩歌翻譯，《國際關係學院學報》，2000 年第 4 期。

57. 孟華：試論漢學建構形象之功能——以 19 世紀法國文學中的「文化中國」形象爲例，《北京大學學報（哲學社會科學版）》，2007 年第 44 卷第 4 期。

58. 鈕維新、楊北生：21 世紀：偉大中國文明的復興，《江西社會科學》，2001 年增刊。

59. 龐德著、張子清譯：《華夏集》和意象派詩，《外國文學評論》，1992 年第 88 卷 90 期。

60. 潘皓：跨文化交流中的「誤讀」現象，《武漢理工大學學報（社會科學版）》，2003 年第 16 卷第 6 期。

61. 邱緒萍：《詩經》兩個英譯本的比較，《牡丹江大學學報》，2009 年第 10 期。

62. 孫邦華：簡論丁韙良，《史林》，1999 年第 4 期。

63. 孫邦華：「入鄉隨俗」：明清耶穌會士的文化適應政策及其現代意義，《東南學術》，2006 年第 6 期。

64. 宋新：理雅各——從傳教士到傳播中國文化的使者，《國際關係學院學報》，1997 年第 2 期。

65. 石中堅：文化、語言與跨文化交流，《廣東廣播電視大學學報》，2005 年第 1 期。

66. 佟豔光：理雅各《詩經》英譯本與朱氏《詩集傳》的關係初探，《遼寧行政學院學報》，2010 年第 10 期。

67. 檀作文：20 世紀《詩經》研究史略，《天中學刊》，2000 年第 1 期。

68. 陶蘭、張映先：英國漢學三大家及其中國典籍英譯本研究，《語言文字》，2009 年 9 月下旬刊。

69. 譚樹林：早期來華新教傳教士與中國傳統文化，《北方論叢》，1998 年第 4 期。

70. 唐述宗、何瓊：文化全球化背景下的「東學西漸」——尋求與西方文明的平等對話，《中國科技翻譯》，2008 年第 21 卷第 2 期。

71. 王雙：新時期《詩經》意象研究述評，《河北大學學報（哲學社會科學版）》，2009 年第 2 期。

72. 王麗娜：西方《詩經》學的形成與發展，《河北師院學報（社會科學版）》，1996 年第 4 期。

73. 王岳川：發現東方與中國文化輸出，《解放軍藝術學院學報》，2002 年第 3 期。

74. 王立新：英美傳教士與近代中西文化會通，《世界宗教研究》，1997 年第 2 期。

75. 王輝：理雅各與《中國經典》，《中國翻譯》，2003 年第 24 卷第 2 期。

76. 王輝：理雅各的儒教一神論，《世界宗教研究》，2007 年第 2 期。

77. 王輝：理雅各英譯儒經的特色與得失，《深圳大學學報（人文社會科學版）》，2003 年第 4 期。

78. 王曉平：《詩經》文化人類學闡釋的得與失，《天津師範大學學報》，1994

年第 6 期。

79. 王立群：王韜與近代東學西漸，《北京科技大學學報（社會科學版）》，2004年第 20 卷第 1 期。

80. 王冰：明清間耶穌會士來華的背景及其影響，《甘肅社會科學》，1999 年論文輯刊。

81. 汪榕培：漫談《詩經》的英譯本，《外語與外語教學》，1995 年第 3 期。

82. 汪榕培：英譯《詩經》（國風）十八首（一），《解放軍外語學院學報》，1994 第 1 期。

83. 汪榕培：傳神達意譯《詩經》，《外語與外語教學（大連外國語學院學報）》，1994 年第 4 期。

84. 汪壽松：晚清西學東漸與海外漢學研究述論，《天津大學學報（社會科學版）》，2005 年第 1 期。

85. 王東波：理雅各與中國經典的譯介，《齊魯學刊》，2008 年第 2 期。

86. 苑海靜：跨文化交流下的文化誤讀，《文學教育》，2009 年第 5 期。

87. 許淵沖：汪譯《詩經》序，《外語與外語教學（大連外國語學院學報）》，1995 年第 1 期。

88. 夏傳才：略述國外《詩經》研究的發展，《河北師範學院學報（社會科學版）》，1997 第 2 期。

89. 夏傳才：國外《詩經》研究新方法論的得失，《文學遺產》，2000 年第 6 期。

90. 謝華：跨文化交流中文化誤讀的合理性與不可避免性，《江西社會科學》，2006 年第 1 期。

91. 蕭贊茗：中國「偏愛」與中國「偏見」，《長春教育學院學報》，2009 年第 25 卷第 4 期。

92. 余寶琳：寓言、象徵和詩經，《首屆詩經國際學術研討會論文集》。

93. 樂黛云：文化相對主義與跨文化文學研究，《文學評論》，1997 年第 4 期。

94. 岳峰：略論《詩經》英譯的韻腳處理──《小雅·采薇》譯文的啓示，《集美大學學報》，2002 年第 2 期。

95. 岳峰：理雅各宗教思想中的中西融合傾向，《世界宗教研究》，2004 年第 4 期。

96. 岳峰：理雅各與牛津大學最早的漢語教學，《世界漢語教學》，2003 年第 4 期。

97. 岳峰：關於理雅各英譯中國古經的研究綜述──兼論跨學科研究，《集美大學學報（哲學社會科學版）》，2004 年第 2 期。

98. 閻純德：比較文化視野中的漢學和漢學研究，《文史哲》，2000 年第 6 期。

99. 閻純德：中國的發展與漢學的未來，《江西社會科學》，2010 年第 4 期。

100. 閻純德：從「傳統」到「現代」：漢學形態的歷史演進，《文史哲》，2004 年第 5 期（總第 284 期）。

101. 吳結評：從賦、比、興觀《詩經》之英譯，《天津外國語學院學報》，2009 年第 6 期。

102. 吳結評：當代西方詩經學的新理論：套語理論，《當代文壇》，2006 年第 2 期。

103. 吳結評：文化人類學視野中《詩經》之文類意義，《黑龍江民族叢刊（雙月刊）》，2007 年第 4 期（總第 99 期）。

104. 吳結評：文化人類學在西方詩經學中的運用，《廣西民族研究》，2007 年第 1 期。

105. 吳結評：英語世界裏的《詩經》研究，《宜賓學院學報》，2006 年第 9 期。

106. 吳梓明、陶飛亞：晚清傳教士對中國文化的研究，《文史哲》，1997 年第 2 期。

107. 葉公超：論新詩，《文學雜誌》創刊號，1937 年。

108. 猶家仲：《詩經》的解釋學研究，北京大學博士論文，2000 年。

109. 張壽林：清代詩經著述考略（三續），《燕京大學學報》第 52 期，1933 年 6 月 15 日。

110. 張德明：詩歌意象的跨文化比較，《中國比較文學》，1997 年第 2 期。

111. 張雪飛：語義翻譯策略的應用——以理雅各《論語》英譯本爲例，《洛陽師範學院學報》，2009 年第 28 卷第 6 期。

112. 張瑩：文化誤讀的理論探索，《廣州工業大學學報》，2005 年第 2 期。

113. 張西平：西方人早期漢語學習史簡述——兼論對外漢語教學史的研究，《第七屆國際漢語教學討論會論文選》。

114. 趙欣、計翔翔：《中華大帝國史》與英國漢學，《外國問題研究》，2010 年第 2 期。

115. 趙沛霖：海外《詩經》研究對我們的啓示，《學術研究》，2006 年第 6 期。

116. 趙曉楊：葛蘭言《古代中國的節慶與歌謠》對《詩經》的「人類學」、「異文化」解讀，《南方論刊》，2007 年第 12 期。

117. 趙逵夫：《論西周末年傑出詩人召伯虎》，見《詩經國際學術研討會論文集》。

118. 周發祥：《詩經》在西方的傳播與研究，《文學評論》，1993 年第 6 期。

119. 周寧、宋炳輝：西方的中國形象研究——關於形象學學科領域與研究範型的對話，《中國比較文學》，2005 年第 2 期。

120. 周寧：探尋世界文明的中華文化資源，《東南學術》，2003 年第 3 期。

121. 周曉康：韓禮德《語篇與語境》簡介，《國外語言學》，1988 年第 2 期。

122. 周永秀、陳月霞：略論跨文化交流的實質，《瀋陽師範大學學報（社會科學版）》，2007 年第 3 期。

123. 朱謙之：十八世紀中國哲學對歐洲哲學的影響，《哲學研究》，1957 年第 4 期。

124. 朱徽：英譯漢詩經典化，《中國比較文學》，2007 年第 4 期。

外文文獻

1. Allen, Clement Francis Romilly, tr., *The Book of Chinese Poetly being the Collection of ballads, hymns, and other pieces known as the Shih Ching or Classic of Peotry,* London, Kegan Paul, Trench, Trubner & Co., Ltd., 1891.

2. Alvarez, Roman and Carmen Vidal, *Translation, Power, Subversion*, Clevedon：Multilingual Matters, 1996.

3. Andre Lefevere. Universe of Discourse[A].*Translation/History/Culture：A Sourcebook* [C]. Shanghai Foreign Language Education Press, 2004：35.

4. Arthur Waley *The Book of Songs*, New York：Grove Press, 1960.

5. Ashcroft, Bill & Pal Ahluwalia, *Edward Said：The Paradox of Identity*, London：Routledge, 1999.

6. Assayag, Jackie et al. *Orientalism and Anthropology：From Max Muller to Louis Dumont*, Pondicherry：French Institute of Pondicherry, 1997.

7. Bain-Selbo, Eric, Awareness, Appropriation, and Loathing in Histories of Comparative Religion: Review and Assessment, *Journal of Religion and Society*, 2003, 5.

8. Bassnett, Susan. *Translation Studies*, New York：Routledge, 1980.

9. Bassnett, Susan & Andre Lefevere, *Constructing Culture：Essay on Literary Translation*, Clevedon：Multilingual Matters, 1998.

10. Bassnett, Susan & Harish Trivedi（eds）, *Post-colonial Translation：Theory and Practice*, London and New York：Routledge, 1999.

11. Burrel, Todd & Sean K.Kelly, *Translation, Religion, Ideology, Politics*, 1995.

12. Butcher, C・H., Review of James Legge's Chinese Classics, vol.1（1861）, Well Williams's Middle Kingdom（1861）, and Alexander Wylie's Notes on Chinese Literature（1867）, *Edinburgh Review* 129, APril, 1869.

13. Cua, Antonio, ed. *Encyclopedia of Chinese Philosophy*, London and New York：Routledge, 2003.

14. Davis, John Francis, *Poeseos Sinicae Commentarii：The Poetry of Chinese*, New and augmented edition, London, 1870.

15. Dembo, L. S. *The Confucian Odes of Ezra Pound*, Berkeley University of

California Press, 1963.

16. Derk Budd. *Chinese ideas in the West* [M]. Weshingtum, 1972.

17. Dirlik, Arif, Chinese History and the Question of Orientalism, *History and Theory*, 35（4）.

18. Eco, U. *The limits of Interpretation*, Bloomington and Indianapolis：Indiana University Press, 1990.

19. Eitel, E.J. The She King,（review of James Legge's Chinese Classics, vol.4, 1871）, *The China Review*, 1, 1872.

20. Ellis, Roger & Liz Oakley-Brown, eds., *Translation and Nation：Towards a Cultural Politics of Englishness*, Beijing：Foreign Language Teaching and Research Press, 2006.

21. Eoyang, Eugene Chen, *The Transparent Eye：Reflections on Translation, Chinese Literature, and Comparative Poetics*, Honolulu：University of Hawaii Press, 1993.

22. France, Peter and Kenneth Haynes, eds., *The Oxford History of Literary Translation in English*, vol.4：1790～1900, Oxford：Oxford University Press, 2006.

23. Gentzle Edwin & Maria Tymoczko, *Translation and Power*, University of Massachusetts Press, 2002.

24. Girardot, J. Norman. *The Victorian's Translation of China：James Legge's Oriental Pilgrimage*, Berkeley：University of California Press, 2002.

25. Giles, Herbert Allen. *Chinese Poetry in English Verse*, B. Quaritch, 1898.

26. Giles, Herbert A., *Gems of Chinese Literature Verse*, London：Bernard Quaritch, 1923.

27. Harrison, Brian, *Waiting for China*, The Anglo-Chinese College at Malacca 1818～1843, The Chinese University of Hong Kong Press, 1979.

28. Harold Bloom. *Anxiety of Influence*, Oxford University Press, 1973.

29. Hermans, Theo, *Cross-cultural Transgressions：Research Models in Translation Studies II, Historical and Ideological Issues*, 2002.

30. Hightower, James Robert. *Han Shih Wai Chuan：Han Ying's Illustrations of the Didactic Application of the Classic of Songs*, Harvard University Press, 1950.

31. Hillerbrand, HansJ., ed., *Encyclopedia of Protestantism in four volumes*, London And New York：Routledge, 2004, vol.3.

32. Hirsch, E.D. *Validity in Interpretation*, New Haven：Yale University Press, 1967.

33. James L.Y.Liu, *Language Paradox Poetics：A Chinese Perspective*, Princeton University Press, Princeton, New Jersey. 1988.

34. Jennings, William. *The Shi King : The Old "Poetry Classic" of the Chinese*, New York : Paragon Book, 1969.

35. Lackner, Michael and Natascha Vittinghoff, eds. *Mapping meanings, The Field of New Learning in Late Qing China*, Leiden : Brill, 2004.

36. Latourette, Kenneth Scott, *The Chinese-Their History and Culture*, New York : Macmillan, 1946.

37. Legge, Helen Edith. *James Legge : Missionary and Scholar*, The Religious Tract Society, 1905.

38. Legge, James, *The Notions of the Chinese Concerning God and Sprits*, Hong Kong : Hong Kong Register Office, 1852.

39. Legge, James. *The Chinese Classics : With a Translation, Critical and Exegetical Notes, Prolegomena, and Copious Indexes* [M]. Hong Kong : The Author's, 1871.

40. Legge, James, Two Heros of Chinese History, *China Review*, 1, 1873.

41. Legge, James, *Life and Teaching of Confucius, Truber*, 1875.

42. Legge, James. *Confucianism in Relation to Christianity*, A Paper Read before the Missionary Conference in Shanghai, London : Trubner & Co., Pub., 1877.

43. Legge, James. *The Sacred Books of China, Part I : The Shu King, the Religious Portion of the Shi King , the HsiāoKing*, Oxford : Clarendon Press, 1879.

44. Legge, James, Principles of Composition in Chinese, as Deduced from the Written Characters, *Journal of the Royal Asiatic Society of Great Britain and Ireland*, New Series, Vol.II, No.2, 1879.

45. Legge, James. *The Religions of China : Confucianism and Taoism Described and Compared With Christianity*, London : Hodder and Stoughton, 1880.

46. Legge, James, The History of the Great Archer, Yang Yu-Chi, *Journal of The Royal Asiatic Society*, 1893.

47. Legge, James, The Late Appearance of Romances and Novels in the Literature of China, *The Journal of The Royal Asiatic Society of Great Britain and Ireland,* 1893.

48. Legge, James. *The Chinese Classics : Translated into English with Preliminary Essays and Explanatory Notes* [C]. London : K.Paul, Trench, Trubner, & Co. Ltd., 1895.

49. Legge, James, The LiSao Poem and its Author : I.The Author, *The Journal of The Royal Asiatic Society of Great Britain and Ireland*, 1895.

50. Legge, James, The LiSao Poem and its Author : II.The Poem, *The Journal of The Royal Asiatic Society of Great Britain and Ireland*, 1895.

51. Legge, James, The LiSao Poem and its Author : III.Chinese Text and

Translation, *The Journal of The Royal Asiatic Society of Great Britain and lreland*, 1895.

52. Legge, James. *The Book of Poetry-Chinese Tests with English Translations* [M]. Shanghai：The Chinese Book Company, 1931.

53. Legge, James. *The Texts of Taoism* [M] . New York：The Julian Press, Inc. , 1959.

54. Legge, James. *The Chinese Classics*, vol. 1（Revised 2nd edition）, Hong Kong：Hong Kong University Press, 1960（1893）.

55. Legge, James. *The Chinese Classics*, Vol. IV, Taipei：SMC Publishing Inc., 1994.

56. Legge, James. *The Chinese Classics*, Vol. III, Taipei：SMC Publishing Inc., 2000.

57. Lister Alfred, Dr.Legge's Metrical Shiking, *China Review*, 1876.

58. Mary Paterson Cheadle *Zra Pound's Confucian Translations*, Michigan：the University of Michigan Press, 1997.

59. Mazlish, Bruce. *Civilization and Its Contents, Standford*：Standford University Press, 2004.

60. McCutlleon, James Miller, The American and British Missionary Concept of Chinese Civilization in the Nineteenth Century, Ph.D.dissertation, University of Wisconsin, 1959.

61. Muller, Max F., *Introduction to the Science of Religion*, New York：Arno Press, 1873.

62. Muller, Max F. *"The Religions of China"*：*Confucianism*, The Nineteenth Century, September, 1900.

63. Muller, Max F. *The Sacred Books of the East*, Vol. III[M]. Oxford：Clarendon, 1879.

64. Nida, Eugene A. *Language, Culture and Translating*, Shanghai：Shanghai Foreign Language Education Press, 1993.

65. Paul. P. Van. Riper. *History of United states.* Civil Service [M]. 1987.

66. Peterson, R. Dean, *The Concise History of Christianity*, Beijing：Peking University Press, 2002.

67. Pfister, Lauren F. The *"Failures"* of James Legge's Fruitful Life For China, *Ching Feng* 31, 4. 1988.

68. Pfister Lauren F., Serving or Suffocating the Sage? Reviewing the Efforts of Three Nineteenth Century Translators of The Four Books, With Special Emphasis on James Legge（A.D.1815～1897）, *The Hong Kong Linguist 7*, Spring and Summer, 1990.

69. Pfister, Lauren F. Some new dimensions in the study of the works of James

Legge：PartI [J]. *Sino-Western Cultural Relations Journal*, 12, 1990.

70. Pfister, Lauren F. Clues to the Life and Academic Achievements of One of the Most Famous Nineteenth Century European Sinologists——James Legge （AD 1815-1897）, *Journal of Hong Kong Branch of Regional Asiatic Society*, vol · 30, 1990.

71. Pfister, Lauren F. Some new dimensions in the study of the works of James Legge （1815～1897）：Part Ⅰ & Ⅱ [J]. *Sino-Western Cultural Relations Journal*, 1991, xii, 1992, xiii.

72. Pfister, Lauren F., Notes on Three Nineteenth Century Representations of Confucianism in Europe in *Proceedings of the 33rd International Congress of Asian and North African studies：Contact Between Cultures , Volume4：Eastern Asia, ed.* Bernard Hung-kay Luk, Toronto, 1992.

73. Pfister, Lanren F., United We Stand：James Legge and Chinese Christians in Union Church, Hong Kong and beyond, *Bulletin of the Scottish Institute of Missionary Studies*, New Series 8～9, 1992～1993.

74. Pfister, Lauren F., Reassessing Max Weber's Evaluation of the Confucian Classics, in *The Sociology Of Sacred Texts, eds.* Jon Davies and Isabel Wollaston, Sheffield：Sheffield Academic Press, 1993.

75. Pfister, Lauren F., Reconfirming the Way：Perspective From the Writings of Rev.Ho TSun-Sheen, *Ching Feng* 36：4 December, 1993.

76. Pfister, Lauren F., *"James Legge" entry for An Encyclopedia of Translation：Chinese-English, English-Chinese Translation*, eds., Chan Sin-wai and David E. Pollard, Hong Kong：Chinese University Press, 1994.

77. Pfister, Lauren F., *"James Legge"*, in *An Encyclopedia of Translation*, edited by ChanSin-wai, David E.Pollard, The Chinese University Press, 1995.

78. Pfister, Lauren F. *A Forgotten Treasure James Legge's Metrical Book of Poetry*, Bulletin of the School of Oriental and African Studies, February 1997.

79. Pfister, Lauren F. *James Legge's metrical Book of Poetry* [M]. School of Oriental and African Studies, University of London, 1997.

80. Pfister, Lauren F. *The Legacy of James Legge*, International Bulletin of Missionary Research, 1998, p81.

81. Pfister, Lauren F. The "Failures" of James Legge's Fruitful Life for China, *ChingFeng*, 31：4, December, 1988.

82. Pfister, Lauren F. Discovering Monotheistic Metaphysics：The Exegetical Reflections of James Legge（1815～1897）and Lo Chung-fan（d. circa 1850）in Ng On-cho, et. al., eds., *Imagining Boundaries：Changing Confucian Doctrines, Texts and Hermeneutics*, Albany：SUNY Press, 1999.

83. Pfister, Lauren F. A Transmitter but not a Creator：The Creative Transmission

of Protestant Biblical Traditions by Ho Tsun-Sheen（1817～1871）, in Irene Eber, et al., eds., *Bible in Modern China：The Literary and Intellectual Impact*, Nettetal：Steyler Verlag, 1999.

84. Pfister, Lauren F. *19th century ruist metaphysical terminology and the sino-scottish connection：Evaluating the hermeneutic relevance of this connection in James Legge's Chinese Classics*[A]. For the International Conference on Translating Western Knowledge into Late Imperial China, December 29, 1999.

85. Pfister, Lauren F. Mediating word, sentence, and scope without violence：James Legges's understanding of "Classical Confucian" hermeneutics [A]. *Ching21：Classics and Interpretations：The Hermeneutic Traditions in Chinese culture* [C]. New Jersey：Transaction Publishers, New Brunswick, 2000.

86. Pfister, Lauren F. *Critical Assessment of James Legge's（1815～1897）Translation of the Spring and Autumn Annals and its Zuo Commentary*, co-authored with LiuJiahe and Shao Dongfang, in Studies of Chinese Classical Learning, September, 2000.

87. Pfister, Lauren F. The Response of Wang Tao and James Legge to the Modern Ruist Melancholy, *History and Culture*（Hong Kong）2, 2001.

88. Pfister Lauren F. From Derision to Respect：The Hermeneutic Passage within James Legge's（1815～1897）Ameliorated Evaluation of Master Kong（"Confucius"）, *Bochumer Jahrbuch zur Ostasienforschung* 26, 2002.

89. Pfister, Lauren F. Weighed in the Balance of Sinological History：Evaluating James Legge's Translation and Interpretations of the Spring and Autumn Annals and Its Zuo Commentary, authored with Prof. Liu Jiahe and Dr. Shao Dongfang, *Journal of FO Guang University：humanities and Social Sciences Division* 3, December, 2002.

90. Pfister, Lauren F. Some New Perspectives on James Legge's Multiform English Translations of the Chinese Classics and Sacred Books of China, in Siu-kit Wong, Man-sing Chan, Allan Chung-hang Lo, eds., *Selected Papers on Translation from the International Conference on Chinese Studies in Celebration of the Seventieth Anniversary of the Department of Chinese, University*, University of Hong Kong, 10-12, December 1997, The Hong Kong University Press, 2002.

91. Pfister, Lauren F. *The Leggian Standards for 19th Century Sinological Translation and an Accommodationist Missionary Apologetic*, The International Conference on Missionaries and Translation from May 22 to 25, 2004 in Beijing, China.

92. Pfister, Lauren F. *Striving For "The Whole Duty Of Man"：James Legge and The Scottish Protestant Encounter With China：Assessing Confluences in Scottish Nonconformism, Chinese Missionary Scholarship, Victorian Sinology,*

and Chinese Protestantism, Peter Lang, 2004.

93. Pfister, Lauren F. *Why James Legge's translations of the Chinese Classics set new standards for sinological translations* [R]. For Tenth Year Anniversary of The Centre for Translation, Hong Kong Baptist University. 22 September, 2004.

94. Pym, Antony. *Method in Translation History* [M]. Beijing：Foreign Language Teaching and Research Press, 2007.

95. Saussy, Haun. Repetition, Rhyme and Exchange in the Book of Songs [J]. *Harvard Journal of Asiatic Studies*, 1997, Vol. 57.

96. Soothill, *W. E. The Analects of Confucius* [M] . Yokohama：The F. H. Revell Company, 1910.

97. Steven Van Zoeren. *Poetry and Personality：Reading, Exegesis, and Hermeneutics in Traditional China*, Stanford University Press, 1991.

98. Tsai, Yen-zen. *Ching and Chuan：towards defining the Confucian Scriptures in Han China*, Harvard University PhD paper, 1992.

99. William Jennings. *The Shi King*, London, New York：George Routledge and Sons Limited, 1891.

100. William Temple. *The Works of Sir William Temple* [M], Vol. Ⅲ. London：J. Rivington, 1814.

101. Wong, Man Kong. *James Legge：A Pioneer at Crossroads of East and West*, Hong Kong：Hong Kong Educational Publishing Co., 1996.

102. Xu, Yuanzhong. *An Unexpurgated Translation of Book of Songs*, Beijing：Chinese Literature Press, 1994.

103. Xu, Yuanzhong. *On Chinese Verse in English Rhyme：From the Book of Poetry to the Romance of the Western Bower*, Beijing：Beijing University Press.1992.

104. Yu, Pauline. *The Reading of Imagery in the Chinese Poetic Tradition*, Princeton University Press, 1987.

105. Zhang Shangguan. *The Lost Horizon —A Study of English Translations of the Shijing* [D], The University of Texas at Austin, 1991.

附　錄

附錄一：理雅各年譜

1815 年～1822 年，出生～7 歲

1815 年 12 月 20 日，理雅各出生在於英國蘇格蘭阿伯丁郡的哈德利鎮。一個富裕的布商家中，弟兄四人，理雅各排行第四。在馬六甲傳教的英國傳教士米憐，亦出自亨得利鎮。1815 年～1822 年間理雅各家與米憐經常通信，這些信使理雅各初步接觸了傳教事業。1822 年，美魏茶（米憐之子）與理雅各在同一所學校讀書，此時理雅各更多地受了傳教士家庭的影響。

1829 年，14 歲

理雅各完成了在哈德利教區學校的小學學業，進入阿伯丁語言學校開始接受中等教育。

1831～1835 年，16 歲～20 歲

1831 年，理雅各考上阿伯丁皇家學院，獲學院一等獎學金。此前他因遇到公眾集會騷亂而遇險，但是死裏逃生。1835 年畢業時，理雅各獲阿伯丁皇家學院授予的最高獎學金哈頓尼恩獎學金。

1836 年，21 歲

理雅各因堅持非國教信仰，不改信國教而放棄在阿伯丁皇家學院教拉丁語的機會，隨後在英格蘭布萊克本一所公理宗學校教數學與拉丁語一年半時間。

1837 年，22 歲

理雅各在倫敦海伯里神學院攻讀神學。

1838 年，23 歲

理雅各加入倫敦會，決心到海外傳教。是年理雅各與倫敦會理事會的成員約翰‧摩里遜的女兒瑪麗‧伊莎貝拉‧摩里遜訂婚。

1839 年，24 歲

理雅各師從倫敦大學中文教授修德學習漢語。因有志於到海外傳教，於是進修神學，成爲牧師。是年被英國基督新教派公理宗的倫敦傳道會派駐馬六甲主持英華書院。理雅各不顧醫生對其健康狀況的警告，與米憐的孩子美魏茶乘同一批船到馬六甲傳教。

1840 年，25 歲

1 月 10 日理雅各到達馬六甲，開始傳教生涯。擔任倫敦聖教書會的記者與顧問，兼任馬六甲英華書院的伊雲士的助理，同時管理書院的印刷事宜。

此後理雅各夫妻水土不服，健康欠佳。是年，馬六甲發生霍亂。11 月，伊雲士與約塞亞‧修茲染霍亂而死，理雅各獲得書院一個較高級的職位。這時英國與清廷正談判開放通商口岸，理雅各向倫敦會建議將英華書院遷至香港。

1841 年，26 歲

理雅各編寫了《英、漢及馬來語詞典》，後用作馬六甲英華書院的教材。此時理雅各已經開始了漢學研究，並進行基督教漢語文獻方面的整理，翻譯與編撰工作。馬六甲流行霍亂之際，理雅各寫了《致馬六甲華人有關霍亂書》在當地頒發，從醫學角度勸人們放棄迷信，皈依基督教。此時華人何福通成了理雅各的傳教助手。

是年 7 月 13 日，理雅各因「爲基督教世界與文學領域的顯赫貢獻以及虔誠的信仰」獲美國紐約大學所授予的神學名譽博士學位。11 月理雅各正式擔任英華書院校長，出席了在香港舉行的聖經翻譯會議。是年，理雅各開始著手翻譯中國經典。

1842 年，27 歲

《南京條約》後，倫敦會理事會決定籌募龐大的基金，展開對華的傳教

活動。理雅各繼續爲學校遷址而努力，他與馬禮遜的兒子馬儒翰通信，馬儒翰時任東印度公司的秘書、馬禮遜教育協會及香港華民的秘書與翻譯。

1843 年，28 歲

7 月，馬六甲英華書院及其中文印刷所遷入香港。理雅各隨著遷居香港薄扶林，任香港英華書院第一屆校長。

此後，理雅各面臨著艱苦的生活，混亂的社會治安與惡劣的生活條件等問題。他的住宅已成了上聖經課的地方，何進善繼續配合理雅各布道傳教。是年理雅各向香港政府申請撥地擴建英華書院遭拒絕，因爲香港政府需要翻譯的時候，英華書院未做反應。8 月 22 日至 9 月 4 日，英美來華新教傳教士在香港討論《聖經》譯本的修訂問題，希望能推出統一的委辦本；理雅各具有語言學方面的知識，對漢語也具有相當的把握，因此被邀加入。但修訂工作進行中傳教士的宗教學術爭議一開始就很激烈。

1844 年，29 歲

英華書院更名爲英華神學院。是年的第二個安息日，理雅各在香港開設了倫敦會的第一座華人禮拜堂下市場堂。教堂由理雅各主持，但其後理雅各暫時返回英國時，何進善受理雅各委託管理教堂，實際上許多事務也由何進善負責。是年起由何進善和黃勝做理雅各的助手，編寫、印刷漢語的宗教宣傳冊子。其中理雅各撰寫的宗教文冊《耶穌山上垂訓》（1865 年再版）是由何進善合作翻譯注釋的。

1845 年，30 歲

年初，理雅各對香港政府提出應該有一所政府資助的學校，「免費」爲中國人提供教育，但該建議未被採納，因爲計劃「過於繁雜，而且代價太高」。是年理雅各籌建的祐寧堂落成。這年理雅各與麥都思博士談了他的基督教文獻的翻譯觀，認爲「神」是翻譯「Elohim」與「Theos」的合適字眼。11 月，理雅各因幾次長時間高燒不退而回國治療，並帶去三個中國學生：吳文秀、李金麟和宋佛儉。

1846 年，31 歲

理雅各一行到達英國，在英國社會引起注意。從到達英國至 1848 年，理雅各周遊英國講道。此間，理雅各向國務大臣格萊斯通談了香港傳教近況，尤其是教育的發展，試圖推行教育世俗化的改革，後來得格萊斯通就此事致

信香港總督德庇時。

1847 年，32 歲

1847 年理雅各尚未抵達香港。5 月 20 日，理雅各立志要研究漢學，翻譯中國經書，襄助傳教。7 月 2 日，《聖經》修訂工作開始，到 5 日就出現了嚴重分歧，形成了後來曠日持久的譯名之爭，理雅各不可避免地將捲入這個問題。是年，理雅各推崇的補助書館計劃開始在香港實施。12 月 6 日，港府在《香港政府憲報》上宣佈以每月 10 元的標準資助三所中文學塾，並成立教育委員會，負責監督。這標誌著政府對教育干預的開始。但此時政府並沒有與教會爭奪教育控制權，而且此時宗教教育的氣氛仍頗爲濃重。

1848 年，33 歲

4 月，理雅各啓程返香港。途中離開新加坡的時候，理雅各與家人乘坐的船發生火災，理雅各指揮男乘客滅火。7 月 22 日到達香港。8 月香港與廣州的傳教士開會建立傳教站，理雅各任秘書。傳教站每三個月聚會一次，協調兩地傳教事宜。8 月 31 至 12 月 1 日，理雅各在香港經歷了第一次摧毀性的颱風。是年理雅各的第四個女兒安妮死去，理雅各夫婦悲痛不已。黃勝任職於英華書院，曾協助理雅各翻譯儒家經典。自 1848 年起，理雅各改變了自己在「術語之爭」中的立場，選擇了「上帝」一詞來翻譯基督教的「God」。

1849 年，34 歲

理雅各撰寫布道文冊《上帝的日子》。

1850 年，35 歲

理雅各第一任妻子瑪麗寫信給倫敦會東方委員會，要求加大對英華書院附屬女子學校的支持。該校是英華書院遷港之初理雅各授意瑪麗創建的，該校是中國最早的女學之一。倫敦會基本同意瑪麗的提議。3 月 20 日，理雅各向總部提出了到廣州建立教堂的想法。8 月 20 日，總部致函理雅各，否決理雅各的提議。

1851 年，36 歲

12 月 28 日，理雅各在香港經歷了第二次摧毀性的颱風。

1852 年，37 歲

廣東南部農民起義軍被清軍擊潰後，清軍大肆屠殺。理雅各從清軍手下

解救一個中國女孩，並幫助急救一個老人。是年理雅各在香港出版了《中國人的鬼神觀》，這是理雅各研究中國宗教學術的眞正開始。這年理雅各又撰寫了宗教文冊《約瑟紀略》《養心神詩》（後改名《宗主詩章》）與《重休禮拜堂仁濟醫館祈禱上帝祝文》。10 月 17 日，理雅各在香港經歷了第三次摧毀性的颱風。也在 10 月，理雅各第一任夫人瑪麗病逝，其後兩個女兒先後夭折。11 月 22 日，理雅各繼續進言倫敦會總部要求到廣州建立教堂，但沒有結果。

1853 年，38 歲

理雅各應邀進入教育委員會（1853～1862，後改爲教育局），提出了官學的獎學金制度：《聖經》或《四書》知識掌握得最好的獎勵 1.5 英鎊，英語或地理讀得最好獎一英鎊。是年起理雅各主理香港第一份中文報刊《遐邇貫珍》，由黃勝協助。同年，淘金熱使大量華人湧入美國加州與澳洲，理雅各以傳教爲目的撰寫了關於移民美國事務的冊子《往金山要訣》，並安排五位英華書院的學生到美國加州建立教堂與兩個青年到澳洲宣教。也在 1853 年理雅各最小的女兒在被送往蘇格蘭的路上死了。理雅各悲痛不已，當時只剩下他一個人在香港。大約在 1853 年前後，理雅各幫助太平天國確立了「拜上帝會」的名稱。

1854 年，39 歲

理雅各撰寫中文傳道冊子《勸崇聖書》《新約全書注釋》與《耶穌門徒信經》並初次翻譯《周易》。同年韓山文把在逃的洪仁玕帶來見理雅各，理雅各幫助安排他去教書。

1855 年，40 歲

理雅各發展一個道士皈依基督教。1 月 12 日，理雅各繼續堅持要倫敦會總部到廣州建立教堂，提出將印字局移到中國腹地上海去發展，沒有結果。《遐邇貫珍》因人力不濟停刊。是年，洪仁玕受雇於倫敦會，成爲牧師，解經布道，做理雅各的助理，至 1858 年。理雅各開始擔任香港第一份中文報紙的主編。

1856 年，41 歲

理雅各編譯的教材《智環啓蒙塾課初步》在香港出版，作爲英華神學院的教科書。（1859 年香港官學把該書作爲標準教材，1862 年、1864 年分別在廣州、香港重版；1867 年傳入日本，首先由江戶開物社出版訓點翻印本，名

爲《翻刻智環啓蒙》，在日本廣泛流傳，成爲許多學校的教科書，出現多種版本。）但 1856 年在香港維持了 13 年的英華神學院因人手不足及經費問題而停辦。是年理雅各撰寫了《聖書要說析義》《亞伯拉罕紀略》。同年理雅各給車錦光施洗。這一年，理雅各要求付給中國醫生王風與西方傳教士同樣的工資，引起外國人的議論。（關於給華人基督教徒與西方相同的工資的問題，理雅各與倫敦會之間的商議持續至 1860 年。）是年理雅各在英華書院的學生梁柱臣離開香港到澳洲維多利亞省與傳教士建起禮拜堂。（60 年代初梁柱臣在澳洲的巴拉臘特又建了兩所教堂，1866 年在中國內地建立佛山堂，這是華人自發自資並成功建立起來的第一個教堂。）自 1856 年起，理雅各在香港的公理宗用英語、漢語布道，閑暇時間翻譯中國經書。

1857 年，42 歲

當地一家麵包店的廚師下毒要毒死所有英國人，理雅各幸免於難。這年理雅各因健康問題以及中國經書譯著的出版事宜第二次返英。理雅各走後，洪仁玕得湛約翰牧師資助盤纏到南京。

1858 年，43 歲

理雅各在英格蘭的時候，通過其長兄喬治所在的公理宗之安排，結識了寡婦漢娜，其亡夫也是牧師，已有一個女兒。後來理雅各與她結了婚。同年理雅各帶著第二任夫人及其女兒和他原來的兩個女兒到香港。回港後，香港最高法院的註冊主任拜訪理雅各，要黃勝到法院任口譯。黃勝出於傳教工作的志向而婉拒。

1859 年，44 歲

理雅各發表了《秦國 —— 倫敦會成立六十五週年講話》。10 月間，理雅各在香港經歷了第四次摧毀性的颱風。50 年代後期，理雅各的兩個女兒加入理雅各的事業，分別在理雅各所建立的不同學校裏教書，並都在香港結婚並居住下來。

1860 年，45 歲

洪仁玕被洪秀全封爲幹王，此後與理雅各通信頻繁，理雅各希望他能夠糾正太平天國在信仰上的偏差，並堅持與外國人和解的路線。洪仁玕曾託人給理雅各送錢，但理雅各拒收。這年，理雅各撰寫了宗教文冊《聖會準繩》與《基督教信仰與行爲》，並爲車錦光帶來的人施洗。同年，香港教育委員會

被改組爲教育局，成爲專管官立學校的政府機構。此時理雅各已成爲該機構的權利人物，便大張旗鼓地推崇世俗教育。7月3日，理雅各在教育局會議上提出了著名的「教育革新計劃」，後來又以書面形式刊登在《香港政府憲報》上。他建議停辦所有位於維多利亞城的皇家書館（即受資助的學校），把全部學童集中於一所新的中央書院並強調英語教學。在理雅各的推波助瀾下，香港教育事業的重點從19世紀60年代起始由宗教教育轉向世俗教育。

1861年，46歲

1861～1872年間《中國經典》（The Chinese Classics）五卷一共八本包括《論語》《大學》《中庸》《孟子》《書經》《詩經》及《春秋左傳》。第一版在香港陸續出版。其中，第一卷含《論語》《大學》與《中庸》，出版於1861年，第二卷《孟子》出版於 1861 年，第三卷《書經》與《竹書紀年》（分兩冊）出版於1865年，第四卷《詩經》（分兩冊）出版於1871年，第五卷含《春秋》與《左傳》（分兩冊）出版於1872年。

1861 年，廣東被英法攻陷之後，理雅各與他的朋友在廣東河南（廣州市的地名，現中山大學康樂園的一帶）參觀，看一座佛教寺廟遭到襲擊，原因是民眾敵視所有外國人。同年春天，理雅各與湛約翰乘船到廣東的博羅等地去看看車錦光的傳教工作，一路上受到當地人的歡迎。他們此行長達四個星期，但後來遭到了襲擊。10月，由理雅各施洗的廣東人車錦光被其仇家所害，理雅各曾冒著生命危險去解救車錦光，而且臨走前叮囑英國領事：萬一他死了，不要動用軍艦，因爲他要把清白的名聲帶回家。

1862年，47歲

理雅各在香港太平山與灣仔籌建兩所教堂。2月，在港府的支持下，中央書院正式開學，標誌著香港教育事業把重點轉向了世俗教育。中央書院首任校長由史釗活擔任。史釗活承襲了理雅各的世俗教育主張，並付之於實踐。理雅各就此解除了教育局繁重的文秘和管理職責。是年，理雅各的一封信在英國公開發表，抗議戈登率領的英法聯軍鎮壓太平軍的行爲。同年，理雅各在香港經歷了第五次摧毀性的颱風。這年王韜流亡香港，開始襄助理雅各翻譯中國經書，歷時20年。（從1862年到1865年，理雅各爲香港政府培訓筆譯、口譯人員三年。）

1863年，48歲

年底，理雅各爲修建祐寧堂籌捐了21000元。

1864 年，49 歲

6 月 6 日理雅各在香港經歷了第六次摧毀性的颱風。是年理雅各再次陷入健康危機，於是到廣東省的西河去遊歷、養病。

1865 年，50 歲

理雅各與教育理事會其它成員退位，政府辦學部取而代之。同年因為理雅各在公益事業上的突出貢獻，被邀到香港政府用茶點。是年，理雅各陪第二任妻子漢娜到汕頭、廈門、上海，後到日本治病。漢娜終因水土不服回國，也帶走了女兒。

1866 年，51 歲

香港發生了罕見的火災，理雅各成功地進行了募捐活動以賑災。是年他又探訪感染猩紅熱的學生，還為一個他認為無罪的死囚奔忙。理雅各在香港昂船洲經歷一次爆炸的事件，一艘載著 80 噸炸藥的商船被引爆，原因不明。

1867 年，52 歲

2 月，理雅各因健康欠佳暫回蘇格蘭家鄉克拉克曼南郡的杜拉村養病，翻譯中國古代經典的工作暫時中斷。不久，理雅各寫信邀請王韜到蘇格蘭。年底王韜赴蘇格蘭杜拉村，繼續協助理雅各翻譯《十三經》，並遊歷了法國等國家。

1868～1869 年，53～54 歲

理雅各與王韜在哥拉潛心譯書，抽空遊歷愛丁堡、格拉斯哥、雷斯與阿伯丁。當時理雅各不想繼續留在倫敦會，他要集中精力完成中國古代經典的翻譯。

1870 年，55 歲

1 月 5 日，理雅各及其女瑪麗與王韜一起返華。3 月，抵達香港，此後王韜成為獨立的報業人士並逐步成為社會改良者，開始了自己的事業。理雅各與倫敦會簽訂合同，在祐寧堂（Union Church Hong Kong）做了三年牧師。由於祐寧堂有印刷業務，理雅各印刷其譯著《中國經典》更為方便。是年，他完成了《十三經》的翻譯，並獲得蘇格蘭阿伯丁大學文學院博士學位。重返香港主持英華書院。

1871 年，56 歲

理雅各在英國士兵中開《聖經》課。是年撰寫了布道文冊《無償的福音》。

理雅各聯合其它傳教士和一些商會，組織了一千多人簽字，要求取締賭場。

1872 年，57 歲

7 月，理雅各深夜翻譯過勞而休克，手部摔傷。

1873 年，58 歲

理雅各到中國北方觀光，對落後的狀況非常痛惜。5 月 17 日，理雅各遊歷孔府，在日記裏提到當地種植鴉片的情況。是年理雅各告別香港，臨別王韜撰文讚美理雅各。理雅各後又遊歷了美國，其後返英定居。理雅各回到英國公開反對鴉片貿易。從 1873 年到 1876 年間，理雅各寫了長達 330 頁的手稿，力圖將讚美詩翻譯成詩體拉丁語，並對一些語言點做了一番詮釋，類似於他在其譯著《中國經典》中所做的工作。

1873 年訪問中國，四月初抵達上海，拜訪慕維廉、偉烈亞力，乘船抵達天津，搭牛車抵達北京，下榻倫敦會，參觀長城、頤和園和天壇；他認為天壇圜丘壇是世界上沒有偶像的最神聖的場所，不禁脫靴禮拜。5 月 1 日在艾約瑟陪同下，離開北京，前往山東，經德州，抵達泰山，雇四名轎夫登泰山。15 日，離泰山，乘馬車到曲阜，參觀孔廟、孔林，登臨孔子墓。然後取道大運河返回上海，經日本、美國，返回英國。

1874 年，59 歲

1874 至 1875 年，約翰·萊格牧師等人為理雅各再譯《詩經》提供幫助。

1875 年，60 歲

穆勒約理雅各為《東方聖書》系列譯著提供譯稿。4 月 20 日，牛津大學決定讓理雅各做首任漢學教授。由於他的傑出貢獻，牛津大學在 1875 年專門為他開設了漢學講座。

1876 年，61 歲

理雅各因翻譯中國經書的成就獲儒蓮中國文學首屆國際獎。10 月 27 日，理雅各在謝爾德廉戲院發表就職演說，開始了執教牛津大學的生涯。

1876 年～1897 年理雅各擔任牛津大學第一任漢學教授。

1877 年，62 歲

理雅各的著作《儒教與基督教對比》在對華傳教士上海大會由人代讀，在傳教士中引起了很大的爭議，因被認為過高評價儒教和再次引發術語問題

而被拒絕出版。後該文在友人資助下獨立出版。是年理雅各準備重新翻譯《易經》，再次邀王韜前往，但王韜未受此邀。

1878 年，63 歲

理雅各發表論文《中華帝國的儒教》《孔子生平及其學說》和《孟子生平及其學說》。

1879 年，64 歲

理雅各譯出《東方聖書》第三卷，含《書經》《詩經中的宗教》和《孝經》。是年理雅各應邀請到長老宗做牧師。

1880 年，65 歲

理雅各以他在牛津大學講課和研究心得，在倫敦發表了《中國的宗教：儒教、道教與基督教的對比》。是年，理雅各被提名中央書院第二任校長。同年理雅各的第二任妻子漢娜去世。

1882 年，67 歲

理雅各完全失聰，但仍然堅持授課與翻譯。當年譯出《東方聖書》第十六卷《周易》，為第九版《不列顛百科全書》撰寫了《老子》的條目。

1883 年，68 歲

理雅各的《基督教與儒教關於人生教義的對比》由倫敦聖教書會出版。

1884 年，69 歲

理雅各到授予他神學博士學位的愛丁堡大學參加校慶。

1885 年，70 歲

理雅各譯出《東方聖書》第二十七、二十八卷《禮記》。翻譯出版《沙門法顯自記遊天竺事》。

1886 年，71 歲

理雅各譯出了《法顯行傳》（或稱《佛國記》）。是年理雅各患中風，健康狀況惡化。

1887 年，72 歲

理雅各發表漢學研究論文《菩薩的形象》。

1888 年，73 歲

理雅各開設「在華基督教傳教史」的講座，對鴉片貿易深表遺憾。同年將《大秦景教流行中國碑》翻譯成英文，出版《基督教在中國：景教、羅馬天主教與新教》一書。

1891 年，76 歲

理雅各譯出《東方聖書》第三十九、四十卷《道德經》與《莊子文集》，並發表漢學研究論文《因果報應論》。

1892 年，77 歲

理雅各的《四書》譯本修訂後再版。

1893 年，78 歲

1893 年～1895 年，78～80 歲

理雅各修訂《中國經典》，並由牛津克萊仁登出版社再版。

1897 年，82 歲

11 月 29 日，理雅各病逝於牛津。

（資料來源：岳峰著：《架設東西方的橋梁》—— 英國漢學家理雅各研究，福州：福建人民出版社，2004 年版，第 370 頁。篇名及文字有修訂）

附錄二：理雅各主要學術成果

理雅各最重要的著作是《中國經典》和《東方聖書》兩個系列的作品

【一】《中國經典》（*The Chinese Classics*）1861～1872 年間第一版在香港陸續出版

《四書》中的《論語》、《大學》與《中庸》英譯本，為《中國經典》第一卷 1861 年，香港出版第一版；清末，商務印書館《注釋校正華英四書》，全部採用理雅各的譯文；湖南出版社，中國古代文獻的系列譯本 —— 四書》，選用了理雅各的譯本。

《孟子》，《中國經典》第二卷，1861 年香港出版第一版；

《書經》英譯本，《中國經典》第三卷，1865 年在香港出版第一版；

《竹書紀年》作為《中國經典》第三卷，1865 年在香港出版第一版；

《詩經》英譯本作為《中國經典》第四卷，1871 年在香港出版第一版；

《春秋》英譯本《中國經典》第五卷，1872 年在香港出版第一版；

《左傳》英譯本，《中國經典》第五卷於 1872 年在香港出版第一版；

1893 年至 1895 年《中國經典》修訂後在牛津大學克萊仁登（Clarendon）出版社再版；20 世紀 60 年代初，香港大學為紀念理雅各，又一次再版。

【二】

儒蓮編輯的《東方聖書》系列，1891 年由牛津大學出版社出版；

在 1966 年與 1968 年由印度的 Motilal Banarsidass 再版。

《易經》英譯本

《禮記》英譯本 於 1885 年在倫敦出版

《莊子》英譯本

《道德經》英譯本

《論語》、《大學》、《中庸》英譯本的合訂再版本

《中國人關於天神和鬼怪的概念》（*The notions of the Chinese concerning God and Spirits*）

《沙門法顯自記遊天竺事》

《孝經》

《陰符經》

《玉樞經》

《大秦景教流行中國碑》

《孔子生平及其學說》（*The Life and Teaching of Confucius*）1867

《孟子生平及其學說》（*The Life and Teaching of Mencius*）1875

《帝國儒學講稿四篇》（*Imperial Confucianism*）

《中國的宗教：儒教、道教與基督教的對比》（*The Religions of China：Confucianism and Taoism Described and Compared with Christianity*）1880

《法顯行傳》（*A record of Buddhistic kingdoms*）

《西安府大秦景教流行中國碑考》

《中國文學中的愛情故事與小說》

《致繆勒函有關中國人稱帝與上帝》

《中國編年史》

《扶桑爲何及在何處？是在美國嗎？》

《致馬六甲中國僑民的一封關於霍亂的信》1841 馬六甲

《養心神詩》1842 馬六甲

《耶穌山上垂訓》1844 香港

《英華通書》（*Anglo Chinese calendar*）1851 香港

《約瑟略記》1852 香港

《重修禮拜堂仁濟醫館祈禱上帝祝文》1852 香港

《耶穌門徒信經》1854 香港

《新約全書注釋》1854 香港

《勸崇聖書略言》香港

《智環啓蒙塾課初步》1856 香港

《聖書要說祈義》香港

《亞伯拉罕記略》1857 香港

《往金山要訣》1858 香港

《聖會準繩》1860 香港

《新金山善待唐客論》1862 香港

《落爐不燒》香港

《浪子悔改》香港

附表：理雅各的宗教論文及著作

（無出版細節的文獻為牛津大學新波得雷安圖書館的檔案，字母為檔案編號）

時間	論、著譯名及原名與備註	出版／發表處
1852	《中國人的鬼神觀》（The Notions of the Chinese Concerning Gods and Spirits：with an Examination of the Defense of on Essay, on the Proper Rendering of the words Elohim and Theos, into the Chinese Language by William J. Boone，Missionary Bishop of the Protestant Episcopal Church of the United States to China）	Hong Kong：Hong Kong Register Office, the committee of Delegates
1877	《儒教與基督教對比》（*Confucianism in Relation to Christianity*）在華傳教士上海大會的發言稿（Shanghai General Conference of Missionaries to the Chi-nese）	London：Trubner ＆ Co, Pub.
1878	《中華帝國的儒教》（*Imperials Confucianism*）	ms・eng・misc・e・1377（fols・195～265）；China Review，1878，pp・147～158，223～35，299～310，363～374・
1878	《孔子生平與教義》（*Life and Teachings of Confucius*），《孟子生平與著作》（*Life and Works of Mencius*）	Ms・eng・misc・e・1377（fols・133～156）
1880	《中國的宗教》（*The Religions of China Confucianism And Taoism Described and Compared with Christianity*）	London： Trubner ＆ Co. .Pub・
1880	「與穆勒教授談論漢語用詞『帝』與『上帝』的通信（年）」（A Letter to Professor Muller on the Chinese Terms Ti and Shang-Ti）	London：Hodder and Stoughton
1883	《基督教與儒教關於人生教義的對比》（*Christianity And Confucianism Compared in Their Teaching on The Whole Duty of Man*）	London：Religious Tract Society
1883	《道德經》（*The Tao The King*）	British Quarterly Review, 78, pp・74～107
1886	「宗教比較知識與傳教的關係」（「The Bearing of Our Knowledge of Comparative Religion on Christian	手稿存於倫敦亞非研究學院圖書館（the Library

	Missions」）	of the School of Oriental and African Studies in London）
1887	《菩薩的形象》 （*The Image of Maitreya Bodhisattv*）	The Athenaeum，March 19，1887，p‧390 et p‧454；
1888	《基督教在中國：景教、羅馬天主教與新教》 （*Christianity in China：Nestorianism, Roman Catholicism, Protestantism*），該書另兩個書名爲：*Christianity in China：A Rendering of The Nestorian Tablet At Si-an-fu to Commemorate Christianity*（《基督教在中國——譯景教碑紀念基督教》），《大秦景教流行中國牌——關於七、八世紀基督教在中國的流傳及漢字原文》 （*A Translation，And Notes And A Lecture on The Nestorian Monument of His-An Fu in Shen-hsi，China; Relating The Diffusion of Christianity in China in The Seventh and Eighth Centuries with the Chinese Text of the Inscription*）	London：Truner ＆ Co., Pub‧
另：牛津大學新波得雷安圖書館裏理雅各的手稿檔案中與上文不重複的還有《佛教、道教中所說的贖罪》（*The Purgatories of Buddhism and Taoism*）（ms‧eng‧mise‧e‧1377，fols‧39～47）、《平心而論中國人的三原則》（*A fair and dispassioned discussion of the three doctrines accepted in China*）（ms‧eng‧misc‧e‧1377，fols‧79～114）。		

後　記

在英國留學時曾住過一間小小的閣樓，「有一扇朝北的窗，讓你望見星斗」。那是座鄰北海的小城，時不時有海鳥在窗前低空掠過，空氣中彌漫的是略帶鹹味的海的味道。而我也有幸因此仰望到英國漢學家理雅各的星光，感受到跨文化研究領域的魅力。

留學英國前，我在上海復旦大學國際文化交流學院從事了四年的國際漢語教學工作。西方人的普遍觀念是將語言學習當成一種工具學科來看待，然而漢語是門古老的語言，它蘊含著中華傳統文化變遷的千年文脈。因此，國際漢語教師更應是一位跨文化傳播者。

一百多年前，理雅各就已經成為一位頗具里程碑意義的跨文化傳播者。他發現了《詩經》等這些蘊含著中華文明古老智慧的經典，並陸續出版了其翻譯的《中國經典》。理雅各治經，既能利用西方的科學方法，又突破了當時歐洲漢學好作比附假說、輕視中國經學傳統的偏見，其譯本至今雖逾百年，但仍被認為是中國經典的標準譯本，至今歐美大學還將理雅各中國經典的譯本作為漢語教學的重要參考，西方也從中獲得瞭解中國傳統文化的文本憑藉。理雅各「高山仰止，景行行止」（《詩經・小雅・車舝》），「雖不能至，然心嚮往之」，我也由此產生了研究他的欲望。

本書是我初涉海外漢學領域，研究以理雅各為代表的漢學家的嘗試，不過，我已經深深領悟到在跨文化研究領域亟須付出更多的努力，僅僅是研究內容的收集和譯介本身就花費了我大量的時間和精力，因此，要在這一領域有所發現和創新，任重而道遠。

在本書的寫作和修訂過程中，得到諸多師友的幫助，在此，特別要感謝

我的博士研究生導師方漢文教授的指導；還要感謝殷國明、曹惠民、趙杏根、季進、李勇、吳雨平、朱新福和王英志等教授給我提出極具建設性的意見；也要感謝岳峰、柳士軍、徐文、張榮興、張龍龍、姜結深、公榮偉及陳國安等師友給予的鼓勵和幫助。

最後要特別感謝的是我的家人，他們默默的支持和無私的奉獻為我提供了堅強的後盾。

「如切如磋，如琢如磨。」（《詩經・衛風・淇奧》），這種治學精神將激勵我不忘初心，砥礪前行。

沈嵐
2016 年 9 月